Italienisch

von
Renate Merklinghaus
Linda Toffolo
M. Gloria Tommasini

allegro

Ernst Klett Sprachen
Barcelona Budapest London
Posen Sofia Stuttgart

von

Renate Merklinghaus, Dozentin an der
Volkshochschule Vaterstetten
Linda Toffolo, Lehrbeauftragte an der
Universität Regensburg und Dozentin
an der Volkshochschule Regensburg
M. Gloria Tommasini, Dozentin an der Università
per Stranieri in Perugia sowie an der VHS und
dem Italienischen Kulturinstitut in Stuttgart

unter Mitwirkung von
Christine Breslauer, Dozentin für Methodik und
Didaktik an der Heinrich-Heine-Universität
Düsseldorf
Barbara Huter, Verlagsredakteurin, Stuttgart

und beratender Mitarbeit von
Miranda Alberti, Autorin und Dozentin an der
Volkshochschule München
Giuliana G. B. Attolini, Studienleiterin an der
Volkshochschule Essen
Hansjörg Frommer, Fachbereichsleiter
Romanische Sprachen an der Volkshochschule
Karlsruhe
Brigitte Grimmer, Fremdsprachentrainerin in der
Erwachsenenbildung und Lehrbeauftragte an der
Technischen Universität Graz
Rosa Pipitone, Fachbereichsleiterin
Fremdsprachen an der Volkshochschule
Hameln-Pyrmont
Yvonne Salm, Italienischlehrerin, Luzern
Antonella Sartori, Lektorin an der Universität
Regensburg
Ingrid Terrana-Kalte, Leiterin der Volkshoch-
schule Meerbusch und Lehrbeauftragte an der
Universität Duisburg-Essen

Illustrationen
Athos Boncompagni, Arezzo

1. Auflage   1 **4** 3 2 1 | 06 05 04 2003

Alle Drucke dieser Auflage können im
Unterricht nebeneinander benutzt werden,
sie sind untereinander unverändert. Die letzte
Zahl bezeichnet das Jahr dieses Druckes.

Internetadresse: http://www.klett-verlag.de
Redaktion: Roberta Robustelli,
Bettina Peters, Giovanna Mungai-Maier
Gestaltung: Andrea Schmid
Umschlagfoto: Digital Vision
Reproduktion: Meyle + Müller,
Medien-Management, Pforzheim.
Druck: Aprinta, Wemding.
ISBN 3-12-525558-9

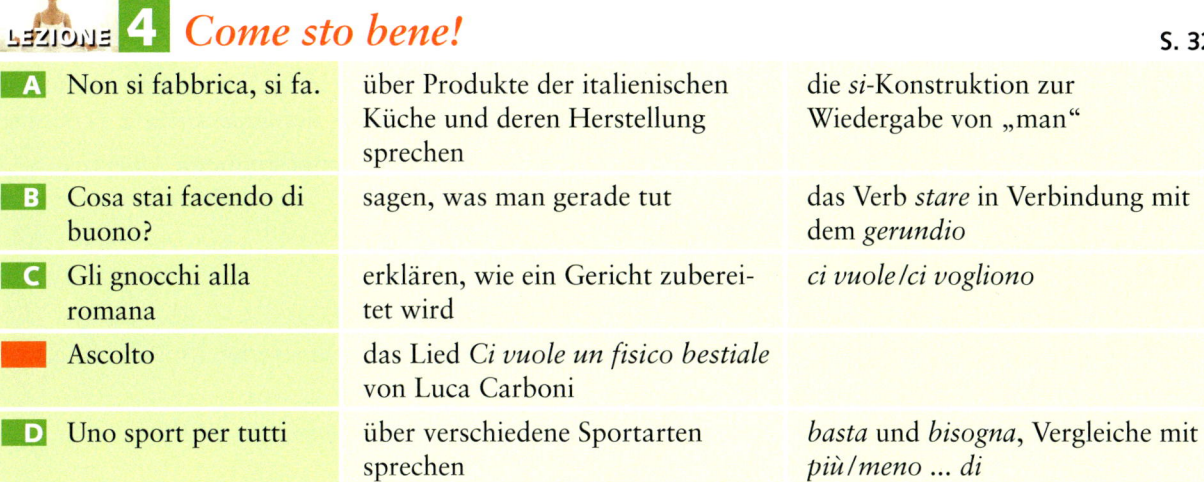

LEZIONE 7 *Perché non ti informi?*

S. 56

A Vorrei fare il servizio civile.	um Erlaubnis bitten und Ratschläge erteilen	*ecco* in Verbindung mit Pronomen, der *imperativo* (2. Pers. Sing.)
B A tutela dei cittadini	über berufliche Erfahrungen sprechen, Ziele und Tätigkeitsfelder einer Einrichtung beschreiben	die unbestimmten Adjektive *qualche* und *alcuni/-e*
Ascolto	Gespräch über den beruflichen Werdegang	
C Attenda in linea.	ein formelles Telefongespräch führen, etwas reklamieren	der *imperativo* (3. Pers. Sing.)
D Messaggio ricevuto	Regeln aufstellen, allgemeine Ratschläge erteilen	der *imperativo* (2. Pers. Plur.)

LEZIONE 8 *Racconta un po'!*

S. 66

A Era un pacco con un fiocco rosa …	Ereignisse und deren Begleitumständen in der Vergangenheit wiedergeben	der Gebrauch von *imperfetto* und *passato prossimo*
B A te è piaciuto?	sich über einen Film informieren, dessen Inhalt erzählen, die eigene Meinung dazu äußern	das *passato prossimo* von *piacere*, die Relativpronomen *che* und *cui*
Ascolto	Erzählung einer persönlichen Erfahrung	
C Ho bisogno della prenotazione?	eine Zugverbindung erfragen, eine Fahrkarte kaufen	*metterci* und *mi serve/mi servono* zur Wiedergabe von „brauchen"
D Com'è andato il viaggio?	von einem (unerfreulichen) Zwischenfall berichten, ein Gespräch im Gang halten	*imperfetto* und *passato prossimo* im Hauptsatz bei Nebensätzen mit *mentre*

LEZIONE 9 *Ripasso*

S. 76

A Giochiamo a filetto!	Spiel
B Fondiamo insieme un'associazione!	Kursprojekt: Gemeinsam einen Verein gründen
C Ripetiamo un po'!	Aktivitäten zur Wiederholung
Italia & italiani	Italien-Magazin: I magnifici set – In treno o in barca attraverso i parchi – Dopo la scuola

Che piacere rivederti!

Guardate le foto e completate.
Scegliete per ogni situazione la frase più adatta.

> Guido! Ma guarda che sorpresa!

> Che bello rivederti!

> ....
> ....
> ....

> ....
> ....
> ....

No, non è possibile. Ma chi si rivede!

Nonna, finalmente ... hai fatto buon viaggio?

Come no? Non hai visto i capelli grigi?

Sì, sono io. Ci conosciamo?

> ....
> ....
> ....

> Scusi, ma Lei non è il professor Grassi?

> Anche tu però non sei cambiato molto.

> ....
> ....
> ....

Ascoltate.
Confrontate le vostre risposte con i dialoghi registrati.
Secondo voi che relazione esiste tra queste persone?

A Ma guarda che sorpresa!

1 Ascoltate il dialogo.
Quand'è che Silvia ha incontrato Gigi l'ultima volta?

● Gigi?!
○ No, non è possibile! Silvia!
● Ma guarda che sorpresa! Da quanto tempo non ci vediamo?
○ Eh, quanti anni sono? Ma almeno dieci anni …
● Così tanto? Mamma mia come passa il tempo!
○ Davvero! Però non sei cambiata per niente. Hai sempre i capelli lunghi, sei sempre magra … sembri ancora una ragazzina.

● Grazie per il complimento. Anche tu però, non sei cambiato molto …
○ Come no? Non hai visto i capelli grigi? E poi non ho neanche più la barba …
● Oh, è vero! Non hai più la barba. Però stai bene anche così, solo con i baffi …

Che cosa potete raccontare di Silvia?
E di Gigi?

2 Completate.
Rileggete il dialogo e aggiungete le parole mancanti.

> Silvia non è cambiata per niente.
>
> È sempre magra e ha ....

> Gigi è cambiato un po'.
>
> Ha i capelli grigi e non ha più ....

Quali differenze notate rispetto al tedesco?

3 Identificate le persone.
Su questa foto c'è Gigi con altri tre uomini. Lo riconoscete?
Leggete adesso le descrizioni degli altri tre e cercate di identificare anche loro.

> Claudio è quasi calvo, ha gli occhi chiari, i baffi e la barba. È alto e non è né grasso né magro.

> Sandro non è molto alto ed è piuttosto magro, ha i capelli corti e lisci e il viso lungo.

> Luca ha i capelli neri, ricci e piuttosto lunghi, gli occhi scuri, la fronte alta ed è alto e magro.

4 Lavorate in gruppi.
Pensate ad una persona famosa e descrivete il suo aspetto agli altri.
Chi indovina chi è?

 **5** **Fate conversazione.**

Lavorate in coppia. Mostrate al vostro compagno un documento di riconoscimento (patente, carta d'identità ecc.) con una vostra foto piuttosto vecchia. Siete cambiati da allora?

ESEMPIO Non hai più i capelli lunghi, hai sempre …

Ü 1–5
S. 104–105

non … più   ancora   sempre

B Ci siamo un po' persi di vista.

1 Ascoltate.

Ascoltate come continua la conversazione tra Silvia e Gigi. Di chi racconta Silvia?

● Allora, Gigi, che fai di bello adesso? Abiti ancora qui?
○ No, mi sono trasferito a Torino. Adesso sono venuto a trovare i miei e mi fermo per un po'. E tu? Ti sei poi sposata con …
● … Alfredo. No, ci siamo lasciati già da un pezzo.
○ Ah, ho capito. E vedi ancora qualcuno del nostro gruppo di amici?
● No, veramente ci siamo un po' persi di vista. Alcuni si sono trasferiti, altri si sono sposati … Però, ora che ci penso, sai chi ho incontrato proprio la settimana scorsa? Federica. Ti ricordi di lei, no?
○ Come no, Federica! Il mio grande amore del liceo.

● Sì, ci siamo incontrate proprio per caso alla Feltrinelli.
○ E come sta?
● Benissimo. Ha un bambino di tre anni e da poco si è messa in proprio. Ha aperto uno studio in centro.
○ Che bello! Sono contento per lei!

2 **Osservate e completate.**

Rileggete il dialogo e inserite le forme mancanti.

trasferirsi	
…… ………………	
ti sei	trasferito/-a
si è	
ci siamo	
vi siete	trasferiti/-e
…… ………………	

Vedi ancora qualcuno del nostro gruppo?
No, ci siamo persi di vista. Alcuni si sono trasferiti, altri si sono sposati. Però la settimana scorsa ho incontrato Federica.

Come si forma il passato prossimo dei verbi riflessivi?

3 **Lavorate in gruppi.**

Che cosa è cambiato nella vita di Silvia, Gigi e Federica dall'ultimo incontro ad oggi?
Cos'è cambiato nella vostra vita negli ultimi anni?

4 Scrivete una storia.

Lavorate in coppia. Guardate le foto di queste due persone. Romeo e Amerigo sono molto amici e hanno vissuto per un certo periodo nella stessa casa. Immaginate la loro storia, come si sono conosciuti, che cosa hanno fatto insieme e cosa fanno adesso.

↓
Ü 6–8
S. 105–106

Lettura

1 📖 **Leggete.**

Guardate i due quadri e leggete il testo.
Chi è raffigurato nei due ritratti?

FRANCESCO MAZZOLA, detto il Parmigianino, nasce a Parma nel 1503 e deve alla sua città natale lo pseudonimo con cui diventa famoso. È un pittore, bello, elegante, amante della poesia e della bellezza assoluta, concepita però non in modo statico ma in continuo movimento. È raffinato e intellettuale, sempre alla ricerca della perfezione fisica. A Roma si entusiasma per la pittura di Michelangelo e Raffaello, i grandi del Cinquecento, frequenta gli ambienti del potere e sperimenta nuove tecniche, si appassiona all'esoterismo e alla musica. Lo rovinano la sfortuna, gli errori e l'ossessione per l'alchimia. Il giovane grazioso ed elegante raffigurato allo specchio a trentacinque anni è già diventato un vecchio dalla faccia segnata, la barba incolta, i capelli grigi. È il Parmigianino stesso a dimostrarci la trasformazione e la sua decadenza nell'«Autoritratto con berretto rosso». Nel 1540 si ammala e muore in pochi giorni, a soli 37 anni, proprio come Raffaello.

da: Oggi, 12/02/03

2 📖 **Rileggete.**

Sottolineate gli aggettivi che si riferiscono al Parmigianino.
Quali sono adatti a descrivere il primo ritratto, quali possono illustrare il secondo?

3 Lavorate in gruppi.

Descrivete i due ritratti e le loro differenze.

C Ho fatto amicizia con Paola.

1 📖 **Leggete la mail.**
Come si trova Grazia a Torino quando scrive
a Francesca?

Cara Francesca, ti scrivo brevemente così ti dò le ultime notizie. Qui a Torino mi sento un po' più a casa, finalmente. Sono uscita qualche volta con Giacomo, un mio collega di qui. È un ragazzo molto aperto e sempre di buon umore e insieme siamo andati un po' in giro per la città. Veramente sono stati soprattutto giri tra caffè e pasticcerie, con grandi scorpacciate di gianduiotti e dolci! Ho raccontato a Giacomo della mia passione per il teatro e gli ho raccontato anche del nostro corso di recitazione ... e sai cosa ho scoperto? Giacomo nel tempo libero recita in una compagnia di attori dilettanti! Insomma ... gli ho chiesto di andare insieme alle prove e ci sono andata mercoledì. È un gruppo di persone molto alla mano e mi sono sentita subito a mio agio. In particolare ho fatto amicizia con Paola, una ragazza un po' timida ma molto disponibile che ha vissuto per un periodo a Londra come me. Abbiamo scoperto di avere diverse cose in comune. Ieri le ho telefonato e le ho proposto di fare qualcosa insieme domenica. Come vedi la crisi dei primi mesi è passata. E tu come stai? Quando mi scrivi?

Un abbraccio

Grazia

Chi sono i nuovi amici di Grazia? Che interessi hanno?

2 **Prendete appunti.**
Rileggete la mail e raccogliete le espressioni
per descrivere il carattere di qualcuno.
Potete aggiungere qualcosa a quello che
c'è nel testo?

....

....

....

....

....

3 **Descrivete.**
Scegliete in plenum alcuni personaggi famosi e poi a coppie attribuite ad ognuno tre aggettivi,
scegliendo anche tra i seguenti.

arrogante	affascinante	noioso	antipatico
estroverso	introverso	sensibile	energico

4 **Osservate e completate.**
Ricercate nel testo i pronomi che mancano.

io	mi
tu	ti
lui/lei/Lei	gli/le/Le
noi	ci
voi	vi
loro	gli

> Ho raccontato **a Giacomo** della mia passione per il teatro
> e **gli** ho raccontato anche del nostro corso di recitazione.

ho chiesto a Giacomo → .... ho chiesto

ho telefonato a Paola → .... ho telefonato

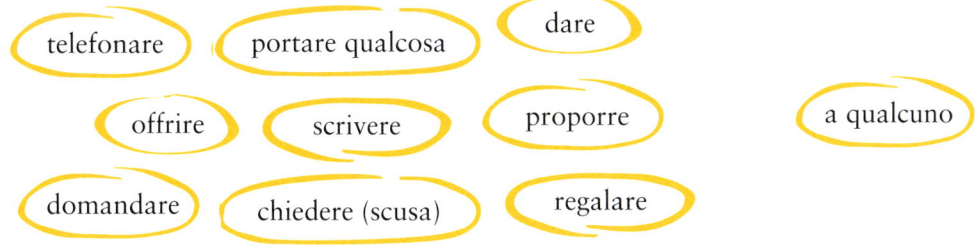
5 **Rileggete e sottolineate.**
Nel testo ci sono sette pronomi indiretti.
Sottolineateli e chiarite insieme al vostro compagno a chi si riferiscono.

6 **Rispondete.**
- Come fate a creare un contatto con una collega nuova un po' timida?
- Come cercate di migliorare i rapporti con dei vicini difficili?
- Come fate a riprendere contatto con un amico dopo una brutta discussione?

Ecco alcuni verbi utili:

telefonare   portare qualcosa   dare

offrire   scrivere   proporre   a qualcuno

domandare   chiedere (scusa)   regalare

↓
Ü 9–13
S. 107–108

ESEMPIO   Dopo una brutta discussione con un amico gli telefono e gli chiedo scusa …

Ascolto

1  **Ascoltate e mettete una crocetta.**

La signora vuole

☐ informarsi sugli orari degli spettacoli.

☐ acquistare i biglietti per uno spettacolo.

☐ richiedere il programma del teatro.

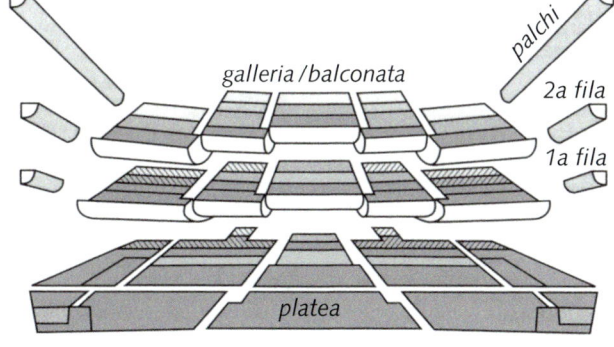

galleria / balconata   palchi   2a fila   1a fila   platea

2 **Riascoltate.**
Immaginate di dover inserire i dati nel computer per stampare
i biglietti e indicate i dati che vi interessano.

spettacolo	data	orario	posto	biglietti	pagamento
opera ✓	12 ottobre	matinée	palco	omaggio	contanti
concerto	16 ottobre	pomeridiana	galleria	ridotto	carta Bancomat
balletto	18 ottobre	serale	platea	normale	carta di credito

3 **Ascoltate e collegate.**
Tracciate una linea per collegare le frasi dell'impiegato e della signora.

Mi dispiace, è tutto esaurito …
Sono due rappresentazioni serali alle 20.30.
Sono 42 euro, 38 se lei ha qualche forma di riduzione.
Ecco a lei i biglietti.

Benissimo, benissimo.
Grazie.
Ah, che rabbia.
No, purtroppo no.

D Vi vengo a prendere?

1  Ascoltate.
Si incontrano gli amici stasera?

- ● Sì?
- ○ Pronto, Grazia?
- ● Oh, ciao, Giacomo.
- ○ Senti, dove sei?
- ● Sono qui in centro, con Paola.
- ○ E che cosa fate? Vi va di andare a bere qualcosa?
- ● Beh, noi veramente abbiamo appena deciso di andare al cinema ...
- ○ Ah, al cinema. E a vedere cosa?
- ● All'Alfieri danno l'ultimo film di Tornatore. Perché non vieni anche tu?
- ○ Mah, in fondo ... perché no? E a che ora incomincia?
- ● Alle otto e mezzo. Magari andiamo a bere qualcosa dopo.

- ○ Sì, buona idea. Poi vi posso accompagnare a casa io. Ma dove siete adesso di preciso? Vi vengo a prendere da qualche parte?
- ● No, non c'è bisogno. Ti aspettiamo davanti al cinema tra una mezz'ora.
- ○ Perfetto. A dopo.

Come passano la serata gli amici?

2 Completate.
Inserite i pronomi che mancano.

io	mi
tu	ti
lui	lo
lei/Lei	la/La
noi	ci
voi	vi
loro	li/le

> Dove mi aspettate?
>
> ...... aspettiamo davanti al cinema.

> Chi ci accompagna a casa?
>
> ...... posso accompagnare io.

3 Prendete appunti.
Ricercate nel testo le espressioni utili per:

fare una proposta	accettare	rifiutare
......	......	......
......	......	......
......	......	......
......	......	......

4  Ascoltate.
Nei quattro brevi dialoghi che seguono alcune persone ricevono delle proposte o degli inviti. Li accettano o no?

	sì	no
Dialogo 1	☐	☐
Dialogo 2	☐	☐
Dialogo 3	☐	☐
Dialogo 4	☐	☐

5 **Lavorate in coppia.**

Guardate il programma delle manifestazioni torinesi. Mettetevi d'accordo con il vostro vicino su dove trascorrere un pomeriggio o una serata. Fissate anche il giorno, l'ora e il luogo dell'incontro.

■■■ Torino danza in strada

Quattro spettacoli *en plein air* nelle piazze del capoluogo piemontese. La città di Torino danza sabato 22 tra piazza Carignano e piazza Carlo Alberto, dalle 15.30 alle 19.30. Gli artisti danzano, ciascuno con il proprio stile (contemporaneo, neoclassico, afro, tango, jazz, hip-hop, ecc.), su un brano del gruppo *Feel Good Production* di Alba.

■■■ Antico in musica

Mercatino di antichità con intermezzi musicali. Il mercato si tiene la quarta domenica di ogni mese.
DOMENICA 23.02. DALLE 09:00 ALLE 19:00
PIAZZA GIUSEPPE CESARE ABBA, 10154 TORINO

■■■ Musical al Teatro Coccia

Trenta artisti della Compagnia Rock Opera e un'intera orchestra dal vivo. Il musical si ispira alla vicenda biblica di Giuseppe e va in scena sabato 21 e domenica 22 dicembre alle ore 21.00. «Joseph e la strabiliante tunica dei sogni in technicolor» è frutto della collaborazione tra Andrew Lloyd Webber e Tim Rice, i due autori di capolavori come «Jesus Christ Superstar» e «Evita».

■■■ Museo nazionale del Cinema

All'interno della Mole Antonelliana il museo è articolato su cinque livelli:
– Archeologia del cinema
– La macchina del cinema
– La collezione dei manifesti
– Le videoinstallazioni
– La grande sala del Tempio.
DAL MARTEDÌ AL VENERDÌ DALLE 09:00 ALLE 20:00
SABATO DALLE 09:00 ALLE 23:00
DOMENICA DALLE 09:00 ALLE 20:00

■■■ Al Bicerin

Locale di grande valore storico, si è conservato esattamente come al momento della sua nascita nel 1763. Qui è nato il «bicerin», la tipica bevanda torinese, già nell'Ottocento la più consumata in città durante la mattinata: il segreto del suo successo è ancora oggi il sapiente dosaggio di cioccolata, caffè e latte mescolati sul momento.
PIAZZA DELLA CONSOLATA, 5, 10122 TORINO
DAL LUNEDÌ ALLA DOMENICA DALLE 10:00 ALLE 20:00

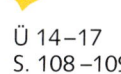
Ü 14 – 17
S. 108 –109

Lavorate in coppia.
Due di queste persone si incontrano dopo tanti anni.
Decidete insieme quali, prendete la loro identità e fate il dialogo.

Si dice così

Incontrare una persona dopo molto tempo	Descrivere l'aspetto di una persona
Ma guarda che sorpresa! Da quanto tempo non ci vediamo? Che bello rivederti! Finalmente! No, non è possibile. Chi si rivede! Come passa il tempo!	Ha sempre i capelli lunghi. Non ha più la barba.

Descrivere il carattere di qualcuno

Paola è una ragazza un po' timida.
Giacomo è un ragazzo molto aperto.
È sempre di buon umore.

Fare complimenti

Però non sei cambiato molto/per niente. Sembri ancora una ragazzina.	Grazie per il complimento.

Parlare di amici in comune

Vedi ancora qualcuno del gruppo di amici?	Veramente ci siamo un po' persi di vista. Ho incontrato per caso Federica.

Darsi appuntamento

Vi va di andare a bere qualcosa?	Sì, buona idea. Veramente noi abbiamo deciso di andare al cinema.
Perché non vieni anche tu?	Mah, in fondo … perché no?
Vi vengo a prendere?	No, non c'è bisogno.

Grammatica

1. Der bestimmte Artikel: Gebrauch

Silvia ha **i** capelli lunghi.
Gigi ha **i** baffi e porta **gli** occhiali.

Abweichend vom Deutschen wird im Italienischen der bestimmte Artikel zur Beschreibung körperlicher Kennzeichen und persönlicher Merkmale verwendet.

2. Die mehrteilige Verneinung → 13

Gigi **non** ha **neanche** più la barba.

Vergleichen Sie auch die mehrteilige Verneinung mit *non ... mai* und *non ... niente* (Allegro 1, S. 99).

3. Das *passato prossimo* der reflexiven Verben → 21, 33

trasferirsi		
io	mi sono	
tu	ti sei	trasferito/-a
lui/lei	si è	
noi	ci siamo	
voi	vi siete	trasferiti/-e
loro	si sono	

Reflexive Verben bilden das *passato prossimo* immer mit *essere*. Das Reflexivpronomen steht vor dem Hilfsverb, das Partizip dahinter.
Das Partizip wird in Zahl und Geschlecht an das Subjekt angeglichen.
Ist der Satz verneint, gilt folgende Wortstellung:
Non ci siamo visti.

4. Indirektes und direktes Objekt → 31

Es gibt – je nach Verb – indirekte (Dativ) und direkte Objekte (Akkusativ).

	Paolo.
Scrivo **a**	un amico.
Ho incontrato	Silvia.
	tuo fratello.

Dem Dativobjekt des deutschen Satzes entspricht im Italienischen ein indirektes Objekt in Verbindung mit der Präposition *a*. Nur bei wenigen Verben gibt es einen Unterschied zum Deutschen:
Telefono a Pia. (indirektes Objekt/Dativ) –
Ich rufe Pia an. (direktes Objekt/Akkusativ).

5. Indirekte Objektpronomen → 5, 6

	mi	
	ti	
Grazia (non)	gli/le/Le	ha scritto.
	ci	
	vi	
	gli	

Anstelle des Personenobjekts kann ein Personalpronomen treten.
Indirekte Pronomen stehen für ein indirektes Objekt:
Grazia ha scritto a Francesca? – Sì, le ha scritto.
Die indirekten Objektpronomen stehen vor dem konjugierten Verb.

6. Direkte Objektpronomen → 5, 6

	mi	
	ti	
Paola (non)	lo/la/La	aspetta.
	ci	
	vi	
	li/le	

Die direkten Objektpronomen der 3. Person kennen Sie bereits aus Allegro 1.
Direkte Objektpronomen stehen für ein Objekt im Akkusativ: *Chi accompagna Laura? –*
La accompagniamo noi.
Wie die indirekten Objektpronomen stehen auch die direkten vor dem konjugierten Verb.

Lo und *la* können vor einem Vokal apostrophiert werden, *li* und *le* hingegen nicht.

LEZIONE 2 *Che bella casa!*

Osservate.
Guardate l'illustrazione. A cosa vi fanno pensare le immagini?

Descrivete.
Che cosa fanno queste persone?
Aiutatevi con le seguenti espressioni.
- ◆ cambiare la moquette
- ◆ mettere la carta da parati
- ◆ appendere una lampada
- ◆ imbiancare le pareti
- ◆ montare un mobile

Quali di questi lavori fate da soli?
Per quali lavori invece chiamate l'imbianchino, l'elettricista, l'idraulico o il falegname?

A Abbiamo cambiato casa.

1 **Leggete gli annunci.**

Quali sono le differenze tra gli appartamenti?

AFFITTASI ZONA MAZZINI
55 mq, ultimo piano, 2 vani, soggiorno luminoso con angolo cottura, bagno, balcone, cantina, riscaldamento centralizzato, ascensore. *Stabile di buon livello, zona vicina a servizi e fermata bus. Arredato.*

AFFITTASI ZONA MAZZINI
circa 75 mq, pianoterra, 3 vani, soggiorno con angolo cottura, bagno, terrazzo, cantina, riscaldamento autonomo, ascensore, piscina. *Vicino ai negozi di via Bellaria, al PAM e alla fermata dell'autobus.*

AFFITTASI ZONA MAZZINI
107 mq, quinto piano, 3 vani, soggiorno, cucina abitabile, 2 bagni, balcone, cantina, riscaldamento centralizzato, ascensore, panoramico. *Immobile situato in una zona tranquilla, ottimamente servito da mezzi pubblici e servizi commerciali.*

2 **Ascoltate.**

Ascoltate il dialogo e prendete nota di una o più caratteristiche dell'appartamento di Martina e Nicola.

● Pronto?
○ Ciao Enrica, sono Martina …
● Martina! Come stai?
○ Eh, insomma … scusa se non mi sono fatta più sentire, ma abbiamo cambiato casa e così abbiamo avuto un sacco da fare.
● Ah! Davvero? E dove state adesso?
○ Sempre nello stesso quartiere, però adesso abbiamo proprio un bell'appartamento.
● Ed è più grande?
○ Sì, sì, c'è un grande soggiorno, con molta luce e con un bel balcone. E poi ci sono due camere, lo studio e una bella cucina spaziosa.

● E avete dovuto fare dei lavori?
○ Sì, ma in parte li abbiamo fatti da soli. Nicola per fortuna sa fare di tutto in casa. Ha imbiancato, ha messo addirittura le piastrelle nel bagno …
● Allora avete risparmiato un bel po'.
○ Sì, sì, però il parquet l'ha messo la ditta.
● E adesso è tutto a posto?
○ Più o meno. Il trasloco è fatto. Ora dobbiamo ancora montare qualche mobile, non abbiamo ancora appeso i quadri, le tende non le abbiamo ancora comprate …
● Ma guarda, per le tende posso darti una mano io, lo sai, io so cucire …

A quale annuncio hanno risposto Martina e Nicola?

3 **Lavorate in gruppi.**

Volete mettervi in proprio?
Che cosa sa fare ciascuno di voi?
Scoprite i vostri talenti e fondate una piccola impresa. Presentate poi la vostra ditta agli altri.

> Nicola sa fare di tutto in casa.

> Enrica sa cucire.

4 **Osservate.**

Rileggete il dialogo e inserite le parole mancanti.

Che cosa succede quando il pronome diretto viene usato con il passato prossimo?

Chi ha fatto i lavori in casa?
In parte li abbiamo ……………… da soli.
Il parquet l'ha ……………… la ditta,
la cucina l'ha montata mio padre e
le piastrelle le ha ……………… Nicola.

5 **Lavorate in coppia.**
Chiedete al vostro compagno chi ha fatto i seguenti lavori a casa sua.

mettere	il parquet le piastrelle la moquette	*anbringe* appendere	le tende i lampadari i quadri
montare	la cucina i mobili	imbiancare	le pareti il soggiorno

6 **Rileggete il dialogo e completate.**
Martina e Nicola hanno:

un .... appartamento   dei bei mobili   una .... cucina   delle belle tende

un .... balcone   dei begli specchi

un bello studio

E com'è la vostra casa? Che cosa c'è di bello?

7 **Lavorate in coppia.**
Che cosa potete regalare a:
- una coppia che si sposa?
- un ragazzo che mette su casa per la prima volta?
- un'amica che ha preso una casa più grande?

Prendete spunto anche dai seguenti disegni.

ESEMPIO ▸ Alla mia amica posso regalare un bel tappeto.

cornice   servizio di bicchieri   set di pentole   tappeto

set di asciugamani   televisore   padella   forno a microonde

8 **Lavorate in coppia.**
Leggete l'annuncio e fate un dialogo tra proprietario ed eventuale inquilino: uno di voi prepara una lista con le informazioni da dare, l'altro ne prepara una con le domande da fare.

AFFITTASI
appartamento 3 vani
vicinanze centro, panoramico,
prezzo interessante

Ü 1–4
S. 110–111

9 **Scrivete.**
Volete scambiare per due mesi la vostra casa con una casa in Italia.
Scrivete l'annuncio per affittarla.

B Una casa tutta da vivere

1 Osservate e leggete.
Leggete le descrizioni e inserite le parole sottolineate accanto agli oggetti corrispondenti.

Nel luminoso soggiorno il «Tavolo con ruote» di Gae Aulenti, un <u>divano</u> bianco e <u>poltroncine</u> antiche in legno.

Sul tappeto la <u>lampada</u> in carta, tra i ripiani della <u>libreria</u> c'è lo spazio per la TV.

Originale la camera matrimoniale tutta bianca con il <u>letto</u>, il tavolino al posto del comodino e l'<u>armadio</u> a tutta altezza.

Il bagno tradizionale, con bidet e WC a sinistra e <u>lavandino</u> a destra, ma senza vasca da bagno. La doccia è nascosta dietro la <u>tenda</u> bianca.

Nel centro di Milano,
una casa tutta da vivere

...unzionale e moderna la grande cucina: ...l centro il <u>lavello</u> e l'angolo cottura con ...orno e <u>fornelli</u>. Accanto c'è il tavolo con ...e <u>sedie</u>.

L'ingresso della casa con la grande parete arancione è illuminato da una lampada a soffitto. Sopra la <u>panca</u> dell'800 un bel <u>quadro</u>.

Quale ambiente di questa casa preferite? Perché?
Quali oggetti vi piacciono particolarmente?

da: Brava Casa, ottobre 2002

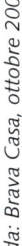

2 **Lavorate in piccoli gruppi.**
Rileggete le descrizioni di pagina 21 e sottolineate gli aggettivi.
Ne conoscete altri per descrivere la casa e l'arredamento?
Voi che tipo di arredamento preferite?

3 **Completate.**
Riguardate le foto della pagina precedente e completate lo specchietto.

	la TV?	.... i ripiani.	**X**
Dov'è	la lampada?	.... tappeto.	**X**
	il quadro?	.... la panca.	**X**
	la doccia?	.... la tenda.	**X**

Ricordate altre espressioni per indicare la posizione?

4 **Ascoltate.**
Il signore e la signora Bruni fanno dei progetti per la loro nuova casa. Ascoltate la conversazione, guardate la piantina e indicate dove vogliono disporre i seguenti mobili.

1 tavolo da pranzo   **4** televisore
2 divano   **5** tavolino
3 libreria   **6** lampada

5 **Cercate le differenze.**
Lavorate in coppia. Guardate le illustrazioni e cercate le differenze.

6 **Lavorate in piccoli gruppi.**
In quale angolo o stanza della vostra casa vi trovate particolarmente bene?
E come è? Raccontate.

Ü 5–7
S. 111–112

 **C** **Centro o periferia?**

1  **Ascoltate.**

Quali servizi ci sono nella zona in cui abita Paolo?

● Però, che bel fresco che c'è qui da te, Paolo …

○ Ah sì, davvero. Questo è uno dei motivi per cui sto tanto volentieri qui.

● Beh, su questo hai ragione. Però io non so se mi piacerebbe stare in periferia. Anche se questo è un bel quartiere. Non mi sentirei a mio agio, avrei l'impressione di essere un po' tagliato fuori.

○ Ma lo sai, Cesare, anch'io ho sempre abitato in centro. Ora però non ci tornerei per tutto l'oro del mondo.

● Ma non ti manca la città?

○ Assolutamente no. Qui c'è tutto. C'è un centro commerciale a pochi passi, c'è un distaccamento della biblioteca comunale, ci sono addirittura due cinema.

● Sì, però se dopo cena ti viene voglia di fare due passi in centro?

[annotazioni a margine: Sich Wohlfühle / Bequemlichkeit — Zweigstelle / sogar]

○ Ma, sai, io in città ci lavoro e la sera non ci torno volentieri. E comunque se proprio voglio andare in centro, ho la fermata dell'autobus a cento metri da casa.

● Beh, contento tu … Io non so se potrei. Sono troppo abituato ai ritmi cittadini. Mi potrebbe convincere solo …

○ … un grande garage come il mio che ti risparmia di dover cercare un parcheggio ogni sera per venti minuti!

● Sta' zitto che hai ragione! A volte la sera c'è da diventar matti!

Quali sono, secondo Paolo, i vantaggi della periferia?

2 **Sottolineate.**

Rileggete il testo e sottolineate le frasi che esprimono ipotesi o possibilità.

3 **Completate.**

Completate con le forme del condizionale dei verbi che avete incontrato nel dialogo.

tornare			Ti piacerebbe abitare in periferia?
	essere → sarei		
tornerei	avere →		No, sono troppo abituato ai ritmi cittadini.
torneresti			
tornerebbe	sentire →		Non mi sentirei a mio agio, avrei
torneremmo	potere →		l'impressione di essere tagliato fuori.
tornereste			
tornerebbero	piacere →		

Vi ricordate di *vorrei*?
Qual è la forma dell'infinito?

4 **Completate.**

Inserite nelle lacune le forme verbali appropriate del condizionale.

Io mi .... (volere) proprio trasferire in campagna. Mi .... (piacere)

molto cambiare completamente ritmo di vita. .... (potere) finalmente stare più

all'aria aperta a contatto con la natura. I miei figli .... (essere) anche d'accordo,

così finalmente .... (potere) avere un cane. Ma mio marito non ....

(lasciare) mai la città, anche se si lamenta sempre per i rumori.

5 Completate.

> Ho sempre abitato in centro però ora non ...... tornerei.
>
> In città ..... lavoro e la sera non ...... torno volentieri.

6 Lavorate in gruppi.
Fate un elenco dei servizi, negozi e possibilità che offre il vostro quartiere. Che cosa utilizzate?
Dove andate spesso? Dove non andate mai? Con quali mezzi vi spostate di solito?

7 Lavorate in coppia.
Guardate la foto e immaginate
di essere proprietari di questo
casolare. Che cosa fareste?
Lo ristrutturereste?
Lo vendereste?
O avete altre idee?

Ü 8–12
S. 112–114

D Hit-parade delle città

 1 Leggete e sottolineate.
Quali fattori sono stati valutati per fare la classifica delle città?

Qualità della vita:

prima Sondrio, ultima Foggia

Secondo l'indagine annuale realizzata dal Sole-24 Ore sulla «Qualità della Vita» in Italia che analizza 103 capoluoghi di provincia Foggia quest'anno occupa l'ultimo posto. Bolzano, ex «miss Italia» è ora al secondo posto mentre Milano migliora e passa dal quindicesimo al nono posto. Nelle posizioni leader troviamo al terzo posto Trento, al quarto Aosta e al primo Sondrio.

Diventare campione è difficilissimo. Bisogna ottenere la miglior media in sei aree di valutazione: tenore di vita, affari e lavoro, servizi e ambiente, sicurezza, popolazione e, infine, tempo libero. Sondrio stravince in particolare nelle categorie sicurezza, affari e lavoro, servizi e ambiente.

Primo ingrediente di una buona «qualità della vita» è un'occupazione sicura e ben retribuita. A Sondrio, infatti, la disoccupazione è limitata al 3 % e il reddito pro capite è altissimo. E poi i servizi funzionano, c'è pochissima criminalità e l'aria è buona.

Foggia è ultima, bocciata soprattutto in campo economico. Agli ultimi posti si trovano anche tutte le province della Puglia (escluso Lecce) e molte province siciliane. La prima provincia del Sud in graduatoria è L'Aquila, al quarantesimo posto. Anche molte province dell'Emilia-Romagna hanno perso punti, soprattutto nei settori ambiente e sicurezza.

2 **Completate.**

Diventare campioni è ....

Il reddito pro capite è ....

C'è .... criminalità.

difficil**e**   diffici**l**..................

alt**o**   al**t**.........................

poc**a**   poc**h**......................

3 **Riformulate.**
Sostituite in questo breve testo su Milano alcune delle forme evidenziate con dei superlativi assoluti.

> Milano è una città molto ricca, il reddito pro capite è molto alto e i servizi funzionano molto bene. Milano ha però degli aspetti negativi: non è una città molto sicura e ha un tasso d'inquinamento estremamente elevato.

4 **Completate.**
Completate con gli aggettivi e le città adatti.

1° *primo* .... posto: *Sondrio* ....

2° .... posto: ....

3° .... posto: ....

4° .... posto: ....

9° .... posto: ....

40° .... posto: ....

5 **Discutete in coppia.**
Assegnate alla vostra città un punteggio da 0 a 10 in relazione ai seguenti fattori.

☐ tenore di vita
☐ ambiente
☐ affari e lavoro
☐ servizi
☐ sicurezza
☐ tempo libero

6 **Lavorate in gruppi.**
Secondo voi quali sono le città del vostro paese che possono occupare i primi 5 posti della graduatoria? Confrontate i vostri risultati in plenum.

↓
Ü 13–15
S. 114–115

Ascolto

1 **Ascoltate e rispondete.**
A chi telefona la signora?

2 **Riascoltate.**

Mettete una crocetta sulle caselle opportune. Sono possibili più soluzioni.

La signora cerca un appartamento

☐ per due settimane.

☐ per due persone.

☐ di tre vani.

☐ con un divano letto.

L'impiegato le propone un appartamento

☐ di due vani.

☐ di tre vani con giardino.

☐ in una zona tranquilla.

☐ a pochi minuti dal centro.

L'appartamento costa 625 euro

☐ per tutto il periodo.   ☐ per una settimana.   ☐ tutto compreso.

Ricapitoliamo!

Osservate le foto. Dove si potrebbero trovare queste case? Chi ci potrebbe abitare? Come sono arredate, secondo voi?

Si dice così

Rispondere al telefono	**Condividere un'opinione**
Pronto? Ciao Enrica, sono Martina.	Ah sì, davvero. Su questo hai ragione.
Scusarsi e motivare un silenzio	**Esprimere la propria posizione / una sensazione / una supposizione**
Scusa se non mi sono fatta più sentire, ma ...	Non ci tornerei ... Non mi sentirei a mio agio. Avrei l'impressione di ...
Offrire un aiuto	**Esprimere dubbio**
Posso darti una mano io.	Non so se mi piacerebbe stare ... Non so se potrei ...
Esprimere una capacità / un'abilità	**Esprimere sorpresa**
Nicola sa fare di tutto in casa. Sai, io so cucire.	Ah! Davvero?

Grammatica

1. Direkte Objektpronomen in Verbindung mit dem *passato prossimo* → 5, 32

> Chi ha messo **il** parquet? **L'**ha messo la ditta.
> **La** cucina **l'**ha monta**ta** Nicola.
> I lavori **li** abbiamo fat**ti** da soli.
> **Le** tende non **le** ho ancora compra**te**.

Steht vor einem Verb im *passato prossimo* ein direktes Objektpronomen, wird das Partizip an dieses in Zahl und Geschlecht angeglichen.
Vor *avere* bzw. seiner konjugierten Form wird *lo / la* meist apostrophiert.

Das betonte Objekt steht in der gesprochenen Sprache oft am Satzanfang und muss vor dem Verb durch das entsprechende Pronomen wieder aufgegriffen werden.

2. Das Adjektiv *bello* → 1

> un **bel** balcone   dei **bei** mobili
> un **bell'**orologio   dei **begli** alberghi
> un **bello** studio   dei **begli** specchi
> una **bella** cucina   delle **belle** tende

Das Adjektiv *bello* hat vor einem Substantiv je nach Geschlecht und Zahl die nebenstehenden Endungen. Vor einem weiblichen Substantiv, das mit Vokal beginnt, kann es apostrophiert werden: *una bella idea / una bell'idea.*

3. Das *condizionale* → 27, 33

	cambiare	scrivere	sentire
io	cambi**erei**	scriv**erei**	sent**irei**
tu	cambi**eresti**	scriv**eresti**	sent**iresti**
lui/lei	cambi**erebbe**	scriv**erebbe**	sent**irebbe**
noi	cambi**eremmo**	scriv**eremmo**	sent**iremmo**
voi	cambi**ereste**	scriv**ereste**	sent**ireste**
loro	cambi**erebbero**	scriv**erebbero**	sent**irebbero**

Das *condizionale* dient u. a. zum Ausdruck einer Annahme oder Möglichkeit: *Non mi sentirei a mio agio.*
Regelmäßige Formen werden wie die nebenstehenden Beispiele gebildet.
Hier einige unregelmäßige Formen: *essere* → *sarei*, *avere* → *avrei*, *potere* → *potrei*, *volere* → *vorrei*.

4. Das Pronominaladverb *ci* → 7

> Ho sempre abitato **in centro** però non **ci** tornerei.
> **In città ci** lavoro.

Ci bezieht sich auf bereits erwähnte Ortsangaben. Steht die Ortsangabe am Anfang eines Satzes, wird sie mit *ci* wieder aufgenommen. Das Pronominaladverb *ci* steht vor dem konjugierten Verb.

5. Der absolute Superlativ → 3

> Diventare campione è difficil**issimo**.
> Sondrio è una città sicur**issima**.

Der absolute Superlativ drückt einen hohen Grad einer Eigenschaft aus. Er dient nicht zum Vergleich. Er wird gebildet, indem das Adjektiv um den Endvokal gekürzt und *-issimo/-a* angehängt wird.
Beachten Sie: *ricco – ricchissimo, poco – pochissimo.*

6. Die Ordnungszahlen → 30

> 1° primo   6° sesto
> 2° secondo   7° settimo
> 3° terzo   8° ottavo
> 4° quarto   9° nono
> 5° quinto   10° decimo

Die Ordnungszahlen von 1–10 haben die nebenstehenden Formen. Alle folgenden werden aus der Grundzahl gebildet, die um den Endvokal gekürzt und mit der Endung *-esimo* versehen wird: *11° undicesimo.*
Ordnungszahlen stehen meist vor einem Substantiv und werden diesem in Geschlecht und Zahl angeglichen.

A Su e giù per le Alpi

1 **Formate piccoli gruppi e ... buon divertimento!**
Ogni gruppo riceve un dado e ogni studente una pedina.
La casella di partenza e di arrivo è quella del Brennero.

Quest'estate passate le vacanze sulle Alpi italiane per andare a trovare degli amici, per fare trekking, escursioni in mountain-bike, scalate in alta montagna e per visitare le città.

1 Prima tappa è Bolzano, capoluogo dell'Alto Adige e città bilingue. Siete in un albergo panoramico, molto bello e confortevole, arredato in stile tirolese. Descrivete la vostra camera.

2 A Cortina d'Ampezzo, la regina delle Dolomiti, frequentata da artisti e personaggi famosi, andate a fare shopping in uno dei tanti negozi del centro. Volete regalare un profumo ad un vostro parente. Descrivete al commesso che tipo è e che gusti ha.

3 Siete a Tarvisio, «finestra sull'Europa», al confine tra Italia, Austria e Slovenia. In albergo avete conosciuto una persona molto simpatica e le proponete di fare un'escursione nella bellissima foresta di Tarvisio, dove l'ambiente e la natura sono ancora intatti.

4 Vi fermate al rifugio del Ghiacciaio della Marmolada a bere qualcosa di caldo. Cominciate a parlare con due italiani di Palermo, molto diversi tra di loro. Descrivete il loro aspetto fisico.

5 A Trento siete ospiti di amici che vi propongono di visitare a scelta: il centro storico rinascimentale, i vigneti e i castelli dei dintorni o le abitazioni preromaniche in Valsugana. Dite quello che vi piacerebbe fare.

6 Siete a Brescia e volete visitare la Franciacorta, zona di collina nota per la produzione del vino, che comprende 19 comuni vicini tra di loro e collegati da strade tranquille. Le cantine della zona si trovano spesso in antiche ville o casolari ristrutturati. Proponete ad una coppia di amici una gita di una giornata in mountain-bike.

7 Siete a Bergamo, a ca. 50 km da Milano. Nella città alta, antica e affascinante, ci sono molte cose da vedere: la cattedrale, la torre civica, i palazzi storici. Vi informate in un'agenzia immobiliare sugli appartamenti da comprare e rimanete fermi un giro.

8 Siete in Brianza, la ricca zona industriale della Lombardia e vi fermate a Cantù, città famosa per la produzione di mobili classici. Che cosa vi piacerebbe comprare per la vostra casa?

9 A Torino visitate il Parco e il Castello cinquecentesco del Valentino dalla elegante facciata barocca. Durante una passeggiata rilassante lungo il Po spiegate al vostro compagno di viaggio perché vi siete trasferiti in periferia.

10 Il Monte Bianco, coi suoi 4810 metri d'altezza è la cima più alta d'Europa e si trova al confine tra Italia, Francia e Svizzera. È raggiungibile con una funivia da Courmayeur: proponete ad un vostro amico di fare un'escursione insieme.

11 Siete ad Aosta, chiamata «Roma delle Alpi» per le sue antichissime origini romane. Situata a 582 metri di altitudine, ha circa 35.000 abitanti ed è circondata dalle montagne. Un amico di lì vi chiede: «Ti piacerebbe abitare ad Aosta?»

12 Vi fermate per qualche giorno a Stresa, sul Lago Maggiore, per riposarvi dopo un periodo piuttosto stressante. Sul traghetto per le pittoresche Isole Borromee incontrate degli amici che non vedete da almeno 10 anni. Raccontate cosa è cambiato nella vostra vita negli ultimi tempi.

13 «Quel ramo del Lago di Como ...» Così incomincia il romanzo *I promessi sposi* di Alessandro Manzoni. Siete anche voi sul Lago di Como, a casa di un'amica che vi chiede notizie di una coppia di amici comuni, noti per la loro vita sentimentale piuttosto instabile. Raccontate le ultime novità.

14 A Sondrio leggete un annuncio sul giornale locale: c'è una casa in vendita ad un prezzo davvero interessante. La andate a vedere: è bella ma ci sono molti lavori da fare. Che cosa potreste fare da soli?

15 Siete in un agriturismo a Livigno, a pochissima distanza dal Parco Nazionale dello Stelvio. Gli amanti della montagna trovano qui mille cose da fare, d'estate è anche possibile sciare sul ghiacciaio. Parlate con un altro ospite dell'agriturismo dei vostri interessi.

16 In un caffè sotto i portici del centro medioevale di Merano incontrate per caso un collega. Gli raccontate cosa avete fatto in questa vacanza e gli proponete di venire con voi a visitare il Castel Tirolo.

B Cerchiamo casa insieme!

1 Lavorate in gruppi.

Per motivi di lavoro/di studio dovete trasferirvi per un anno in Italia.
Siccome alcuni vostri compagni sono nella stessa situazione, avete deciso di cercare casa insieme.

- Raccontate agli altri quali sono le vostre esigenze e i vostri interessi.

> Ho bisogno di una stanza grande per metterci il pianoforte.

> Non so guidare la macchina.

> Per me è importante avere un po' di verde intorno.

- Mettetevi d'accordo sul tipo di casa adatto per tutti.
- Cercate informazioni sulla città e scegliete la zona in cui preferite abitare.
- Cercate degli annunci di case e scegliete quelli che vi sembrano adatti.
- Scrivete un annuncio da mettere su un giornale locale e descrivete il tipo di casa che cercate.
- Riferite in plenum la vostra scelta e spiegate i vostri motivi.

C Ripetiamo un po'!

1 Raccontate la storia.

Lavorate in gruppi. Le foto e i biglietti che vedete raccontano la storia di Elisabetta e Stefano. Come e dove si sono conosciuti? Che cosa è successo dopo il loro primo incontro? Che cosa hanno vissuto insieme? Presentate la vostra storia alla classe.

*Per la gioia di Esmeralda
i genitori
Stefano e Elisabetta Palombo
annunciano la nascita
del fratellino*

Marcello

Felice Matrimonio

HOTEL VENEZIA   HOTEL COLUMBIA

2 Voi cosa fareste?

Lavorate in coppia. Scegliete una di queste due situazioni:
- oggi siete a Roma per un appuntamento importante e dovete raggiungere in breve tempo il centro;
- avete un volo prenotato da Bari a Parigi per domani.

Leggete l'articolo che vi riguarda e raccogliete idee su come reagireste in quella situazione.

Traffico, centro bloccato per smontare il palco McCartney
La chiusura di via dei Fori Imperiali, per smontare il palco su cui ieri sera si è esibito Paul McCartney, e numerosi incidenti in diverse zone della città hanno provocato oggi la semi-paralisi del traffico nel centro di Roma.

Volare cancella voli per domani verso Francia
Per lo sciopero generale di domani, che bloccherà il traffico aereo da e verso le destinazioni francesi, Volare cancellerà i due voli giornalieri Malpensa-Parigi, il volo Bari-Parigi e il volo Venezia-Parigi.

Ci vediamo più tardi!

▶ Le città italiane sono molto vissute dalla gente, di giorno e di sera, nei giorni feriali e durante il fine settimana. Il carattere stesso dei centri storici italiani, dove ci sono uffici, negozi e tante abitazioni private, determina questa **vivacità delle città**. Naturalmente anche il clima invita a stare più spesso fuori. E gli orari di lavoro fanno il resto. Infatti in Italia si finisce piuttosto tardi di lavorare e **il dopocena** normalmente comincia tra le nove e le dieci. I bambini si adattano a questi ritmi e di solito non vanno a letto prima delle dieci. Gli spettacoli a teatro incominciano tra le otto e le nove e anche durante la settimana **l'ultimo spettacolo** al cinema incomincia intorno alle dieci e mezza.

▶ Anche la domenica c'è molto **movimento in città**: la gente esce per prendere un caffè o un aperitivo, per andare a comprare il giornale e fare una passeggiata in centro.

▶ **Stare in compagnia** è molto importante, per i giovani e per chi è meno giovane. I giovani si incontrano spesso in gruppo, al solito posto o nel solito locale, dove decidono come continuare la serata. Gli adulti si vedono spesso dentro le case, nei ristoranti e nelle pizzerie, magari prima o dopo uno spettacolo. Insomma, **le serate in allegria** non mancano mai. E per chi proprio non sa dove andare? C'è sempre un giornale, un *tutto città* o un *vivi la città* che informa sugli **avvenimenti cittadini**.

Dove abitare?

▶ Le città italiane variano moltissimo a seconda della zona, il centro è sempre costosissimo perché **centro storico**, la periferia può essere bellissima perché verde e tranquilla, o bruttissima perché scomoda e trascurata. Nel complesso, per motivi legati ad architetture millenarie, gli spazi sono piuttosto ridotti e i caratteri molto vari. Come paragonare Venezia con Palermo? O Vicenza con Bari?

Dalla Fiat alla Mole Antonelliana

▶ Città della Fiat, della Juventus, della Sindone, di un'antica e prestigiosa Università e dei deliziosi gianduiotti, Torino, l'antica Augusta Taurinorum, è **il capoluogo di provincia** del Piemonte.

La città, attraversata dal fiume Po, ancora oggi conserva in parte la tipica scacchiera di strade costruite dai romani. Dal 1248, quando Federico II la dà in feudo ai Savoia, la storia di Torino è legata al destino di questa famiglia. Nel 1861, con Vittorio Emanuele II diventa la prima capitale del Regno d'Italia.

▶ A partire dagli anni '50, con lo sviluppo dell'**industria automobilistica** che richiama forti flussi di migrazione dall'Italia del Sud, il nome della città varca i confini dell'Italia, con una fama legata anche questa volta al nome di una famiglia: gli Agnelli, a lungo proprietari del gruppo Fiat. Eppure Torino non è solo una capitale dell'industria, è **una città d'arte**, con grandi monumenti del periodo barocco e neoclassico. Il suo simbolo, immortalato nella moneta da due centesimi, è **la Mole Antonelliana**. Costruita nel 1897 come tempio israelitico oggi ospita **il Museo del Cinema** che con **il Museo Egizio**, il secondo più importante del mondo dopo quello del Cairo, fa parte dei 40 musei torinesi.

Come sto bene!

Osservate.
Quali prodotti riconoscete sulla foto?

Questa Italia. Difficile non amarla.

TERRE d'ITALIA

Le grandi tradizioni locali della nostra tavola In Italia c'è qualcosa di unico di cui ogni italiano può andare orgoglioso: l'incredibile ricchezza di prodotti della tradizione diffusi in ogni regione, in ogni città, in ogni paese di questa nostra terra.

Abbinate.
Associate dei prodotti ai seguenti aggettivi:
grasso, magro, piccante, secco, fresco, dolce, amaro, salato.

Discutete in piccoli gruppi.
Quali di questi prodotti usate abitualmente in cucina?
Quali altri prodotti alimentari italiani usate generalmente?

A Non si fabbrica, si fa.

1 Leggete.

Quali sono gli ingredienti del Parmigiano-Reggiano?

PARMIGIANO-REGGIANO

Da almeno otto secoli un gran formaggio, il Parmigiano-Reggiano è il formaggio italiano per eccellenza. Già citato da Boccaccio nel Decamerone (1350), ha da secoli lo stesso aspetto e gusto ed è fatto allo stesso modo e negli stessi luoghi di sempre. Dal 1996 ha la denominazione di origine protetta.
Si produce nei circa 600 caseifici artigianali delle province di Reggio Emilia, Modena, Parma, Bologna (alla sinistra del fiume Reno) e Mantova (alla destra del Po).

Le regole di produzione sono rigorosissime. Ancora oggi si fa tutto a mano. Si usano solo latte crudo della zona (circa 16 litri per un chilo di formaggio), siero e caglio e non si impiegano né conservanti né coloranti. Le forme di parmigiano devono stagionare per almeno 12 mesi, ma durante questo periodo il lavoro continua: bisogna pulirle, girarle e controllarle giorno per giorno.
Il Parmigiano-Reggiano è un alimento completo, sano e genuino, ricco di proteine, vitamine, calcio e fosforo. È altamente digeribile e ingrediente di tante ricette.

Usate il parmigiano in cucina? Con quali piatti?

2 Scrivete.

Raccogliete le informazioni sul Parmigiano-Reggiano:

Storia:	Luoghi di provenienza:	Caratteristiche:
....	....	....
....	....	....
....	....	....

3 Completate.

Cercate nel testo le forme mancanti.

Come si fa il Parmigiano-Reggiano?

Si .... tutto a mano.

Non si .... conservanti.

4 Completate.

Inserite nel breve testo sulla produzione dell'olio d'oliva i seguenti verbi: raccogliere, portare, macinare, mettere, spremere, filtrare, imbottigliare.

Le olive *si raccolgono* in autunno, ... al frantoio

e .... fino ad ottenere una specie di pasta.

La pasta di olive .... nelle presse e ....

L'olio poi .... e ....

5 **Lavorate in gruppi.**
Discutete su come e quando si consumano questi prodotti nel vostro paese e in Italia.

Ü 1–3
S. 116

ESEMPIO In Italia durante i pasti si mangia molto pane.
Qui invece …/Da noi …

dolci

birra

pasta

caffè

vino

pane

formaggio

B Cosa stai facendo di buono?

1 Ascoltate il dialogo.
Cosa c'è per cena da Raffaella e Giuliano?

● Hmm che profumino! Cosa stai facendo di buono?
○ Sto preparando gli gnocchi alla romana.
● Che buoni! È una vita che non li mangio. E di secondo cosa c'è?
○ Mah, siccome gli gnocchi riempiono tanto vorrei fare solo un po' di verdure alla griglia.
● Beh, allora aspetta che ti dò una mano. Hai già acceso il forno?
  …
● Quanto tempo ci vuole ancora?
○ Poco, è quasi pronto.
● Perfetto. Allora io apparecchio la tavola. Ma Riccardo e Stefania quando arrivano?
○ Hanno chiamato, stanno cercando un parcheggio qui sotto.

● Meno male … io sto morendo dalla fame. Senti, che vino beviamo?
○ Mah, un bianco direi …
● Dunque, vediamo che cosa abbiamo di freddo …

2 Completate.
Inserite le parole mancanti.

| Cosa stai facendo di buono? |
| .... gli gnocchi. |
| Cosa stanno facendo Riccardo e Stefania? |
| .... un parcheggio. |

fare	→	facendo
preparare	→	preparando
prendere	→	prendendo
finire	→	finendo

Come vi esprimereste in queste situazioni nella vostra lingua?

3 Ascoltate.
Che cosa stanno facendo le persone?
Ascoltate i rumori e completate le frasi con le seguenti espressioni:
fare la doccia, leggere il giornale, mangiare, suonare il pianoforte.

1. Marianna ....
2. Piero e Claudio ....
3. Luca ....
4. Mio padre ....

4 Leggete e osservate.
Leggete le descrizioni e osservate l'illustrazione.

Come apparecchiare la tavola quando avete ospiti
1 tovagliolo piegato
2 forchette per antipasto, primo e secondo
3 sottopiatto, piatto e piattino per l'antipasto
4 coltello
5 cucchiaio per i primi in brodo
6–7–8 bicchieri da vino rosso, bianco e da acqua
9 coltellino e forchettina da frutta e cucchiaino da dolce
10 piattino per il pane.

Ü 4–7
S. 117–118

Pensate a cosa preparate voi quando avete ospiti e dite come apparecchiate la tavola.

C Gli gnocchi alla romana

1  Ascoltate.

● Raffaella, questi gnocchi sono buonissimi. Sono difficili da preparare?
○ No, però ci vuole un po' di tempo, perché devi preparare l'impasto, poi li devi tagliare e mettere nel forno. Però la preparazione è piuttosto semplice.
● Senti, e che ingredienti ci vogliono?
○ Dunque, le uova, il semolino, il parmigiano ... ma guarda, se vuoi ti dò la ricetta.

2  **Leggete e abbinate.**
Leggete la ricetta e scrivete le parole in corsivo sotto le illustrazioni.

....

....

....

....

....

....

Gnocchi alla romana

DOSI PER 4 PERSONE • TEMPO: 1 H 30'

Ingredienti
PER GLI GNOCCHI:
250 g. di semolino
60 g. di burro
30 g. di parmigiano grattugiato
3 tuorli d'uovo
1 pizzico di noce moscata
1 l. di latte
sale

PER CONDIRE:
70 g. di burro
70 g. di parmigiano grattugiato

Preparazione
Far *bollire* il latte con il burro, un po' di sale e aggiungere il semolino. *Mescolare* per 10–15 minuti. Togliere il composto dal fuoco, *aggiungere* i tuorli, il parmigiano e la noce moscata. Rimescolare e *versare* l'impasto su un piano di marmo. Stenderlo ad uno spessore di circa 1 cm. Quando è freddo *tagliare con uno stampo* (o un bicchiere) il composto in tondini del diametro di circa 4 cm. Mettere gli gnocchi in una pirofila, *condire* con il burro fuso ed il parmigiano e metterli in forno alla temperatura di 180° per circa 10 minuti.

3 Completate.

Quanto tempo .... per fare gli gnocchi?	Un'ora e mezza.
Che ingredienti	Dunque, le uova, il semolino, ...

4 Lavorate in gruppi.
Discutete sul tempo e sugli ingredienti necessari per preparare i seguenti piatti.

pizza

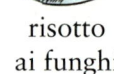
risotto ai funghi

 arrosto di vitello    lasagne   tiramisù    minestrone

Ü 8–10
S. 118–119

5 Lavorate in coppia.
Vi piace cucinare? Scegliete un piatto per una delle seguenti occasioni, scrivete insieme la ricetta e presentatela al resto della classe.

un picnic estivo   il cenone di Capodanno   una festa di compleanno

Ascolto

1 Lavorate in gruppi.
Prima di ascoltare la canzone *Ci vuole un fisico bestiale* di Luca Carboni fate delle ipotesi sul titolo: che cosa significa secondo voi?

2 Lavorate in coppia.
Ascoltate la canzone. Dopo l'ascolto fate insieme al vostro vicino una lista delle parole riconosciute. Riferite in plenum.

3 Collegate.
Ascoltate la canzone e collegate le frasi.

Ci vuole un fisico bestiale per …	… siam barche in mezzo al mare
Ci vuole un fisico bestiale perché …	… stare dritti controvento
Ci vuole un attimo di pace per …	… bere e per fumare
Ci vuole molto allenamento per …	… stare nel mondo dei grandi
	… resistere agli urti della vita
	… fare quello che ci piace
	… fare quello che ti pare
	… siamo sempre ad un incrocio

4 Fate conversazione.
Scegliete tra le frasi del punto 3 quella che preferite e spiegate perché.

D Uno sport per tutti

1 **Guardate l'illustrazione.**
Conoscete questo sport? Lo praticate?

2  **Ascoltate l'intervista.**

● Siamo qui con il Sig. Ricciotti, responsabile del gruppo sportivo «Wellness Club» per parlare di una nuova disciplina sportiva: il fitwalking. Sig. Ricciotti, Lei ha introdotto questo sport nel suo gruppo e ormai sono numerose le persone che lo praticano. Ci può spiegare di cosa si tratta precisamente? È un'attività difficile?

○ No, per niente. Il fitwalking è tecnicamente più semplice della marcia, ma più complesso di una passeggiata. Bisogna solo cambiare un po' il modo di camminare, in fondo è tutto lì.

● Quindi non ci vuole una grandissima preparazione atletica …

○ No, all'inizio basta camminare anche solo per pochi minuti con un'andatura non molto veloce. Poi bisogna aumentare intensità e durata, fino ad arrivare a mezz'ora al giorno. Comunque il fitwalking è meno faticoso del jogging.

● Ci sono percorsi particolarmente consigliabili?

○ In pianura è molto più facile eseguire la camminata in modo corretto, soprattutto all'inizio.

Che tipo di sport è il fitwalking?

tenere le spalle rilassate

piegare le braccia con i gomiti vicino al corpo

tenere le dita delle mani semichiuse

scaricare il peso del corpo in avanti

● E quali sono i benefici?

○ Beh, dopo qualche mese di allenamento costante i benefici si cominciano a sentire, è uno sport che fa bene alla circolazione, all'umore e aiuta a dimagrire …

3 **Lavorate in gruppi.**
Quale di questi sport praticate o vi piacerebbe praticare? Perché?
A che cosa fa bene? A chi lo consigliereste?

il calcio

la pallacanestro

il body-building

il nuoto

il tennis

il ciclismo

il jogging

lo sci

4 **Completate.**
Inserite le parole
mancanti.

> **Cosa bisogna fare per praticare il fitwalking?**
>
> .... cambiare un po' il modo di camminare.
>
> All'inizio .... camminare per pochi minuti.

5 **Lavorate in coppia.**
Raccogliete alcune informazioni su uno sport a vostra scelta e descrivete questo sport ai
vostri compagni. Chi indovina di quale sport si tratta? Ecco alcune espressioni utili.

bisogna avere molto tempo   basta avere una buona condizione generale
ci vuole una buona attrezzatura   ci vuole una buona preparazione atletica

6 **Completate.**
Rileggete il dialogo e
inserite le parole
mancanti.

> **Il fitwalking è un'attività difficile?**
>
> No, è .... semplice .... marcia ed
> è .... faticoso .... jogging.

7 **Lavorate in coppia.**
Pensate agli sport indicati nel punto 3 e fate dei paragoni aiutandovi con i seguenti aggettivi:
costoso, faticoso, difficile, divertente, pericoloso, completo, praticato.

ESEMPIO Il nuoto è meno costoso dello sci ... ma è anche meno divertente!

Ü 11–14
S. 119–120

E Io sto bene quando ...

1 **Osservate e scrivete.**
Guardate queste foto e scrivete sotto a ciascuna due cose che
vi vengono in mente. Confrontate con il vostro compagno.

....

....

....

....

....

....

2 **Mettete una crocetta.**
Quale tra queste attività preferite?

☐ passeggiare nella natura

☐ cucinare e mangiar bene

☐ fare molto sport

3 📖 **Leggete.**

Cercate tra queste manifestazioni quella che fa per voi.

C A L E N D A R I O

1 5 **MAGGIO**
Per tutti gli appassionati del fitness che amano la Sicilia ecco un'occasione speciale: dal 1° al 5 maggio, infatti, nel villaggio turistico di Kartibubbo, in provincia di Trapani, potete partecipare al Festival del Fitness. Potete provare le discipline sportive più eccitanti o partecipare a corsi tradizionali di vela, windsurf, aerobica. In più, escursioni nella Valle dei Templi, pranzi e cene a tema e il mare della Sicilia. E, di sera, animazione con discoteca e feste in spiaggia!

1 9 **MAGGIO**
Per gli amanti del trekking dal 1° al 9 maggio il CAI di Milano propone itinerari sui monti più belli della Costiera Amalfitana. Nel programma oltre al Monte S. Angelo, ai Tre Pizzi nei Monti Lattari e al Monte Solaro, il punto più alto di Capri, sono previste anche una traversata panoramica della costiera e una della Penisola Sorrentina.

18 20 **MAGGIO**
Qual è la cosa più importante per essere in forma? Sicuramente una buona alimentazione! Dal 18 al 20 maggio a Bolzano, alla Festa dello Speck, potrete imparare a mangiar sano e a riconoscere gli alimenti più genuini. Potrete assaggiare prodotti locali di ottima qualità, lavorati secondo la tradizione, accompagnati da verdure e frutta. Giochi e divertimenti anche per i bambini.

Dite al vostro vicino quale manifestazione avete scelto e perché.

4 **Completate.**

> Al Festival del Fitness potete provare .... discipline sportive .... eccitanti.
>
> .... cosa .... importante per essere in forma è una buona alimentazione.

Sottolineate altri esempi di superlativo relativo nei testi che avete letto.

5 **Scrivete.**

Lavorate in coppia e formulate un piccolo testo per fare pubblicità a scelta a:
- un prodotto gastronomico tipico del vostro paese
- una città/zona turistica particolarmente interessante
- una manifestazione da non perdere

6 **Lavorate in gruppi.**

Leggete i fumetti. Che cosa significa «star bene» per voi?

Io sto bene dopo due ore di palestra.

Io sto bene quando torno a casa e mi faccio un bel caffè.

Io sto bene quando passo una bella serata in compagnia.

Ü 15–16
S. 121

Lavorate in gruppi. Immaginate di trascorrere insieme un fine settimana all'insegna del fitness e del benessere. A quali attività vi dedicate? Cosa portate in tavola?

Si dice così

Parlare di ciò che succede attualmente	Riflettere
Cosa stai facendo di buono? Riccardo e Stefania stanno cercando un parcheggio.	Dunque, vediamo che cosa abbiamo di freddo…
Informarsi su ciò che è necessario	**Esprimere una necessità comune**
Quanto tempo ci vuole? Che ingredienti ci vogliono?	Bisogna cambiare il modo di camminare.
Chiedere un parere e fare una proposta	**Giungere ad una conclusione**
Che vino beviamo? | Mah, un bianco, direi …	Quindi non ci vuole …
	Esprimere sollievo
	Meno male!

Grammatica

1. Die Verben *produrre* und *raccogliere*   → 33

	produrre	raccogliere
io	produco	raccolgo
tu	produci	raccogli
lui/lei	produce	raccoglie
noi	produciamo	raccogliamo
voi	producete	raccogliete
loro	producono	raccolgono

Auch andere Verben wie *tradurre, condurre, scegliere* und *accogliere* werden nach dem gleichen Muster konjugiert.
Die Partizipien der beiden nebenstehenden Verben sind ebenfalls unregelmäßig:
produrre → *prodotto*, *raccogliere* → *raccolto*.

2. Die Wiedergabe von „man"   → 16

Si usa latte crudo.
Man verwendet Rohmilch.
A Pasqua **si mangiano** molti dolci.
Zu Ostern isst man viele Süßigkeiten.

Im Italienischen wird *man* durch die *si*-Konstruktion wiedergegeben.
Beachten Sie: Das Bezugswort ist im Deutschen ein Objekt, im Italienischen aber Subjekt.
Je nach Bezugswort steht das Verb im Singular oder im Plural.

3. *Stare* + gerundio   → 14, 33

Stare + *gerundio* beschreibt einen gerade ablaufenden Vorgang: *Stai leggendo? – Liest du gerade?*

ascoltare	→	ascolt**ando**
leggere	→	legg**endo**
venire	→	ven**endo**

Für das *gerundio* werden die Verben um die Infinitiv-endung gekürzt. Die Verben auf -**are** erhalten die Endung -**ando**, die auf -**ere** und -**ire** die Endung -**endo**.
Die Formen des *gerundio* sind unveränderlich.
Hier einige unregelmäßige Formen: *bere* → *bevendo*, *fare* → *facendo*, *dire* → *dicendo*.

4. *Ci vuole/ci vogliono*   → 17

Per preparare il minestrone
    ci vuole mezz'ora.
    ci vogliono le verdure fresche.

Man braucht wird im Italienischen mit *ci vuole/ci vogliono* wiedergegeben. Folgt ein Substantiv im Singular, verwendet man *ci vuole*. Folgt ein Substantiv im Plural, verwendet man *ci vogliono*.

5. *Basta* und *bisogna*   → 18

All'inizio **basta** camminare poco.
Bastano pochi minuti.
Poi **bisogna** aumentare la durata.

Es genügt/genügen wird im Italienischen mit *basta/bastano* wiedergegeben. Auf *bisogna (es ist nötig, man muss)* folgt immer ein Infinitiv.

6. Die Steigerung des Adjektivs   → 2

Il walking è **più** semplice **del** jogging.
La marcia è **meno** faticosa **della** corsa.

La cosa **più** importante è l'allenamento costante.

Beim Vergleich von zwei Dingen (Komparativ) wird der höhere Grad einer Eigenschaft durch *più ... di*, der niedrigere durch *meno ... di* ausgedrückt.
Die höchste Steigerungsstufe (Superlativ) wird mit *più* bzw. *meno* und dem Artikel vor dem Substantiv gebildet.

Osservate le immagini.
Abbinate le parole agli oggetti.

1 i pantaloni a zampa di elefante
2 i pattini a rotelle
3 la stufa a legna
4 i dischi a 45 giri
5 la Cinquecento
6 il telefono a disco
7 il telegramma
8 la videocamera
9 il cubo di Rubik

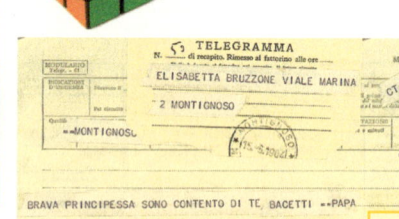

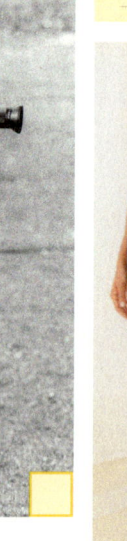

Che cosa si usa ancora o non si usa più?
Che cosa avete usato anche voi?
Quali altri oggetti associate al vostro passato?

A Sei un tipo nostalgico?

1 Mettete una crocetta.
Rispondete alle domande.

	sì	no
Ti piacciono i mercatini delle pulci?	○	○
Conservi ancora il pelouche o i giocattoli della tua infanzia?	○	○
Rivedi con piacere te stesso nelle vecchie foto?	○	○
Ti entusiasmano i nuovi mezzi di comunicazione?	○	○
Porti con te la foto di un vecchio amore?	○	○
Ti piacerebbe vivere per un periodo in un secolo passato?	○	○
Accetteresti di partecipare ad un viaggio premio nello spazio?	○	○
Quando sei al mare raccogli le conchiglie e le porti a casa?	○	○
Ti capita di pensare con rimpianto a momenti passati della tua vita?	○	○

2 Lavorate in gruppi e riferite.
All'interno del vostro gruppo sommate il totale delle crocette nelle caselle di colore rosso.
Qual è il gruppo più nostalgico della classe? Ci sono altre cose che fate per nostalgia?

3 Ascoltate.

● Ieri in centro ho visto te e Marcella alla bancarella dei dischi usati. Allora piacciono anche a voi i mercatini delle pulci …

○ A Marcella non tanto, a me invece sì, li adoro.

● Anch'io, ci compro di tutto, dalle posate ai mobili!

△ A me invece questi mercatini non piacciono per niente. E a te, Paolo?

◆ Neanche a me, anzi, non li sopporto proprio. Non ho la pazienza di stare lì a cercare tra la roba vecchia …

4 Osservate e completate.

a me
a te
a lui
a lei/Lei
a noi
a voi
a loro

A voi piacciono i mercatini delle pulci?

● …………… sì.   ● A me no.

○ Anche a me.   ○ Neanche ……………

Conservate ancora i giocattoli dell'infanzia?

● Io sì.   ● Io no.

○ Anch'io.   ○ Neanch'io.

Ü 1–5
S. 122–123

5 🎧 **Ascoltate.**
In quali di questi brevi dialoghi le persone sono della stessa opinione? In quali hanno opinioni diverse? Mettete una crocetta.

	stessa opinione	opinioni diverse		stessa opinione	opinioni diverse
1.	☐	☐	4.	☐	☐
2.	☐	☐	5.	☐	☐
3.	☐	☐	6.	☐	☐

6 **Lavorate in gruppi.**
Rispondete alle seguenti domande e discutete.

> Comprate spesso un oggetto ricordo durante un viaggio?

> Vi piace fare foto durante le vacanze?

> Capita anche a voi di ascoltare una canzone dei «vecchi tempi» e di cominciare a sognare?

B I Navigli milanesi

1 📖 **Leggete.**
Leggete il testo. Che cosa sono i Navigli? Esistono ancora?

Milano non è sul mare, eppure fino agli anni Trenta aveva un porto, la Darsena di Porta Ticinese, e una fitta rete di canali navigabili. I canali collegavano la città al mare Adriatico.

Dalla Darsena ancora oggi partono due grandi Navigli che collegano la città con i fiumi Adda, Lambro e Ticino.

I canali interni della città, che formavano l'antica Cerchia dei Navigli, invece non esistono più.

La navigazione sul Naviglio Grande comincia nel 1387. Allora i barconi trasportavano dal Lago Maggiore a Milano i marmi di Candoglia che servivano per la costruzione del Duomo.

Esistevano diverse compagnie per il trasporto dei passeggeri, ma il trasporto delle merci era l'attività più importante. Lungo i navigli interni c'erano le botteghe ed i magazzini, mentre al Naviglio Grande fino ai primi anni del 1900 le lavandaie facevano il bucato. A partire dal 1926 comincia la copertura della Cerchia dei Navigli, per rendere possibile l'allargamento delle strade e la costruzione di nuovi edifici che dovevano dare un'immagine più moderna di Milano.

2 **Scrivete.**
Cercate nel testo la frase adatta a descrivere il disegno.

....

....

....

....

....

....

....

....

3 **Osservate e completate.**
Rileggete e inserite i verbi del testo che corrispondono ai seguenti infiniti.

trasportare
trasportavo
trasportavi
trasportava
trasportavamo
trasportavate
trasportavano

avere → ....

dovere → ....

servire → ....

essere → ....

fare → ....

esserci → ....

Com'era Milano agli inizi del 1900?
Era molto diversa da adesso, aveva un porto e una rete di canali.

4 **Completate.**
Inserite nel testo su piazza Navona i seguenti verbi: esistere, esserci, svolgersi, aver luogo, venire.

La forma odierna della piazza, con le fontane,

la chiesa di S. Agnese, il Palazzo Pamphili e le case

che la circondano .... già nel 1700.

La storia di piazza Navona risale all'antica Roma.

Dove oggi c'è la piazza ai tempi dei Romani

.... il grandissimo circo dell'Imperatore Domiziano. Qui ....

finte battaglie navali, spettacoli pubblici, giochi ecc. Anche nel medioevo le feste popolari

.... nella piazza e ancora più tardi, nel XIX secolo, il popolo .... qui nelle

domeniche e nelle feste del mese di agosto per rinfrescarsi nell'acqua delle fontane.

5 **Lavorate in coppia.**
Descrivete com'era la vostra città o il vostro paese quando eravate bambini.

Ü 6–10
S. 124–125

C Da bambina ci venivi spesso?

1  **Ascoltate.**
Dove vanno a passeggiare la nonna e la nipote?

- ● Ecco, guarda, vedi quella casa all'angolo?
- ○ Dove c'è l'erboristeria?
- ● Sì. Abitavamo proprio lì.
- ○ E il naviglio dove passava?
- ● Passava proprio davanti alla casa ... Eh, Milano era diversa allora, sai, non c'era il traffico di oggi. Però per fortuna i giardini sono rimasti. Dai che ci andiamo a fare due passi.
  ...
- ○ Che carino qui, nonna! Tu da bambina ci venivi spesso?
- ● Sì, la zia Paola ed io ci venivamo a giocare quasi ogni giorno.
- ○ E a cosa giocavate?
- ● Mah, saltavamo alla corda, qualche volta giocavamo a palla e quando venivano i nostri cugini giocavamo sempre a nascondino. D'estate, la sera non volevamo mai tornare a casa ...
- ○ Insomma questo era il tuo posto preferito quand'eri piccola.

- ● Eh, ma non solo allora, anche da ragazza venivo qui ai giardini ... con il nonno ci venivamo sempre a passeggiare la domenica pomeriggio. E tutti ci guardavano! Perché eravamo proprio una bella coppia, sai?
- ○ E lo so, lo so.

2 **Rispondete.**
Rileggete il testo e completate.
Quali giochi faceva di solito
la nonna da bambina?

....
....
....

3 **Completate.**
Inserite le espressioni di tempo
che mancano.

Da bambina ci venivi ....?

Sì, la zia Paola ed io ci venivamo quasi ....

Quando venivano i nostri cugini giocavamo

.... a nascondino.

.... non volevamo mai tornare a casa.

4 **Scrivete e raccontate.**
Che cosa facevate in questi periodi della vostra vita? Riflettete, prendete nota e raccontate.

Da bambino/bambina ...	Quando andavo ancora a scuola ...	A .... anni ...
....	....	....
....	....	....

5 **Lavorate in coppia.**
Pensate ad un luogo della vostra infanzia
che vi è particolarmente caro e raccontate al
vostro compagno i vostri ricordi.

la sera

quando

spesso

d'estate

d'inverno

ogni giorno

sempre

ogni volta che

6 Raccontate.

Negli anni
settanta …

Negli anni
cinquanta …

Guardate le foto e discutete
in piccoli gruppi della vita
in questi periodi.

Come si viaggiava?
Che cosa si faceva nel
tempo libero?
Che musica si ascoltava?

↓
Ü 11
S. 125

Lettura

1 **Lavorate in coppia.**
Secondo voi com'era la giornata di
un bambino che viveva in campagna
60 anni fa?

2 Leggete.
Maurizia Rossi, di circa quindici
anni, ha mandato questa lettera al
quotidiano *la Repubblica*.
Leggete il testo e concentratevi sulle
abitudini del nonno di Maurizia.

3 **Lavorate in coppia.**
Rileggete il testo e raccogliete
le parole relative alle categorie
di seguito.

famiglia ◆ casa ◆ campagna

4 **Rispondete.**
Cosa faceva volentieri il nonno?
Cosa non amava fare?

Perché secondo voi Maurizia ha
deciso di raccontare l'esperienza
del nonno?

LETTERE

MERCOLEDÌ **26** MARZO **2003**

CARO Augias,
racconta mio
nonno che abitava
in una stanza dove
dormivano lui, i fra-
telli, i genitori e una
loro nonna. Allora
erano i nonni le per-
sone più importanti
alle quali portare
rispetto. Una stanza
così oggi la chiamano una catapecchia. Ma una volta chi ne
possedeva una, anche molto
stretta, era ricco, non tutti avevano la fortuna di avere un
tetto, sia pure bucato, sulla
testa. E non era da tutti avere
vicino casa una fontana con
acqua sempre disponibile. Mio
nonno odiava alzarsi ogni mattina e uscire fuori al freddo,
mezzo addormentato, a lavarsi
con quell'acqua gelida il viso.
La mattina mangiava un po' di
polenta o di pane, avanzi della
sera precedente. Tutte le mattine che doveva andare a scuola
passava per un viottolo vicino
a un negozietto di alimentari

risponde
CORRADO AUGIAS
c.augias@repubblica.it

dove si fermava a
comprare la sua
misera merenda.
Quando tornava a
casa dopo aver man-
giato doveva recarsi
all'orto. Ogni gior-
no c'era qualche
lavoro. Odiava mol-
to i mesi di giugno,
dicembre, aprile
perché bisognava mietere,
cogliere le olive, zappare. Era
felice invece quando si dovevano sgranare le pannocchie
perché era considerata una
festa, infatti c'era chi suonava
l'organetto e chi danzava.

Maurizia Rossi
Liceo scientifico statale «G. Sulpicio»,
Veroli (Fr)

PUBBLICO *volentieri lettere
come questa. Ci riportano alla
memoria un passato che abbiamo
rimosso in fretta dimenticandoci
dove e chi eravamo. Da dove
abbiamo incominciato solo pochi
anni fa, cioè ieri.*

da: *la Repubblica, 26.03.03*

D **Un giorno senz'auto**

RUOTEPERARIA
20 21 22 SETTEMBRE

1 Leggete.
Cosa sono «Ruoteperaria» e
«Milanochepedala»?

Domenica 22 settembre nelle principali città europee si festeggia una giornata senza auto dedicata ai pedoni. A Roma, oltre a una pedalata ecologica, alle Terme di Caracalla dal 20 al 22 settembre si tiene la manifestazione «Ruote per aria», dove le ditte più all'avanguardia presentano al pubblico i nuovi veicoli ecologici. Per informazioni: tel. 06/630175.

MILANOCHEPEDALA
Domenica 22 Settembre
Partenza 11.00 – P.zza Castello

Internet: www.ruoteperaria.it

Nel capoluogo lombardo il 22 settembre si tiene «Milanochepedala», una passeggiata in bicicletta di 16 chilometri lungo i Bastioni. Per finire in bellezza, picnic nel parco e numerose iniziative per grandi e piccini. Info Internet: www.turbolento.net; www.atala.it.

2 Rileggete.
Cercate nel testo le espressioni per:

persone che vanno a piedi ....   mezzi di trasporto ecologici ....

giro in bicicletta ....   città principale di una regione ....

3 Ascoltate.

- Buongiorno.
- Buongiorno.
- Vorremmo noleggiare una bicicletta per partecipare domani alla «Milanochepedala». Che cosa potrebbe consigliarci?
- Beh, vi converrebbe prendere una bicicletta comoda. Però vediamo cosa è rimasto perché abbiamo avuto tante richieste ... Ecco, queste qui sono semplici e anche piuttosto economiche, questa rossa ad esempio costa 10 euro al giorno, quella blu lì in fondo invece ha più accessori, ha più marce e costa un po' di più.

- ▲ E quelle mountain bike laggiù?
- Ma quelle per il percorso che dovete fare non sono adatte, a voi serve una bici da città.
- Mah, io allora prenderei quella blu. Tu che ne dici?
- ▲ Sì, sì, quella va bene senz'altro.
- Allora un attimo che Le regolo il sellino.
- ▲ Senta, ancora una curiosità: anche quei monopattini si possono noleggiare?
- Certo. Quelli però sono monopattini elettrici, quelli normali sono lì a destra.

4 Completate e osservate.

Vorremmo noleggiare una bicicletta.
Che cosa potrebbe consigliarci?

Vi converrebbe prendere una bicicletta comoda.

.... rossa costa 10 euro al giorno,

.... blu lì in fondo costa un po' di più.

5 Completate.
Inserite le forme di *questo* e *quello* e continuate il dialogo basandovi sul disegno.

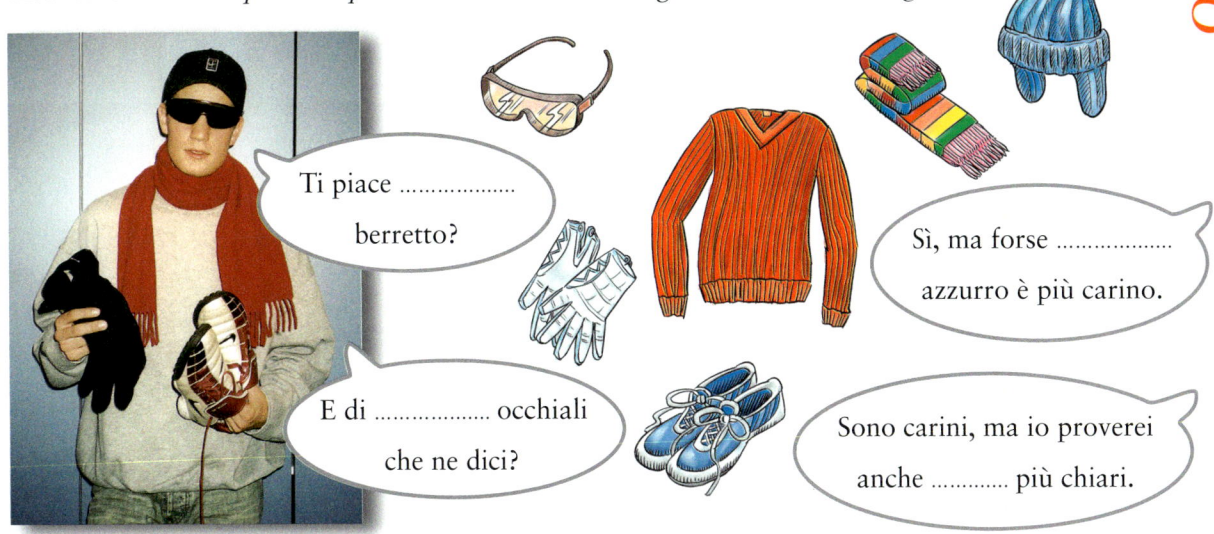

Ti piace ....
berretto?

E di .... occhiali
che ne dici?

Sì, ma forse ....
azzurro è più carino.

Sono carini, ma io proverei
anche .... più chiari.

6 Rileggete il testo e completate.

Anche .... monopattini si possono noleggiare?

Certo, ... però sono monopattini elettrici,

.... normali sono qui a destra.

7 Abbinate.
Scrivete accanto alle forme di *quello* i sostantivi appropriati.

agenzia ◆ automobili ◆ guanti ◆ motociclette ◆ motorino ◆
orologio ◆ occhiali ◆ sciarpa ◆ stivali ◆ zaino

quel	....
quello	....
quell'	....
quella	....
quell'	....

quei	....
quegli	....
	....
quelle	....
	....

8 Lavorate in coppia.
Siete arrivati da poco in città e chiedete gentilmente ad un compagno
di corso se può consigliarvi:
■ un buon ristorante,
■ un posto dove passare una bella serata,
■ dei negozi dove comprare qualcosa per la casa.

Ü 12–16
S. 126–127

🔁 Ricapitoliamo!

Tutti i gusti son gusti ... e a volte col tempo cambiano! Rispetto al cibo, ad esempio: che cosa vi piace adesso? Che cosa vi piaceva prima? Lavorate in gruppi e confrontate i vostri gusti. Se volete potete discutere anche di cinema, musica, moda ecc.

Si dice così

Esprimere la stessa opinione o un'opinione diversa	
Io adoro i mercatini delle pulci.	Anch'io. Io invece non li sopporto.
A me non piacciono i mercatini.	Neanche a me. A me sì.

Chiedere e dare un consiglio	
Cosa potrebbe consigliarci?	Beh, vi converrebbe prendere una bicicletta comoda.
Tu che ne dici di quella blu?	Sì, quella va bene.

Descrivere qualcosa nel passato

Milano una volta era diversa: aveva un porto. I canali collegavano la città al mare Adriatico.

Parlare di un'abitudine o di una situazione ripetuta nel passato

Venivamo a giocare qui ogni giorno. Qualche volta giocavamo a palla. D'estate la sera non volevamo mai tornare a casa.

Grammatica

1. Betonte Objektpronomen → 4

me	noi	Per **me** è bello.
te	voi	A **lei** piace, a **lui** invece no.
lui/lei	loro	Ieri ho visto **te** e Gina.

Betonte Objektpronomen stehen nach Präpositionen. Sie werden auch verwendet, um die Person hervorzuheben. Vergleichen Sie: **Ti capisco.** *Ich verstehe dich.* **Capisco te, ma anche loro.** *Ich verstehe dich, aber sie auch.*

2. Das *imperfetto* → 23, 33

	pensare	avere	finire
io	pensavo	avevo	finivo
tu	pensavi	avevi	finivi
lui/lei	pensava	aveva	finiva
noi	pensavamo	avevamo	finivamo
voi	pensavate	avevate	finivate
loro	pensavano	avevano	finivano

Das *imperfetto* beschreibt Dinge und Zustände in der Vergangenheit: **Milano aveva un porto.** Es dient auch zur Schilderung von Gewohnheiten und wiederholten Handlungen: **Ci venivo ogni giorno.** Regelmäßige Formen werden wie die nebenstehenden Beispiele gebildet.

Einige Verben haben Sonderformen: *essere* → **ero**, *fare* → **facevo**, *dire* → **dicevo**.

3. Der Gebrauch des *condizionale* (2) → 27

Che cosa ci **potrebbe** consigliare?
Vi **converrebbe** prendere questo.
Io allora **prenderei** quella blu.

Um Fragen, Vorschläge und Äußerungen höflich oder vorsichtig zu formulieren, kann das *condizionale* verwendet werden.
Vergleichen Sie: **Apri la porta?** *Machst du (mal) die Tür auf?* **Apriresti la porta?** *Könntest du die Tür öffnen?*

4. An den Infinitiv angehängte Pronomen → 6

Che cosa **ci** potrebbe consigliare?
Che cosa potrebbe consigliar**ci**?

Unbetonte Objektpronomen stehen im Allgemeinen vor dem konjugierten Verb. Sie können jedoch auch an den Infinitiv angehängt werden, etwa in Sätzen mit Modalverb und Vollverb im Infinitiv.

5. Die Demonstrativpronomen *questo* und *quello* → 9

questo	questi	Vi conviene prendere una bici comoda:
questa	queste	**questa (qui)** è semplice,
quello	quelli	**quella (lì)** ha più accessori.
quella	quelle	

Questo (qui) steht für Sachen oder Personen in unmittelbarer Nähe des Sprechers, *quello (lì)* für örtlich oder gedanklich weiter entfernte Dinge oder Personen.

6. Das Demonstrativadjektiv *quello* → 9

quel	motorino	quei	guanti
quello	zaino		stivali
quell'	orologio	quegli	occhiali
quella	motocicletta		sciarpe
quell'	agenzia	quelle	automobili

Wie *questo* steht auch *quello* als Adjektiv direkt vor dem Substantiv, auf das es hinweist.
Das Demonstrativadjektiv *quello* bezieht sich – wie das Pronomen – auf Objekte oder Personen, die sich in einiger Entfernung vom Sprecher befinden: **Vedi quella casa all'angolo?**

LEZIONE **6** *Ripasso*

A Un viaggio nel tempo

1 **Formate piccoli gruppi.**
Ogni gruppo riceve un dado e ogni studente una pedina. Si parte dagli anni '50 e si arriva fino ad oggi. Ad ogni numero sul percorso corrisponde un compito che mette alla prova i vostri ricordi.

 Anni '50

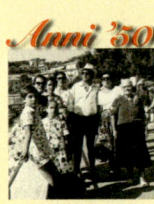

1. Se pensate agli anni '50 che cosa vi viene in mente?

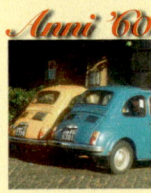 Anni '60

2. Rimanete fermi un giro per provare la nuova Cinque-cento. Vi piace?
3. Parlate dei gruppi musicali e dei cantanti di maggior successo negli anni '60.
4. Raccontate della città o della casa dove abitava la vostra famiglia negli anni '60.

 Anni '70

5. Rimanete fermi un giro per cambiarvi d'abito: come siete vestiti?
6. Quali colori vi vengono in mente se pensate agli anni '70?
7. Descrivete i vestiti che andavano di moda allora.
8. Che cosa facevano i vostri genitori nel tempo libero?

 Anni '80

9. Rimanete fermi un giro a guardare un video degli anni '80. Quale?
10. Come si comunicava con una persona lontana?
11. Dite qualcosa sulle persone che componevano la vostra famiglia.
12. Raccontate un avvenimento di quel decennio.
13. Canzoni, cantanti, film: cosa ricordate?

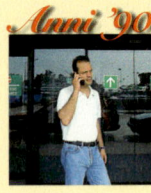 Anni '90

14. Rimanete fermi un giro per fare una telefonata. A chi? Perché?
15. Raccontate qualcosa sulle vostre vacanze negli anni '90.
16. Descrivete un avvenimento accaduto negli anni '90.
17. Quali nuove tecnologie si sono diffuse in quel periodo?
18. Qual era il vostro passatempo preferito in quel decennio?

 Oggi 2000

19. Che cosa avete fatto il primo gennaio 2000?
20. Quali ingredienti ci vogliono per il vostro piatto preferito?
21. Pensate ad una persona della vostra famiglia: cosa sta facendo probabilmente in questo momento?
22. Che cosa comprereste in un mercatino delle pulci?
23. «Come sto bene!» In che occasioni dite questa frase?

Partenza

1 2 3 4 5 6 7 8 9 10 11 12 13 14 15 16 17 18 19 20 21 22 23

Arrivo

B Facciamo insieme un libro di cucina!

1 **Lavorate in gruppi.**
Probabilmente conoscete già molte ricette della cucina
italiana. Però ce ne sono ancora tante da scoprire perché
la varietà di piatti delle diverse regioni è grandissima.
Ogni gruppo ricerca materiale su una diversa regione
italiana, raccoglie informazioni su alcuni piatti tipici e
presenta alla classe un menu completo che si potrebbe
portare in tavola a Palermo, a Firenze o a Bolzano!

- Scegliete una regione che vi interessa.
- Ricercate materiale riguardante la cucina della regione scelta.
- Scegliete una ricetta per un antipasto, un primo piatto, un secondo piatto
  con contorno e un dessert. Trascrivete poi le ricette sul vostro libro di cucina.
- Presentate e illustrate il vostro menu al resto della classe.

C Ripetiamo un po'!

1 **Lavorate in gruppi.**
Studiate l'italiano ormai da un po' di tempo e avete già alcune conoscenze dell'Italia.
Quali abitudini italiane vi sembrano diverse da quelle del vostro paese?

> **ESEMPIO** In Italia si cena piuttosto tardi.
> Da noi il traffico è meno caotico.

2 **Leggete.**
Gli italiani, si sa, telefonano
spesso e volentieri. Con la
diffusione dei telefoni cellu-
lari le loro abitudini quoti-
diane sono un po' cambiate.
Leggete il testo e sottolineate
le parti del corpo che conoscete. Confrontate con un
compagno.

Strane figure si aggirano per l'Italia: la Donna Piovra e l'Uomo
Polipo. Sono facili da riconoscere. Lei: stringe il telefonino tra
l'orecchio e la spalla, regge la borsetta col mento, cerca qualcosa con
una mano, tiene il cane con l'altra mano, chiude la portiera col
piede. Lui: tiene il cellulare con la sinistra, prende il numero con
la destra, segnala a qualcuno con gli occhi, chiude la borsa tra le
gambe, stringe il giornale sotto l'ascella. Osservateli attentamente. Sono davvero figli del loro (anzi: del
nostro) tempo.

da: Beppe Severgnini, Manuale dell'uomo domestico, Rizzoli 2002

Oggi in tavola: la bagna cauda

▶ Sapete cos'è la **bagna cauda**? È una salsa piemontese a base di acciughe, olio, burro e aglio che si serve calda con verdure crude. E la **caponata**? Un contorno siciliano di melanzane in agrodolce. Sono solo due dei tanti **piatti regionali** della cucina italiana. I piatti e i prodotti ancora poco noti all'estero sono moltissimi. Per esempio: tutti conoscono il gorgonzola, ma solo pochi hanno già assaggiato il **provolone** o la **scamorza**. Il prosciutto di Parma e la mortadella? Ormai si trovano in ogni supermercato. Ma quanti hanno provato la **bresaola** della Valtellina o il **capocollo** dell'Italia centro-meridionale?

▶ Gli italiani amano molto condividere **i piaceri della tavola** e mangiano spesso in compagnia. L'invito normalmente non precede di molto l'incontro, soprattutto se si vive nella stessa città. Anche il «rimanete a cena qui» dell'ultimo momento funziona benissimo. Per tirare fuori la mozzarella o i salumi dal frigorifero, tagliare un po' di pomodori o «buttare giù» mezzo chilo di pasta per **una bella spaghettata** non ci vuole poi una grande preparazione.

Milano ieri e oggi ...

▶ Già ai tempi dei Romani l'antica Mediolanum era il centro di intensi **traffici commerciali** grazie alla sua posizione strategica a sud delle Alpi, in mezzo ad una delle campagne più fertili d'Italia. Nei primi anni del 1900 lo **sviluppo industriale** fa avanzare la crescita economica della città. Nel dopoguerra, con il **boom economico**, Milano diventa il polo più importante del **triangolo industriale** (Milano, Torino, Genova) ed acquista l'immagine che ancora oggi la caratterizza, quella di una città industriale, soffocata dal traffico e dal cemento, ma efficiente e **all'avanguardia**.

▶ Chi visita Milano si limita spesso a tappe d'obbligo come **la Scala** o **la Galleria**. Eppure di fronte a piazza del Duomo c'è piazza Mercanti con alcuni degli edifici più antichi della città, poco distante dal Castello Sforzesco si trova **la Basilica di S. Ambrogio**, la madre delle chiese lombarde e a poche centinaia di metri dal **quadrilatero della moda** c'è la bellissima **Pinacoteca di Brera**. Chi vuole conoscere Milano deve scoprirla, visitare le sue chiese e i suoi numerosi musei, gettare uno sguardo negli eleganti cortili delle case signorili e in quelli più popolari delle **case di ringhiera**.

Deve girare in tram per la città, raggiungere le vecchie aree industriali oggi ristrutturate come la Bicocca, sede della sesta università milanese. Deve uscire dal centro e scoprire gli altri quartieri, come quello dei Navigli, dove **tradizione e modernità**, le due facce della Milano di oggi, convivono in un difficile ma riuscito equilibrio.

Quelli della domenica

▶ «*Perché perché, la domenica mi lasci sempre sola, per andare a vedere la partita di pallone ...*» Era il ritornello di un successo degli anni '60. Ancora oggi tantissimi italiani di domenica corrono dietro al pallone o guardano quelli che lo fanno. Il calcio è **lo sport nazionale** e quando gioca l'Italia ai campionati del mondo la vita si ferma. Tuttavia nel **Bel Paese** si praticano e si seguono molti sport diversi, ad esempio il ciclismo. In primavera il **Giro d'Italia** è proprio sulla bocca o sotto le finestre di tutti. Ma in bicicletta non vanno solo i professionisti: il fine settimana vi può capitare spesso di stare dietro, con la macchina, ai cosiddetti **ciclisti della domenica**.

7 *Perché non ti informi?*

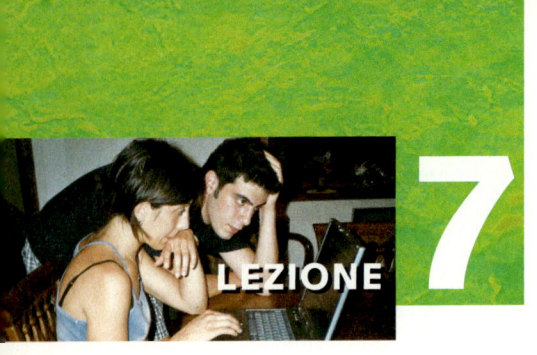

Guardate la schermata del computer.
Chi può essersi collegato a questo sito Internet e perché?

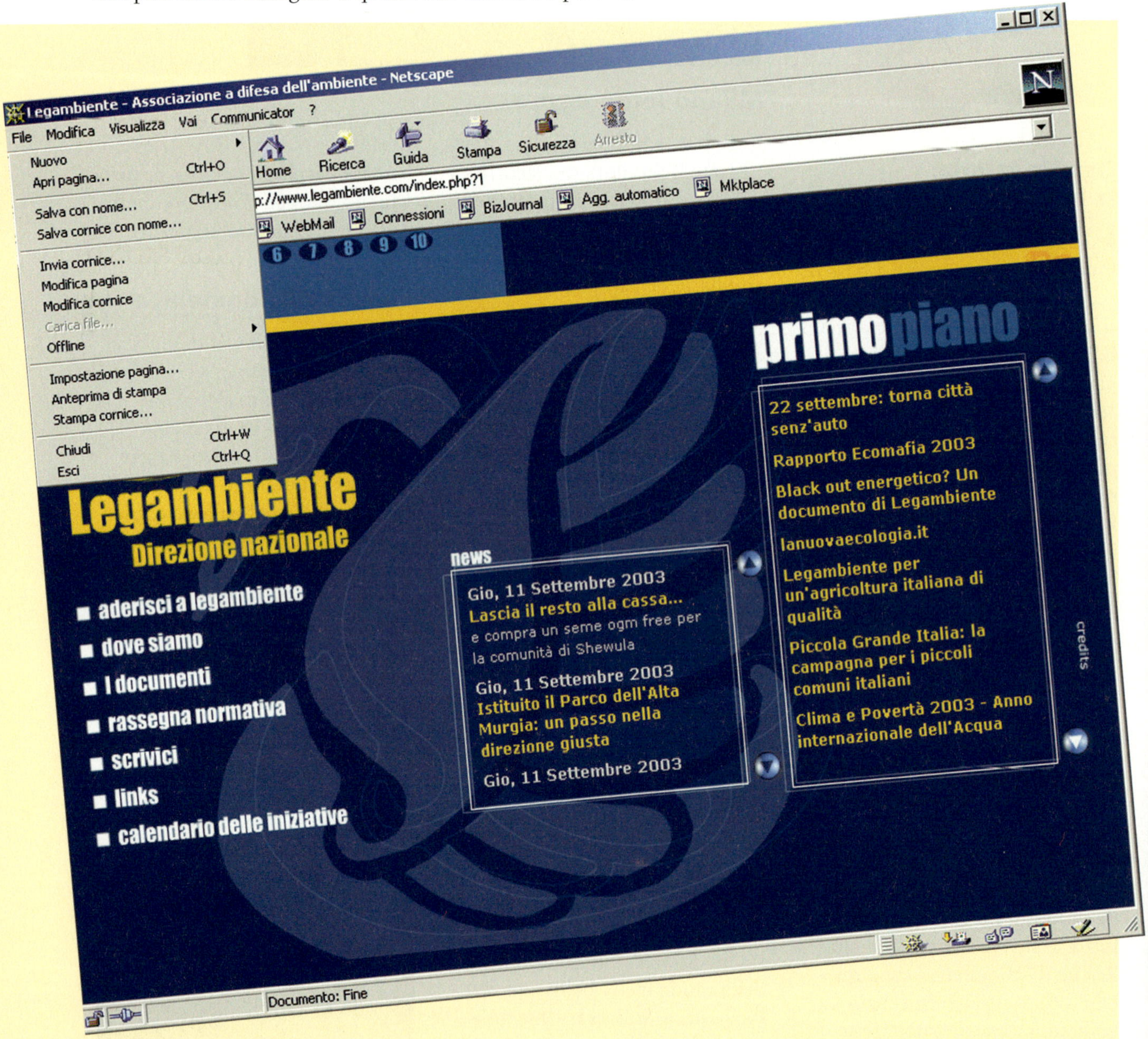

Voi usate Internet? Se sì, per quali scopi?
In quali altri modi vi procurate delle informazioni?

A Vorrei fare il servizio civile.

1 Abbinate.
Collegate i seguenti simboli ai rispettivi comandi.

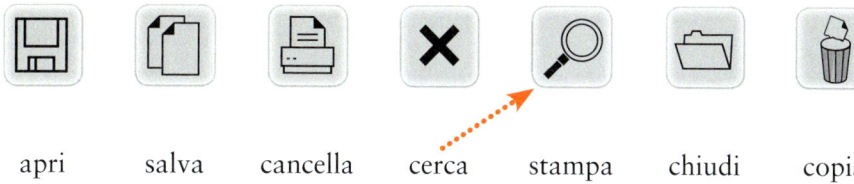

apri   salva   cancella   cerca   stampa   chiudi   copia

2 🎧 Ascoltate.
Dove vorrebbe fare il servizio civile Lucia?

○ Lucia?

● Ciao, Riccardo, vieni, vieni! Allora, come va il servizio civile?

○ Bene, è piuttosto impegnativo, ma lo faccio volentieri.

● Ma dove lo stai facendo di preciso?

○ Qui a Genova, alla Caritas.

● Ma lo sai che anch'io vorrei fare il servizio civile? Però per un'organizzazione ambientalista. Tu conosci qualcuno che lo sta facendo in questo campo?

○ No, veramente no. Però scusa, perché non ti informi su Internet? Guarda sul sito di Lega Ambiente o del WWF.

● Ti dispiace se guardo subito?

○ Ma no, fa' pure ... se vuoi guardiamo insieme.

● Tu lo sai l'indirizzo di Lega Ambiente?

○ No, ma cerca su Virgilio ... Eccolo: www.legambiente.com. No, aspetta, non

cliccare lì, apri direttamente la pagina sul volontariato.

● Ah, guarda, bisogna compilare dei moduli e scrivere una breve domanda.

○ E allora scrivi, no? La cosa sembra interessante.

● Sì, hai ragione ... hmm vediamo dove sono i moduli ...

○ Eh, clicca qui ... Eccoli.

Come si procura informazioni Lucia? Quali motori di ricerca conoscete voi?

3 Completate.

| Dov'è | l'indirizzo? | .... |
| | la mail di Pia? | Eccola. |

| Dove sono | i moduli? | .... |
| | le chiavi? | Eccole. |

4 Lavorate in coppia.
State preparando le valigie per un viaggio. Controllate insieme al vostro compagno se avete preso le cose necessarie.

ESEMPIO Hai preso/Dov'è il passaporto?
Sì, eccolo./Eccolo.

5 **Completate.**

Nel dialogo a pag. 57 ci sono diversi esempi di imperativo.
Inserite le forme della seconda persona singolare accanto agli infiniti.

cercare	→	fare	→ ....
scrivere	→	spedire	→ spedisci
aprire	→	andare	→ va'
venire	→	dare	→ da'
guardare	→	stare	→ sta'
cliccare	→ non		

> Perché non ti informi su Internet?
> Guarda sul sito di Lega Ambiente.
> Cerca su Virgilio.
> Apri la pagina sul volontariato.
>
> Non cliccare lì.
> Clicca qui.

Quali differenze notate tra la forma affermativa e negativa?

6 **Completate i fumetti vuoti.**

Che cosa direste per rispondere alle seguenti domande?

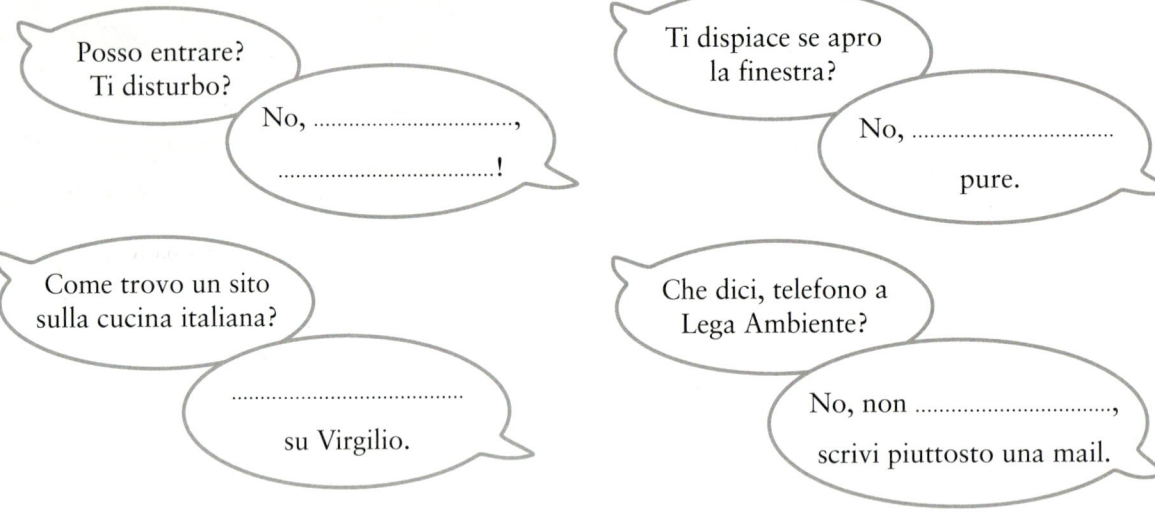

Posso entrare?
Ti disturbo?

No, ...,
.....................................!

Ti dispiace se apro
la finestra?

No, ...
pure.

Come trovo un sito
sulla cucina italiana?

....
su Virgilio.

Che dici, telefono a
Lega Ambiente?

No, non ....,
scrivi piuttosto una mail.

7 **Lavorate in coppia.**

Assumete i ruoli di A e B e fate il dialogo.
Le seguenti espressioni vi possono essere d'aiuto.

A

Un vostro amico italiano è venuto
a vivere nel vostro paese ma non
sa la lingua e non ha le idee molto
chiare su cosa fare. Cercate di
dargli dei consigli.

Ma scusa, perché non ...?

E allora ..., no?

Sì, hai ragione.

Tu conosci ...?

No, aspetta, ...

B

Avete lasciato da poco l'Italia per
trasferirvi all'estero. Chiedete consiglio
ad un amico del posto su come
trovare lavoro e imparare la lingua.

Ü 1–5
S. 128–129

B A tutela dei cittadini

1  **Leggete.**

Qual è la professione di Teresa Petrangolini?

NO PROFIT
un lavoro che diventa una
missione

LAVORATORI NEL VOLONTARIATO

Richiestissimi sono i medici, le infermiere, i fisiotera-
pisti, ma anche impiegati amministrativi, segretarie,
esperti di marketing e di comunicazione, nonché
liberi professionisti come fiscalisti e avvocati.

Teresa Petrangolini è una di loro.

Teresa Petrangolini è segretario generale di Cittadinanzattiva (**www.cittadinanzattiva.it; tel. 06367181**), un movimento di impegno civico nato nel 1978. L'associazione si occupa della tutela dei cittadini in campo sanitario, legale, sociale ed educativo. L'organizzazione informa sui diritti del consumatore, organizza convegni e seminari e realizza campagne di informazione nei settori della salute e dell'ecologia. «Ho fatto alcune esperienze di volontariato subito dopo la laurea in lettere», racconta Teresa. «Solo dopo qualche anno al Ministero degli Esteri, dove ho imparato molto in materia di leggi e diritti, ho deciso di dedicarmi all'associazione a tempo pieno. Questa attività non ti fa certo diventare ricca. Le ore di lavoro non si contano, ma consente una vita dignitosa e dà una grandissima gratificazione personale.»

da: Vera Magazine, settembre 2002

Perché Teresa è contenta di lavorare nel volontariato?

2 **Fate una crocetta.**

Rileggete il testo e scegliete l'affermazione corretta.

1. L'associazione «Cittadinanzattiva» si occupa della
   - ☐ difesa dei diritti dei cittadini.
   - ☐ tutela dei beni culturali.

2. Per la sua attività è stata importante
   - ☐ l'esperienza al Ministero degli Esteri.
   - ☐ la laurea in lettere.

3. Teresa ha cominciato il volontariato a tempo pieno
   - ☐ dopo l'università.
   - ☐ dopo l'esperienza lavorativa al Ministero.

4. Per Teresa conta
   - ☐ uno stipendio alto.
   - ☐ la gratificazione personale.

3 **Osservate.**

Rileggete il testo e completate. Che cosa notate?

Ho fatto	qualche esperienza	di volontariato.
	....	

Di cosa si occupa l'associazione?

Si occupa della tutela dei cittadini, organizza convegni e seminari e informa sui diritti del consumatore.

Cercate nel testo l'altro esempio con *qualche* e usate *alcuni/alcune* per riformulare la frase.

4 Lavorate in piccoli gruppi.
Raccontate un po' delle vostre esperienze di
lavoro, di studio o di volontariato.
Aiutatevi anche con le seguenti espressioni:

ESEMPIO Ho lavorato per qualche anno
in campo sociale.

lavorare
studiare
fare un corso
partecipare
frequentare
dedicarsi

campo sociale
corso di informatica
in una scuola di …
in una casa di riposo
in una ditta di …

Ü 6–11
S. 130–131

5 Fate conversazione.
In famiglia, in società, nel tempo libero. Di cosa vi occupate attualmente?
A che cosa vi dedicate?

Ascolto

1 Ascoltate e mettete una crocetta.
Di che tipo di conversazione si tratta secondo voi?

☐ una telefonata tra colleghi di lavoro

☐ un colloquio di lavoro

☐ una conversazione tra amici sul lavoro

2 Lavorate in coppia.
Ascoltate la conversazione. Quali sono le esperienze di studio e di lavoro di Lorenzo?
Parlatene con un compagno.

3 Ascoltate e completate.
Inserite nel curriculum vitae di
Lorenzo i seguenti elementi al
posto giusto.

architettura
corso di formazione
diploma di maturità
inglese
laurea in ingegneria
studio di progettazione
tedesco

CURRICULUM VITAE

Lorenzo Mezzadri
Via Mantova 7/A
43100 Parma
0521 / 679043

Dati personali
Data di nascita   Fidenza, 14/11/1972
Nazionalità   italiana
Stato civile   celibe

Esperienze lavorative

dal 2001   responsabile del reparto design
                  della ditta «Lucos»

1998–2001   impiegato presso lo ....
                  .... «Ellissi» di Parma

Studi compiuti

1997   .... professionale in
                  design industriale presso l'Istituto
                  Europeo di Design di Milano

1996   .... presso l'Università
                  degli Studi di Bologna

1991   .... classica

Lingue straniere
.... (ottima conoscenza)
francese, ... (discreta
conoscenza)

Interessi
.............................., viaggiare,
arte moderna

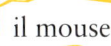

C Attenda in linea.

il monitor   il mouse   la tastiera

il computer   la stampante

1 Abbinate.
Scrivete le parole al posto giusto.

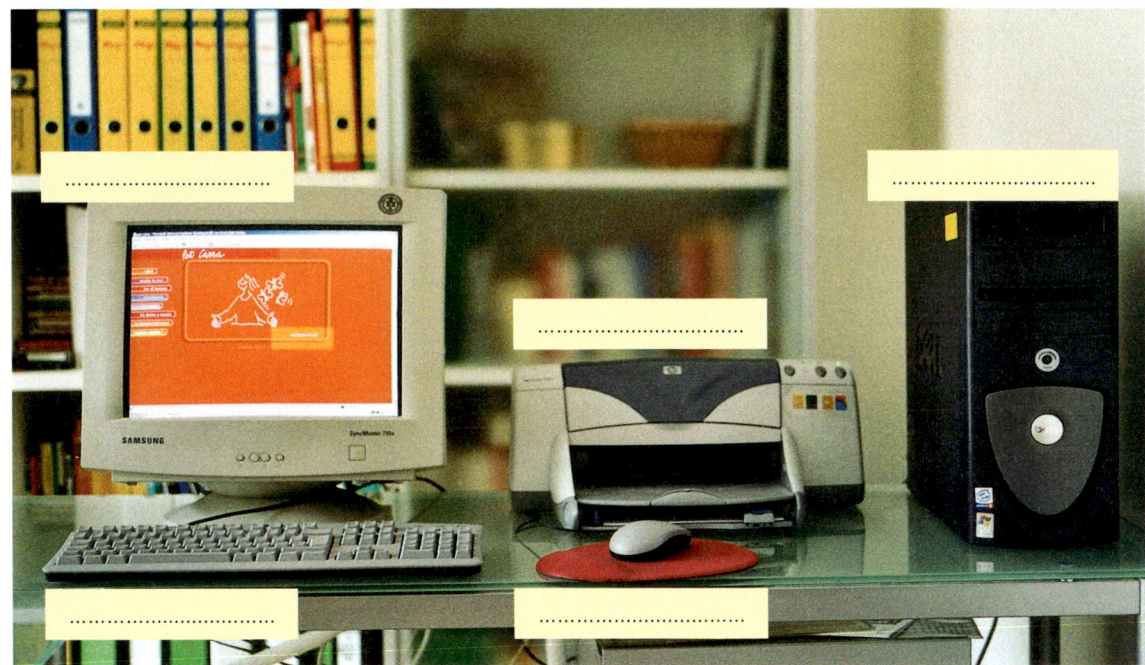

2 Ascoltate.
Perché il signor Ferri telefona alla Puntocom?

- Puntocom buongiorno.
- ○ Buongiorno, sono Gianluca Ferri della Picam. Vorrei parlare con il signor Ravelli.
- Sì, un attimo. Attenda in linea, prego.
  …
- Pronto, mi sente?
- ○ Sì?
- Guardi, il signor Ravelli purtroppo è da un cliente. Vuol lasciar detto qualcosa?
- ○ Sì, per cortesia, gli dica di richiamarmi quando torna.
- Mah, probabilmente torna solo domani. Però Le posso passare il signor Arrighi.

- ○ No, veramente preferirei parlare direttamente con il signor Ravelli, perché è stato lui a installare il nostro sistema di computer e adesso le stampanti non funzionano.
- Ah, capisco. Allora, senta, provo a rintracciarlo sul cellulare e gli chiedo se può chiamarLa in giornata, altrimenti La faccio richiamare domani mattina …
- ○ Ecco, sì, faccia così. Però, sia gentile, domattina prima delle undici perché è davvero molto urgente.
- Senz'altro, non si preoccupi.
- ○ La ringrazio.
- Di niente. Buongiorno.

3 Completate.
Rileggete il dialogo e inserite le forme mancanti.

Vorrei parlare con il signor Ravelli.
……………… in linea.
………………, il signor Ravelli è da un cliente.
………………, provo a rintracciarlo sul cellulare.

dire	→	………………………
fare	→	………………………
essere	→	………………………
dare	→	dia
avere	→	abbia
non preoccuparsi	→	………………………

4 Lavorate in coppia.
Nel vostro ufficio oggi c'è molto da fare.
Chiedete ad un vostro collaboratore di
svolgere i compiti indicati nella lista.

ESEMPIO ▶ Per favore, telefoni alla
signora Rossi.

➡ telefonare sig.ra Rossi
➡ ordinare carta stampante
➡ scrivere invito per il sig. Ferrettini
➡ dire della riunione alla sig.ra Boffi
➡ fare contabilità
➡ finire traduzione entro domani
➡ cercare numero di telefono dell'ing. Grandi
➡ spedire contratto alla Picam
➡ Avere un po' di pazienza!!!!
☺

5 Prendete appunti.
Leggete il dialogo e completate con le
espressioni usate dal signor Ferri.

● Buongiorno.
○ ....

● Vuol lasciar detto qualcosa?
○ ....

● Le posso passare il signor Arrighi.
○ ....

● La faccio richiamare ...
○ ....

6 Fate dei dialoghi.
Avete dei problemi con i seguenti apparecchi. Telefonate al centro di assistenza
e chiedete aiuto. Fate presente che la cosa è urgente e usate le espressioni date.

la fotocopiatrice
il fax
il portatile/ il laptop
la lavatrice
il televisore

è rotto

non funziona

è difettoso

non si accende

fa un rumore strano

7 Ascoltate.
Le quattro registrazioni che seguono sono annunci di segreterie telefoniche.
Ascoltate, leggete le affermazioni e mettete una crocetta sulla casella opportuna.

		vero	falso
A	Nella casa abitano tre amici.	☐	☐
	È possibile rintracciare le persone al 3397435678.	☐	☐
B	La ragazza dice che richiama appena può.	☐	☐
C	Gli uffici sono aperti dal lunedì al venerdì.	☐	☐
	Non si possono mandare fax.	☐	☐
D	Per parlare con l'operatore si deve digitare 2.	☐	☐

Ü 12–14
S. 132–133

D Messaggio ricevuto

1 **Lavorate in coppia.**
Guardate questi messaggi.
Scrivete e/o ricevete anche voi
degli SMS? O preferite altri
modi di comunicare?

Abc
Xché non rispondi?!
Opzioni   Indietro

Abc
Sono in coda, arrivo + tardi.
Opzioni   Indietro

Abc
6 un mito!
Opzioni   Indietro

2  **Leggete.**
Quali di queste regole vi
sembrano particolarmente
importanti?

3 **Sottolineate.**
Cercate nel testo tutte le forme
dell'imperativo alla seconda
persona plurale. Cosa notate?

4 **Lavorate in coppia.**
Trascrivete il galateo SMS
alla seconda persona singolare.

Il galateo SMS

❶ Non dimenticate le buone maniere. Se state parlando con qualcuno evitate di scrivere o leggere un SMS.
❷ Non utilizzate gli SMS per mandare al diavolo il vostro partner.
❸ Non lasciate il partner se non ha risposto ai vostri SMS.
❹ Se siete di pessimo umore state attenti a ciò che scrivete!
❺ Non scrivete un SMS se siete alla guida della vostra auto.

❻ Non usate le faccine o abbreviazioni da teenager con i vostri superiori.
❼ Tenete presente che l'anonimato non è garantito.
❽ Se avete bisogno di una risposta immediata, telefonate.
❾ Se ricevete un SMS non rispondete dopo un'eternità.
❿ Ogni tanto ricordate che per spegnere il telefonino basta premere un tasto!

5 **Lavorate in gruppi.**
Secondo voi, quali sono le regole più importanti da rispettare all'interno di un corso d'italiano?
Scrivete il galateo del vostro corso.

ESEMPIO ▶ Se non potete venire a lezione, avvertite un compagno.
Se un altro corsista parla, non interrompete.

6 **Date dei consigli.**
Cosa consigliereste alle
persone nelle foto?

Abbiamo pochi soldi per le vacanze …

I miei figli adesso sono cresciuti e vorrei avere un'occupazione fuori casa.

E dopo la scuola?

ISTITUTO MAGISTRALE STATALE ATTO VANNUCCI
CON
SEZIONE SPERIMENTALE
LICEO PEDAGOGICO

Ü 15–16
S. 133

Guardate la pubblicità della Società Dante Alighieri. Discutete con un compagno su cosa vi interesserebbe e su cosa potreste fare per richiedere informazioni più dettagliate. Eventualmente potete dividervi i compiti. Scrivete poi una mail alla Società Dante Alighieri con le vostre richieste oppure, se preferite telefonare, preparate una lista con le domande che volete fare.

Si dice così

Chiedere ad un amico il permesso di fare qualcosa		Ringraziare qualcuno (formale)	
		La ringrazio.	Di niente.
Ti dispiace se guardo subito?	Ma no, figurati.		

Invitare / esortare un amico a fare qualcosa

Dare consigli (plurale)

	Ciao, Riccardo, vieni, vieni!
Non dimenticate le buone maniere. State attenti a ciò che scrivete.	Perché non ti informi su Internet? Guarda sul sito di Lega Ambiente. E allora scrivi, no?

Esprimere cortesemente delle richieste al telefono … (formale)

Vorrei parlare con il signor …	Il signor … è da un cliente. Vuol lasciar detto qualcosa?
Per cortesia, gli dica di richiamarmi.	La faccio richiamare domani mattina …
Però, sia gentile, … prima delle undici.	Senz'altro. Non si preoccupi.

Grammatica

1. *Ecco* in Verbindung mit Pronomen → 6

> L'indirizzo di Lega Ambiente? – Eccolo.
> Apri direttamente **la pagina** sul volontariato … **eccola.**
> Vediamo dove sono **i moduli** … **eccoli.**
> Hai trovato altre **informazioni?** – Sì, **eccole.**

Die unbetonten Objektpronomen *lo, la, li, le* werden an *ecco* angehängt. Dies gilt auch für die Objektpronomen der 1. und 2. Person: *Eccomi. Hier bin ich. – Eccoti! Da bist du ja!*

2. Der Imperativ der 2. Person Singular (Du-Form) → 28, 33

	bejaht	*verneint*
guardare	guarda!	non guardare!
scrivere	scrivi!	non scrivere!
aprire	apri!	non aprire!
spedire	spedisci!	non spedire!

Der Imperativ (Befehlsform) der 2. Person Singular wird bei regelmäßigen Verben entsprechend den nebenstehenden Beispielen gebildet.
Für den verneinten Imperativ verwendet man *non* + Infinitiv.

Beachten Sie die Sonderformen: *fare → fa', andare → va', dare → da', stare → sta' dire → di'.*

3. Die unbestimmten Adjektive *qualche* und *alcuni/-e* → 11

Die unbestimmten Adjektive *qualche* und *alcuni/-e* sind gleichbedeutend (*einige*).

Dopo	**qualche** anno al Ministero **qualche** esperienza di volontariato	ho deciso …
Dopo	**alcuni** anni al Ministero **alcune** esperienze di volontariato	ho deciso …

Das häufiger gebrauchte *qualche* ist unveränderlich und wird stets in Verbindung mit einem Substantiv im Singular verwendet. *Alcuni/-e* steht im Plural und wird an das Substantiv, auf das es sich bezieht, angeglichen.

4. Der Imperativ der 3. Person Singular (Höflichkeitsform) → 28, 33

guardare	guardi
scrivere	scriva
aprire	apra
spedire	spedisca

Der Imperativ der Höflichkeitsform (3. Person Singular) wird bei regelmäßigen Verben entsprechend den nebenstehenden Beispielen gebildet.
Für den verneinten Imperativ wird *non* und die Imperativform des Verbs verwendet: *Non telefoni prima delle otto!*

Beachten Sie folgende Sonderformen: *fare → faccia, andare → vada, dare → dia, stare → stia, dire → dica, essere → sia, avere → abbia.*

5. Der Imperativ der 2. Person Plural (Du- und Höflichkeitsform) → 28, 33

guardare	guardate
scrivere	scrivete
aprire	aprite
spedire	spedite

Die Imperativformen der 2. Person Plural unterscheiden sich nicht vom Indikativ. Beachten Sie jedoch die Formen *avere → abbiate* und *essere → siate*.
Für die Verneinung wird *non* und die Imperativform des Verbs verwendet: *Non dimenticate di telefonare a Giulio!*

Der Gebrauch der **Präpositionen** wird in der systematischen Grammatik näher erläutert. → 29

Racconta un po'!

Osservate.
Che cosa stanno raccontando secondo voi le persone?
Di che cosa parlano i testi? Scegliete tra le espressioni proposte.

IL POSTINO

Regia di *Michael Radford*
e *Massimo Troisi*, 1994,
drammatico

Siamo in Italia, all'inizio
degli anni Cinquanta, in
una piccola isola del
Mediterraneo che ospita
Pablo Neruda durante il
suo esilio. Mario, figlio
di pescatori, diventa il
postino personale del
poeta. Scopre la poesia
e riesce a conquistare il
cuore di Beatrice.

Il felino visto nei campi di mais

Caccia alla tigre nel vicentino

VICENZA — Nelle campagne di Vicenza è caccia alla tigre. O almeno a un grosso felino dal manto rossastro avvistato lunedì, tra i campi di mais, da almeno cinque contadini della zona di Quinto Vicentino. La campagna si è trasformata così in uno scenario da safari, con decine di carabinieri e guardie forestali che battevano la zona, anche servendosi di un elicottero. Dalle ultime descrizioni l'ipotesi è che non si tratti di una vera tigre ma che di una lince sfuggita a qualche collezionista di animali esotici. Dopo il primo avvistamento da parte di anziani allevatori il grosso felino è stato visto da altri tre, nella campagna di Gazzo Padova-

◆ un fatto di cronaca
◆ l'ultima vacanza
◆ la trama di un film
◆ un sogno
◆ le ultime novità in famiglia
o nel vicinato
◆ il contenuto di un libro
◆ una barzelletta
◆ una favola

E a voi che cosa piace raccontare?
Che tipo di storie preferite ascoltare?

A Era un pacco con un fiocco rosa ...

1 **Lavorate in coppia.**
Guardate le illustrazioni, mettetele nell'ordine che vi sembra
logico e raccontate poi la vostra storia agli altri.

☐ ☐ ☐ ☐ ☐ ☐ ☐

a
suonare il campanello

b
essere in solaio

c
cadere in terra

BONK!

d
abbracciarsi

e
sciogliere il fiocco

f
sbattere la porta

g
piangere

Leggete.

Ecco il testo originale della storia. Scrivete nelle caselle la lettera dell'illustrazione che corrisponde alla frase. Tenete presente che all'interno delle frasi l'autore non usa la punteggiatura.

Era un pacco molto bello con un fiocco rosa mio padre ha suonato il campanello ha detto a mia madre buongiorno c'è un pacco per Lei.

Mia madre ha sorriso ha preso il pacco lo ha messo sul tavolo si sono abbracciati.

Io li guardavo dalla porta della mia camera era bello.

Mia madre ha sciolto il fiocco.

Mio padre l'abbracciava.

Mia madre ha tolto lo scotch ha tolto la carta da pacchi.

Mia madre ha fatto una faccia strana.

Mio padre allora ha smesso di abbracciarla è rimasto lì così dietro di lei.

Mia madre ha iniziato a piangere.

Mio padre ha chiesto perché amore mio che c'è.

Mia madre ha detto questa non me la dovevi fare*.

Mio padre ha detto con la voce che gli tremava questa che cosa amore mio.

Mia madre ha buttato la Pizzamatic per terra.

Un giorno mio padre ha visto la pubblicità della Pizzamatic su Antenna Tre Lombardia. C'era un signore con il cappello da cuoco i baffi gridava diceva compratela conviene è come essere in pizzeria tutti i giorni voi vi impastate la vostra pizza in quindici minuti è fatta. Mio padre voleva comprare la Pizzamatic.

Mia madre no.

Quella sera mia madre se n'è andata di casa ha sbattuto la porta è uscita.

Mio padre mi ha guardato come un bambino picchiato non ha detto niente.

Poi ha raccolto la Pizzamatic da terra l'ha messa nella confezione e l'ha portata in solaio.

* das hättest du mir nicht antun dürfen

da: Aldo Nove, Amore mio infinito, Einaudi 2000

Discutete.

Perché la situazione ad un certo punto cambia completamente?
Che cosa pensate del comportamento delle persone?

Lavorate in coppia.

Secondo voi che regalo si aspettava la madre? E voi, avete mai ricevuto un regalo che non vi aspettavate? Come avete reagito? Raccontate.

Rileggete.

Sottolineate nel testo con due colori diversi le forme verbali del passato prossimo e dell'imperfetto. Cercate uno o più esempi in cui

■ si parla di un'azione con un inizio e una fine

■ si descrive il contesto che accompagna l'azione

■ si descrive un'azione durante il suo svolgimento, senza indicare limiti di tempo

■ si esprime un'intenzione, un progetto.

6 **Raccontate.**

Lo scrittore ha raccontato la storia dal punto di vista del bambino.
Provate ora a raccontarla voi dal punto di vista del padre o della madre.

7 **Completate.**

Inserite nel testo i verbi che mancano nella forma
appropriata e confrontate con un compagno.

L'anno scorso ho compiuto 50 anni, ma non
.... molta voglia di festeggiare.   avere

.... soltanto andare al ristorante con   volere

Paolo e i ragazzi e fare un brindisi senza tante

storie. .... dall'ufficio un paio d'ore prima e   uscire

.... in centro per comprarmi un regalo, è una cosa che   andare

faccio ad ogni compleanno. Però .... forte e ....   piovere ◆ fare

anche piuttosto freddo. Quindi .... a casa prima del   tornare

previsto. Le luci .... tutte accese: in cucina le mie sorelle   essere

.... l'arrosto, in soggiorno i ragazzi .... i mobili.   preparare ◆ spostare

.... via di corsa, per fortuna nessuno mi ....   andare ◆ vedere

.... due ore dopo. Tutto .... tranquillo, nessu-   ritornare ◆ sembrare

no in casa, luci spente. .... la porta, ... Non   aprire ◆ entrare

è stata una vera sorpresa perché .... già tutto. Ma quando   sapere

improvvisamente .... le luci e tutti .... a   accendersi ◆ incominciare

cantare «Tanti auguri a te, tanti auguri a te, tanti auguri Francesca,

tanti auguri a te ...» è stato lo stesso molto emozionante!

8 **Prendete appunti.**

Ricercate nel testo del punto 7 le espressioni
di tempo che accompagnano il racconto e
riguardate anche il punto 5 a pag. 47.

9 **Lavorate in coppia.**

Adesso raccontate al vostro compagno di una giornata particolare che avete vissuto:
dove eravate, con chi, perché, che cosa è successo ecc.

10 **Scrivete.**

Scrivete ora un breve testo sulla giornata che avete appena raccontato al vostro compagno.

Ü 1–4
S. 134–135

B A te è piaciuto?

1 🎧 **Guardate la foto e ascoltate.**
Che cosa cercano gli amici sul giornale?

- Guarda un po', che cosa danno stasera in televisione?
- Dunque, su Rai Tre c'è Marrakech Express di Gabriele Salvatores. Tu l'hai visto?
- Mah, mi sembra di no. Di che parla?
- È la storia di quattro amici che si rivedono dopo molti anni per andare ad aiutare un amico comune che è finito in prigione per droga, in Marocco. È con Diego Abatantuono e Fabrizio Bentivoglio.
- Ah, sì, ho capito. È un film di cui ho sentito parlare ma che non sono mai riuscito a vedere. Ma a te è piaciuto?
- Sì, mi è piaciuto molto perché è un film sull'amicizia, però non è troppo serio, anzi è divertente. Gli attori poi sono proprio

bravi. E anche le musiche mi sono piaciute tanto.
- Sai invece che cosa ho rivisto io di recente in televisione? Johnny Stecchino.
- Ah, quello di Benigni ...
- Sì, ma ti dico la verità, mi ha un po' deluso. Quando lo vedi per la prima volta ti diverti ma la seconda volta non fa più tanto effetto ...

2 **Prendete appunti.**
Raccogliete nel dialogo le espressioni per parlare di un film.

per informarsi
....
....
....
....
....
....

per esprimere un giudizio
....
....
....
....
....
....

3 **Lavorate in gruppi.**
Secondo voi quali sono i criteri più importanti per la scelta di un film? Mettete i seguenti fattori in ordine di importanza e discutete le vostre preferenze in gruppo.

- ☐ un buon regista
- ☐ dei bravi interpreti
- ☐ un argomento che vi interessa
- ☐ delle belle musiche
- ☐ una trama avvincente
- ☐ un'attrice/un attore che vi piace particolarmente

4 **Lavorate in coppia.**
Che cosa vi è piaciuto dell'ultimo film o dell'ultimo spettacolo teatrale che avete visto?
Che cosa invece non vi è piaciuto?

(non) mi sono piaciuti/piaciute

(non) mi è piaciuto/piaciuta

5 **Completate e osservate.**

Inserite i pronomi relativi *che* e *cui* al posto giusto.

Hai visto Marrakech Express?	
Mi sembra di no …	Certo!
È un film di .... ho sentito parlare	È proprio un bel film.
ma .... non sono riuscito a vedere.	

Rileggete il dialogo e ricercate altre frasi con il pronome *che*.
Quando si usa *che*, quando si usa *cui*?

6 **Lavorate in coppia.**

Chiedetevi a vicenda se avete visto o avete sentito parlare dei seguenti film italiani. Riutilizzate se possibile le espressioni incontrate al punto 5 e dite brevemente qualcosa sui film che conoscete.

> **ESEMPIO** La vita è bella parla di un padre che …
> È il film con cui Benigni ha vinto l'Oscar …

LA VITA È BELLA

PUGNO DOLLARI

CARO DIARIO

ROMA CITTÀ APERTA

LA DOLCE VITA

NoveCento

pane e tulipani

NUOVO CINEMA PARADISO

C'è un film italiano in questo periodo nelle sale cinematografiche della vostra città?

7 **Lavorate in coppia.**

Raccontate al vostro vicino la trama di un film o di un libro che vi è piaciuto particolarmente.

Ü 5–11
S. 135–137

Ascolto

1 **Ascoltate.**

La conversazione si svolge: ☐ tra due amiche. ☐ tra due colleghe. ☐ tra madre e figlia.

2 **Ascoltate e mettete una crocetta.**

Quali informazioni sono esatte?

Linda racconta	Linda voleva andare	Linda ha viaggiato	Linda ha sentito la canzone
☐ un sogno.	☐ ad un concerto.	☐ in treno.	☐ a casa della madre.
☐ un film.	☐ ad una festa.	☐ in pullman.	☐ a casa sua.
☐ un viaggio.	☐ alla fiera.	☐ in gondola.	☐ in metropolitana.

3 **Lavorate in gruppi.**

Fate gli psicologi: quale significato potrebbero avere, secondo voi, i seguenti elementi?

la fermata dell'autobus

il tunnel

il pullman con gli anziani

il concerto

C Ho bisogno della prenotazione?

1 Ascoltate.

- ● Prego.
- ○ Due biglietti di seconda classe per Roma Termini, per sabato.
- ● Andata e ritorno?
- ○ No, solo andata. Senta, con il treno delle 8.17 bisogna cambiare ad Ancona, vero?
- ● Esatto, ha la coincidenza alle 11.15 e arriva a Roma alle 14.23.
- ○ Ho bisogno della prenotazione?
- ● Sì, perché è un *Eurostar*.
- ○ Va bene. Allora due posti non fumatori.
  ...

- ● Ecco, sono 47,38 euro.
- ○ Poi mi servirebbero gli orari dei treni da Termini all'aeroporto di Fiumicino.
- ● Sì, un attimo. Guardi, c'è un treno ogni mezz'ora, Lei può prendere quello delle 14.52.
- ○ E quanto ci mette?
- ● 31 minuti.
- ○ Ah, benissimo. Mi serve la prenotazione anche lì?
- ● No, per quel treno no.
- ○ Va bene, grazie.

2 Prendete appunti.
Rileggete il dialogo e raccogliete le espressioni utili per:

chiedere informazioni su un treno	comprare un biglietto ferroviario
....	....
....	....
....	....

3 Completate.
Traducete le tre frasi nella vostra lingua. Che cosa notate?

.... della prenotazione?

.... la prenotazione anche lì?

.... gli orari dei treni per l'aeroporto.

4 Lavorate in coppia.
Immaginate di partire insieme per una lunga vacanza. Scegliete una meta e fate una lista delle cose che vi servono. Leggete la lista ai vostri compagni: chi indovina dove volete andare?

5 Lavorate in coppia.
Chiedete informazioni sui collegamenti ferroviari tra le seguenti città.
Il vostro insegnante vi mette a disposizione gli orari.

Bolzano – Genova
Trieste – Milano
Napoli – Ancona
Catanzaro – Bari
Parma – Pescara
Aosta – Verona

6 Ascoltate.
Vero o falso?
Mettete una crocetta.

Allo sportello

	vero	falso
1. La cliente deve andare a Monaco.	☐	☐
2. La cliente vuole partire di sera.	☐	☐
3. Con il treno delle 19.30 deve cambiare una sola volta.	☐	☐
4. La cliente vuole prenotare un posto in cuccetta.	☐	☐
5. La cliente trova un posto solo in vagone letto.	☐	☐

Al binario

Il treno per Monaco arriva in ritardo.	☐	☐
Il treno per Monaco parte dal binario 8.	☐	☐

Ü 12–13
S. 138

D Come è andato il viaggio?

1  **Ascoltate.**

Che contrattempo hanno avuto Margherita e
Gabriele all'aeroporto?

* ● Pronto?
* ○ Giorgio? Sono Margherita.
* ● Ah, ciao! Siete arrivati? Come è andato il
  viaggio? Tutto bene?
* ○ Sì, sì, tutto bene … a parte qualche contrattempo …
* ● Perché, che cosa è successo?
* ○ Oh, guarda, siamo arrivati a Madrid praticamente in piena notte! Al check-in c'era
  una fila pazzesca e mentre aspettavamo il
  nostro turno l'impiegata ha comunicato
  che l'aereo era completo.
* ● Ma come? Non avevate già i biglietti?
* ○ Sì, ma le compagnie aeree vendono sempre
  dei biglietti in più. C'è sempre qualcuno
  che disdice all'ultimo momento.
* ● E allora?
* ○ Beh, abbiamo protestato ma non c'è stato
  niente da fare. Per fortuna c'era un aereo

quattro ore dopo. Ci hanno offerto 500
euro di risarcimento e dei buoni pasto da
consumare in aeroporto.
* ● E che avete fatto in quelle quattro ore?
* ○ Prima di tutto abbiamo dovuto fare
  diverse telefonate. E poi sì, siamo andati
  a mangiare, abbiamo fatto un giro per i
  negozi …
* ● Beh, insomma, non è andata poi così
  male!
* ○ No, ci siamo quasi rilassati … figurati che
  mentre annunciavano l'imbarco del nostro
  volo noi eravamo ancora in libreria … alla
  fine l'aereo l'abbiamo preso per un pelo!

Voi con quali mezzi preferite viaggiare e perché?

2 Completate.

> Mentre aspettavamo il nostro turno l'impiegata .... che l'aereo era completo.
>
> Mentre annunciavano l'imbarco del nostro volo .... ancora in libreria.

In quale di queste frasi le due azioni si svolgono contemporaneamente?
In quale invece una delle due azioni incomincia in un secondo momento?

3 Descrivete la foto.

Guardate la foto accanto al dialogo e descrivetela con l'aiuto delle seguenti espressioni.

leggere il giornale ◆ fumare una sigaretta ◆ guardare il tabellone ◆ annoiarsi
riposarsi ◆ mettersi a chiacchierare ◆ chiedere un'informazione ◆ sedersi

> **ESEMPIO** Mentre Margherita e Gabriele aspettavano il loro turno …

4 Sottolineate.

Margherita racconta a Giorgio la sua avventura. Ricercate nel testo le espressioni che usa
Giorgio per manifestare il suo interesse e per invitare Margherita a continuare il racconto.

5 Lavorate in coppia.

È capitato anche a voi un contrattempo durante un viaggio o in un'altra situazione?
Raccontate.

Ü 14–16
S. 139

Ricapitoliamo!

Pensate a qualcosa che vi è accaduto e che raccontate volentieri. Descrivete questo avvenimento con una sola frase. I compagni del vostro gruppo vi pongono delle domande per conoscere il maggior numero possibile di dettagli.

quanto (tempo)
che cosa
(con) chi
perché
quando
a che ora
(di) dove
quale
come mai

Ho trascorso una vacanza indimenticabile insieme a persone eccezionali.

Si dice così

Informarsi su un film/uno spettacolo

Che cosa danno stasera …?	Su Rai Tre c'è …
Di che parla?	È la storia di …

Chiedere un giudizio su un film/uno spettacolo/un libro

A te è piaciuto?	Sì, mi è piaciuto molto. Ti dico la verità, mi ha un po' deluso.

Alla stazione: chiedere informazioni

Mi servirebbero gli orari dei treni.
Bisogna cambiare ad Ancona, vero?
Quando c'è la coincidenza per Roma?
Ho bisogno della prenotazione?
Quanto ci mette il treno?

Motivare una persona a raccontare

Com'è andato il viaggio? Tutto bene?
Perché, che cosa è successo?
Ma come?
E allora?
E che cosa avete fatto?

Alla stazione: comprare un biglietto ferroviario

Due biglietti di seconda classe per …
Andata e ritorno.
Due posti non fumatori.

Giungere ad una conclusione

Beh, insomma, non è andata poi così male.

Grammatica

1. Der Gebrauch von *imperfetto* und *passato prossimo* → 24

Erzählt man – schriftlich oder mündlich – von Begebenheiten der Vergangenheit, wird dafür sowohl das *passato prossimo* als auch das *imperfetto* gebraucht.

> Mio padre **ha suonato** il campanello.
> Mia madre **ha sorriso**.

> Io li **guardavo** dalla porta.
> **C'era** un signore con il cappello da cuoco.

Um von Ereignissen und Handlungen zu erzählen, verwendet man das *passato prossimo*. Für Beschreibungen und für Schilderungen von Zuständen, Gewohnheiten und Begleitumständen (Erzählhintergrund) benutzt man das *imperfetto*.

2. Das *passato prossimo* von *piacere* → 20

> Quel film mi è **piaciuto** molto.
> La storia non ti è **piaciuta**?
> Alcuni attori non ci **sono piaciuti**.
> Le musiche mi **sono** proprio **piaciute**.

Das Verb *piacere* bildet das *passato prossimo* mit *essere*. Das Partizip muss deshalb mit dem Bezugswort in Geschlecht und Zahl übereinstimmen.

3. Die Relativpronomen *che* und *cui* → 8

> La signora **che** abitava lì si è trasferita.
> I due libri **che** ho letto erano molto interessanti.
> È un attore **di cui** ho sentito parlare.
> La ragazza **con cui** esco si chiama Gina.

Das Relativpronomen lautet im Italienischen *che*, egal ob es sich auf Personen oder Gegenstände, auf maskuline oder feminine Substantive, auf den Singular oder den Plural bezieht. Geht dem Relativpronomen eine Präposition voran, wird es zu *cui*.

4. Die Wiedergabe von *brauchen* → 17

> **Ho bisogno** di un'informazione.
> *Ich brauche eine Auskunft.*
> A Carla **serve** una macchina nuova.
> *Carla braucht ein neues Auto.*
> Le **servono** gli orari dei treni?
> *Brauchen Sie die Abfahrtszeiten der Züge?*
> Il treno **ci mette** mezz'ora.
> *Der Zug braucht eine halbe Stunde.*

Zur Wiedergabe von *brauchen* haben Sie bereits *ci vuole/ci vogliono* (Lektion 4) kennen gelernt. Daneben gibt es weitere Wendungen:
Auf *avere bisogno di* folgt ein Substantiv im Singular oder Plural.
Serve/servono steht in Verbindung mit einem indirekten Objekt.
Für *brauchen* + Zeitangabe wird *ci mette/ci mettono* benutzt.

5. *Imperfetto* und *passato prossimo* im Satzgefüge → 23

Nebensatz	Hauptsatz
Mentre aspettavo	leggevo il giornale.
	ha squillato il cellulare.

Mentre leitet einen Nebensatz ein. Wenn die Geschehnisse im Haupt- und Nebensatz gleichzeitig verlaufen, steht jeweils das *imperfetto*. Das *passato prossimo* wird verwendet, wenn im Hauptsatz eine Handlung neu einsetzt und das Geschehen im *mentre*-Satz unterbricht.

A Giochiamo a filetto!

Siete a cena a casa di amici italiani. Vi hanno preparato delle cose squisite e volete fare dei complimenti al cuoco o alla cuoca. Che cosa dite?

Alla stazione chiedete informazioni su un collegamento ferroviario (orari, prenotazione, coincidenze ecc.).

C'è qualcosa che non funziona nel vostro computer. Chiedete gentilmente aiuto al vostro compagno esperto.

Vorreste parlare con la dottoressa Motti ma in ufficio c'è solo la sua segretaria. Cercate di rintracciarla nel più breve tempo possibile.

La signora Bertolini, che non vedete da tempo, vi ha mandato un biglietto d'auguri per il vostro compleanno. Le telefonate per ringraziarla.

Stasera vorreste andare al cinema ma non avete ancora deciso quale film vedere. Chiedete al vostro compagno com'era il film che ha visto poco tempo fa.

In un colloquio di lavoro spiegate qual è la vostra occupazione attuale e quali sono state le vostre occupazioni precedenti.

Il vostro volo è partito in ritardo e avete perso la coincidenza per il volo successivo. Protestate e chiedete un risarcimento.

1 Lavorate in gruppi.

Si gioca in quattro, due contro due. Ogni coppia sceglie dei segnaposti, ad esempio pezzetti di carta. Scopo del gioco è occupare quattro caselle sulla stessa riga: verticale, orizzontale o diagonale. Ogni coppia sceglie una casella a piacere e se svolge corretta-mente il compito richiesto la può occupare. Chi sceglie una casella con un'indicazione scritta deve svolgere il compito richiesto. Chi invece sceglie una casella con una foto può improvvisare un breve dialogo in base alla situazione raffigurata.
Attenzione: cercate di interrompere le righe della coppia avversaria!

B Fondiamo insieme un'associazione!

1 Lavorate in gruppi.

Conoscete già molti aspetti dell'Italia: la sua cultura, la sua gente, le tradizioni, il paesaggio. Ma c'è ancora tantissimo da scoprire e farlo insieme ad altri è più divertente. Decidete cosa vi interessa maggiormente e fondate un'associazione con chi condivide le vostre stesse passioni.

- Decidete che tipo di associazione vorreste fondare: culturale, musicale, sociale, sportiva o altro.
- Decidete lo scopo dell'associazione: cosa vuole diffondere, riscoprire, sostenere.
- Organizzate il programma invernale o estivo dell'associazione:
  – attività (manifestazioni, concorsi, scambi)
  – date e luoghi
  – prezzi
  – possibilità di partecipazione
  – prenotazione.
- Presentate la vostra associazione e il vostro programma alla classe.

C Ripetiamo un po'!

1 **Lavorate in coppia.**
Leggete le seguenti pubblicità e ispiratevi a queste per scrivere uno slogan o un breve testo pubblicitario per un prodotto a vostra scelta.

NON LASCIARTI CIRCONDARE DALLE CREPE!

METTI AL SICURO LA TUA CASA.

Autolloyd.
L'evoluzione dell'assicurazione auto

🚗 **CONVENIENZA** Fa' un preventivo gratuito per scoprire senza impegno quanto puoi risparmiare.

🚗 **SICUREZZA** Affidati all'esperienza di un grande gruppo assicurativo.

🚗 **LIBERTÀ** Scegli se usare il telefono o Internet e decidi ogni anno se meritiamo la tua fiducia.

TUFFATI NELLA NATURA!

Chiudi gli occhi, respira a fondo e abbandonati alla dolcezza dei bagnoschiuma e docciaschiuma dell'Antica Erboristeria.

2 **Lavorate in coppia.**
Osservate le seguenti foto e cercate di immaginare la situazione raffigurata. Raccontate brevemente qualcosa su ogni foto. In ogni piccola storia devono essere presenti le parole indicate sulla foto stessa.

ad un certo punto dopo

l'estate scorsa quest'anno

mentre improvvisamente

3 **Lavorate in gruppi.**
Scegliete otto dei seguenti sostantivi e con questi scrivete una storia.
Leggetela in plenum. Chi ha scritto la storia più avvincente, buffa o fantasiosa?

amici   macchina   computer   uomo anziano

viaggio   cuoca   verità   regalo

libro   telefonata   notte   pioggia

I magnifici set

▶ L'Italia ha sempre offerto **scenografie naturali** di tutti i tipi ai grandi del cinema. Le isole, per esempio, hanno ospitato **set famosi.** *Il postino* ha come sfondo l'isola di Salina, *Stromboli* di Rossellini l'isola omonima, *Caro diario* di Moretti Alicudi, Vulcano e altre isole Eolie.

▶ Ma anche le piccole città sono entrate nel **mondo del cinema**: ad esempio Matera che, con i suoi Sassi, fa da sfondo al *Vangelo secondo Matteo* di Pier Paolo Pasolini. E ancora Rimini, **la provincia** del grande Fellini, protagonista di tante pellicole, tra cui tutti ricordano *Amarcord*.

▶ Infine **la grande capitale**, il cuore del cinema italiano, che accoglie a Cinecittà **gli studi cinematografici** più importanti del paese, ritratta dal cinema in tutte le sue sfumature. Tra le tante, quella particolare della Roma deserta dei *Ladri di biciclette* di De Sica e l'indimenticabile Fontana di Trevi de *La Dolce Vita*.

In treno o in barca attraverso i parchi

▶ In Italia ci sono 20 **parchi nazionali** e numerosi **parchi regionali**. Il parco del Gran Paradiso, quello dello Stelvio,

il Parco Nazionale d'Abruzzo e quello del Cilento sono tra i più conosciuti. Oltre ai parchi naturali esistono diverse **riserve marine**, tratti di mare e costa con caratteristiche ambientali e paesaggistiche eccezionali nell'area del Mediterraneo. Tra queste la riserva di Ventotene e Santo Stefano nel Lazio, quella delle Cinque Terre in Liguria o quella di Capo Rizzuto in Calabria.

▶ Gli italiani sono sempre più sensibili al tema dell'**ambiente** e numerose associazioni si occupano della sua **salvaguardia**. Ogni estate, ad esempio, la Goletta Verde di *Legambiente* si sposta lungo **le coste della penisola**. Al termine del suo viaggio i cinque comuni costieri che hanno **il mare più limpido** e le **spiagge più pulite** ottengono in premio *le cinque vele*, mentre i

pirati del mare ricevono le bandiere nere che indicano i casi di maggiore sporcizia.

Dopo la scuola

▶ I ragazzi italiani che dopo **la scuola dell'obbligo** scelgono subito la via del lavoro, generalmente cominciano con un breve periodo di **apprendistato** che dura solo qualche mese. Quelli che invece decidono di continuare la scuola finiscono a 19 anni con il **diploma di maturità**. Dopo **le superiori** si sceglie di nuovo tra **il mondo del lavoro** e l'università. Per facilitare l'accesso al mondo del lavoro ci sono corsi di formazione professionale che avviano sia i quindicenni che i **neolaureati** al termine dell'università ai diversi **settori professionali**. Chi dopo il diploma o la laurea aspira ad un posto di **impiegato statale** deve partecipare ad un **concorso pubblico** e dimostrare le proprie conoscenze, in una o più prove scritte.

▶ Il **servizio militare** e quello civile, volontari dal 2005, si possono fare anche dopo la laurea.

10 *Andrà tutto bene!*

Osservate e leggete.
Guardate le vignette. Chi esprime un atteggiamento positivo verso il futuro?
Chi invece è preoccupato o pessimista?

Discutete.
Quale delle frasi contenute nelle vignette potrebbe essere la vostra? Perché?

A Mi basterà?

1  **Leggete.**
Che cosa ha
festeggiato Alba?

ledonneparlano
di Miriam Mafai

Oggi ho dato l'addio ai colleghi di una vita con una festa: baci, abbracci, qualche lacrima. Ero così contenta. Poi, una tristezza schiacciante: molti li ho conosciuti da ragazzi e improvvisamente li ho visti vecchi, grassi, un po' calvi. Ho amato tanto il mio lavoro, ma ho anche tanto desiderato l'arrivo della pensione. Stasera però mi chiedo: cosa farò? Dove andrò domattina? Con chi litigherò? Con chi discuterò dei fatti della giornata? Certo, ci sono gli amici, il marito (con cui abbiamo già programmato almeno due splendidi viaggi), i nipotini. Mi basterà? O mi sentirò, tra poco, una vecchia inutile? (Alba)

Dipenderà da lei, cara Alba. Solo e unicamente da Lei. Da quanto Lei sarà capace di tenere vive dentro di sé curiosità per quel che accade nel mondo, passione per ciò che finora Le ha dato piacere: i viaggi, l'arte, le buone letture, l'interesse a coltivare le relazioni umane. Cioè da quanto si applicherà in questo nuovo lavoro che è sopravvivere bene all'età della pensione. Si faccia coraggio. Vedrà che andrà tutto bene. Le faccio molti auguri.

da: Grazia, 08 / 01 / 02

2 **Rispondete.**
Che sensazioni ha provato Alba durante la festa?
Quali sono i suoi programmi per il futuro?
Che cosa è importante secondo la giornalista per vivere bene l'età della pensione?

3 **Osservate e completate.**
Nei testi avete incontrato un nuovo tempo verbale, il futuro.
Inserite le forme accanto agli infiniti.

discutere	litigare	....
discuterò	vedere	....
discuterai	essere	....
discuterà	avere	avrò
discuteremo		
discuterete	potere	potrò
discuteranno	rimanere	rimarrò

Ho tanto desiderato l'arrivo della pensione.
Stasera però mi chiedo:
Dove andrò domattina?
Cosa farò?
Mi basterà?
Come mi sentirò?

4 **Fate delle ipotesi.**
Quali domande si pongono secondo voi queste persone
■ al momento di cominciare un nuovo lavoro,
■ all'inizio di una vita in comune,
■ prima della nascita di un bambino?

Ü 1–5
S. 140–141

5 **Prendete appunti.**
Rileggete la risposta della giornalista. Quali espressioni usa per incoraggiare Alba?

....

....

....

6 **Lavorate in coppia.**
Scegliete una delle due situazioni qui accanto
e cercate un compagno che ha scelto come voi.
Scrivete insieme una lettera al giornale per
chiedere consiglio. Scambiate le lettere con
altre coppie e scrivete la risposta.

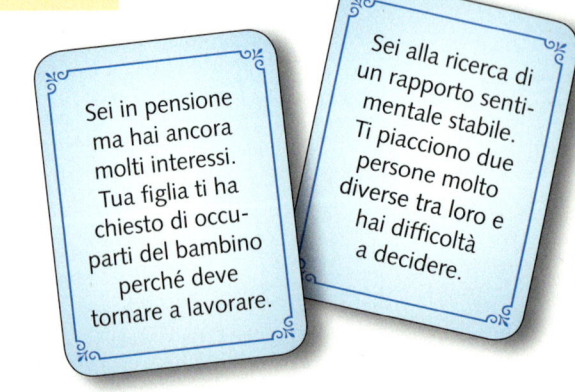

Sei in pensione ma hai ancora molti interessi. Tua figlia ti ha chiesto di occuparti del bambino perché deve tornare a lavorare.

Sei alla ricerca di un rapporto sentimentale stabile. Ti piacciono due persone molto diverse tra loro e hai difficoltà a decidere.

7 **Lavorate in coppia.**
Il vostro compagno assume il ruolo di una chiromante o di un mago e vi legge il futuro.

B Vado a vivere con Carla.

1 **Ascoltate.**
Cosa ha intenzione di fare Cristiano prossimamente?

● Pronto?
○ Ciao, Cristiano. Sono Emilio.
  C'è Tommaso?
● Oh, ciao, Emilio. No, papà non c'è.
○ Quando lo posso trovare?
● Torna domenica, è fuori solo per qualche
  giorno.
○ Ho capito. E tu? Dimmi un po' … ho sentito che ci sono delle novità.
● A che ti riferisci?
○ Eh, ho saputo che hai intenzione di andare
  a vivere con Carla.
● Ah, sì! Però ancora non c'è niente di concreto.
○ Beh, comunque vi siete decisi …
● Ma sai, ora che anche Carla ha trovato
  lavoro non c'è più motivo di aspettare …
○ State già cercando casa?

● No, per il momento no. Abbiamo pensato
  di cominciare a cercare dopo le vacanze.
○ Eh sì, dopo l'estate avrete senz'altro più
  scelta. Comunque per qualsiasi cosa fammi
  sapere.
● Sì, infatti ci avevo già pensato. Magari
  potremmo passare da te in agenzia in settembre.
○ Certo. Chiamatemi pure quando volete e ci
  mettiamo d'accordo.
● Va bene. Ti ringrazio.
○ Ma figurati! Adesso ti saluto. Se senti papà
  digli che lo richiamo lunedì sera.
● Sì, però non chiamarlo troppo tardi perché
  lunedì sera va a giocare a calcetto, lo sai.
○ Ah, va bene, grazie. Ciao, Cristiano.
  Stammi bene …
● Ciao, Emilio … a presto.

Per quale motivo Emilio e Cristiano si incontreranno probabilmente in settembre?

2 **Osservate.**
Rileggete il dialogo e
completate con le
espressioni mancanti.

Ho saputo che .... andare a vivere con Carla.

Sì, ... cominciare a cercare dopo le vacanze.

probabilmente cominceremo a cercare dopo le vacanze.

3 **Lavorate in coppia.**
Assumete i ruoli di Carla e Cristiano e insieme fate progetti per la vostra vita in comune. Riferite poi in plenum dove pensate di andare ad abitare e come avete intenzione di organizzarvi.

4 **Lavorate in gruppi.**
Immaginate la vostra vita tra dieci anni e con l'aiuto dei seguenti elementi dite come potrà essere.

abitare
lavorare
avere
essere
andare
fare

sicuramente
senz'altro
probabilmente
forse
magari

5 **Osservate e sottolineate.**
Rileggete il dialogo e completate lo specchietto.

Cristiano, dimmi un po' … ho sentito che ci sono delle novità.

Per qualsiasi cosa .... sapere.

.... pure quando volete.

Sottolineate nel dialogo le altre forme dell'imperativo in combinazione con i pronomi. Che particolarità notate?

6 **Completate.**
Inserite nel testo della mail i seguenti verbi.

chiedile ◆ dille
fammi ◆ salutami
chiamala

Ciao Cristiano,

volevo darti una notizia. C'è un bell'appartamento in centro che si libera tra un mese. È di una mia amica, Giovanna Spertoli, tel. 07123648756. .... e .... quando potete andare a vederlo. .... che ti mando io e .... poi sapere com'è andata.

.... Carla. A presto

Emilio

7 **Lavorate in coppia.**
Che cosa direste a
■ una persona simpatica che avete conosciuto in vacanza e con cui volete restare in contatto,
■ una vostra amica che vuole uscire con un collega che le piace e non sa come comportarsi?

Dammi il tuo indirizzo …

Invitalo a prendere un caffè …

8 Prendete appunti.
Ricercate nel testo di pagina 82 le battute di Emilio.

● Pronto?

○ ....

● Ah, ciao, Emilio. No, papà non c'è.

○ ....

● Torna domenica.

○ ....

● Sì, però non chiamarlo troppo tardi …

9 Lavorate in coppia.
Assumete i ruoli di A e B e fate il dialogo al telefono.

A Volete parlare con Marina. Vi risponde il marito e vi dice che lei non c'è. Dato che dovete parlarle urgentemente chiedete se potete rintracciarla e come.

B Un amico di vostra moglie telefona per parlare con lei. Vostra moglie è fuori per un seminario e torna giovedì. Durante la giornata ha il cellulare spento e lo accende solo dopo le 18.00.

Ü 6–10
S. 141–143

Lettura

1 Leggete.
Leggete la poesia *Vieni presto* di Alberto Amoroso. A chi si rivolge secondo voi?

Vieni presto

Vieni presto e resta con me,
ti porterò là dove il mare
incontra e sposa il cielo.

Vieni presto e resta con me,
piacere e gioia ritroverai
che forse ancora ricorderai.

Vieni presto e resta con me,
nella piccola casa con il giardino
in mezzo ai fiori sarai regina.

Vieni presto e resta con me,
anche un solo istante, fatti rapire
dai miei sogni e poi sparire.

Vieni presto e resta con me,
ma fallo presto per favore,
l'amore è grande ma può finire.

2 Sottolineate e discutete.
Sottolineate nelle prime tre strofe della poesia le frasi in cui lo scrittore immagina i luoghi dell'incontro con la persona amata e le sensazioni che questa proverà.
Nelle ultime due strofe al sogno subentra l'incertezza. Di che cosa ha paura l'autore?

3 Scrivete.
«Vieni presto e resta con me …» Completate le strofe della poesia con parole vostre.
Se volete, scegliete da ogni strofa una parola da riutilizzare.

4 Ascoltate.
Ascoltate come adesso l'autore recita la poesia e ne parla in una breve intervista.

C Il sogno nel cassetto

1 Leggete.
Che cosa sognano le persone intervistate?

Mettere su un'attività in proprio o fare il giro del mondo in barca a vela. Sono questi i sogni nel cassetto degli italiani. È quanto emerge da un sondaggio su un campione di circa 1000 persone tra i 18 e i 65 anni.

Luca Marinelli, 18 anni.

Io di sogni ne ho due: trovare subito dopo la maturità un buon posto di lavoro e guadagnare bene per comprarmi una bella Ferrari rosso fiamma! Forse con una laurea potrei trovare un posto di lavoro migliore ma non ho voglia di aspettare ...

Guglielmo Fraschi, 39 anni.

Anch'io avevo un sogno nel cassetto. L'ho realizzato proprio un anno fa con una traversata dell'Atlantico in barca a vela, in solitario. È stata un'esperienza indimenticabile che desideravo fare da quando avevo 18 anni. Una vera e propria avventura. Adesso sto per ripartire per un viaggio più breve e questa volta verrà con me anche la mia compagna.

Caterina Megna, 45 anni.

Sogno da tempo di aprire un bed & breakfast sul Lago di Como, nella casa dei miei suoceri. Mio marito dice che è una buona idea e anche i soldi ci sarebbero, io però sono ancora un po' insicura. Dovrei riflettere meglio ... anche se la cosa migliore sarebbe non riflettere per niente e buttarsi!

Quale di questi sogni potreste condividere?
Quale non potrebbe assolutamente essere vostro?

2 Completate e osservate.
Rileggete i testi di Luca e Caterina e completate le frasi.

> Il mio sogno è trovare un .... posto di lavoro dopo la
>
> maturità e guadagnare ....
>
> Lo so che con una laurea potrei trovare un posto ....
>
> Dovrei riflettere ....

3 Completate e scegliete.
Sogni, desideri ed opinioni alla rinfusa: completate le frasi con *buono*, *bene*, *migliore* e *meglio* e scegliete il vostro motto!

> *Un nuovo amore*
> *è la cosa* ....
> *per dimenticare un amore*
> *finito male!*

> I primi vent'anni sono
> gli anni ....
> della vita.

> Un .... amico
> è più importante di
> un grande amore.

> Una ....
> insalata fa bene ma un bel
> piatto di spaghetti fa stare
> .... !

> Per vivere ....
> basta avere un
> .... lavoro.

4 Completate e raccontate.

Come si esprime Guglielmo Fraschi per dire che farà un viaggio nell'immediato futuro?

Adesso .... per un viaggio più breve.

E voi, che cosa state per fare, nella vita o semplicemente in questa giornata?

5 Lavorate in gruppi.

Avete anche voi un sogno nel cassetto? Quale?

Ü 11–12
S. 143–144

D Ne prenda due prima di partire.

1  Ascoltate.

Dove si trova la cliente secondo voi?

- ● Buongiorno.
- ○ Buongiorno, signora. Mi dica.
- ● Domani facciamo una gita in barca a vela e avrei bisogno di qualcosa per il mal di mare. Che cosa mi può consigliare?
- ○ Contro il mal di mare Le posso dare queste pastiglie.
- ● E quante ne devo prendere?
- ○ Ne prenda due un'ora prima di partire.
- ● Hanno effetti collaterali?
- ○ Possono dare un po' di sonnolenza ma è una cosa lieve.
- ● Ah, capisco.
- ○ Le serve altro?
- ● Sì, mi dia anche una pomata contro le punture di insetti. Da noi in campeggio la sera è pieno di zanzare.

- ○ Guardi, questa pomata qui è molto efficace, ne basta poca e il prurito Le passa immediatamente. Se invece vuole prevenire le punture potrebbe prendere uno di questi spray.
- ● Va bene, allora prendo anche lo spray. Ah, mi dà anche delle aspirine? Non ne ho più ...

Di quale disturbo soffre la cliente?

2 Abbinate.

Queste persone non stanno molto bene.
Che cosa hanno?

1. mal di testa 4. mal di stomaco
2. mal di denti 5. la febbre alta
3. la tosse   6. il raffreddore

a)

b)

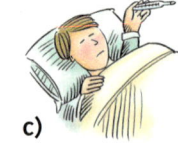
c)

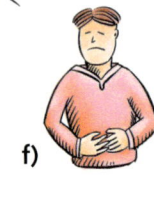
f)

d)   e)

3 Completate.

Quante pastiglie devo prendere?

.... prenda .... un'ora prima
di partire.

Mi dia anche una pomata.

Questa qui è molto efficace,

.... basta ....

4 Fate una piccola inchiesta.
Chi vive nel modo più sano? Chi vive in modo meno sano ... ed è contento così?
Ponete le seguenti domande ai vostri compagni.

	Anna
Quanta acqua / Quanti caffè / Quanto tè bevi al giorno?	1l / 4 ....
Quanta frutta, verdura, carne, pasta mangi alla settimana?	....
Quanti dolci mangi al giorno?	....
Fumi? Se sì, quante sigarette al giorno?	....

5 Prendete appunti.
Rileggete il dialogo e raccogliete le
espressioni che usa la cliente per chiedere
quello che le serve.

....
....
....
....

6 Lavorate in coppia.
Ognuno di noi ha qualche piccolo disturbo. Dite al vostro compagno
di che cosa soffrite e chiedetegli se ha qualche consiglio da darvi.

7 Trascrivete.
Riportate le frasi del dialogo che contengono forme
di imperativo della 3ª persona nelle righe sottostanti.

....
....
....

Confrontate le forme dell'imperativo della 3ª persona con quelle della 2ª persona a pag. 82.
Che cosa notate?

8 Ascoltate.
In quali dialoghi le persone si danno del tu?
In quali del Lei?
Quando si rivolgono a più persone?
Mettete una crocetta al posto giusto.

	1.	2.	3.	4.	5.	6.
tu	☐	☐	☐	☐	☐	☐
Lei	☐	☐	☐	☐	☐	☐
voi	☐	☐	☐	☐	☐	☐

Ü 13–16
S. 144–145

Scrivete su un foglietto il vostro segno zodiacale. L'insegnante raccoglie i foglietti e li ridistribuisce. Ciascuno inventa e scrive poi l'oroscopo relativo al segno zodiacale indicato per il prossimo anno. Alla fine ognuno riceverà l'oroscopo per il proprio segno.

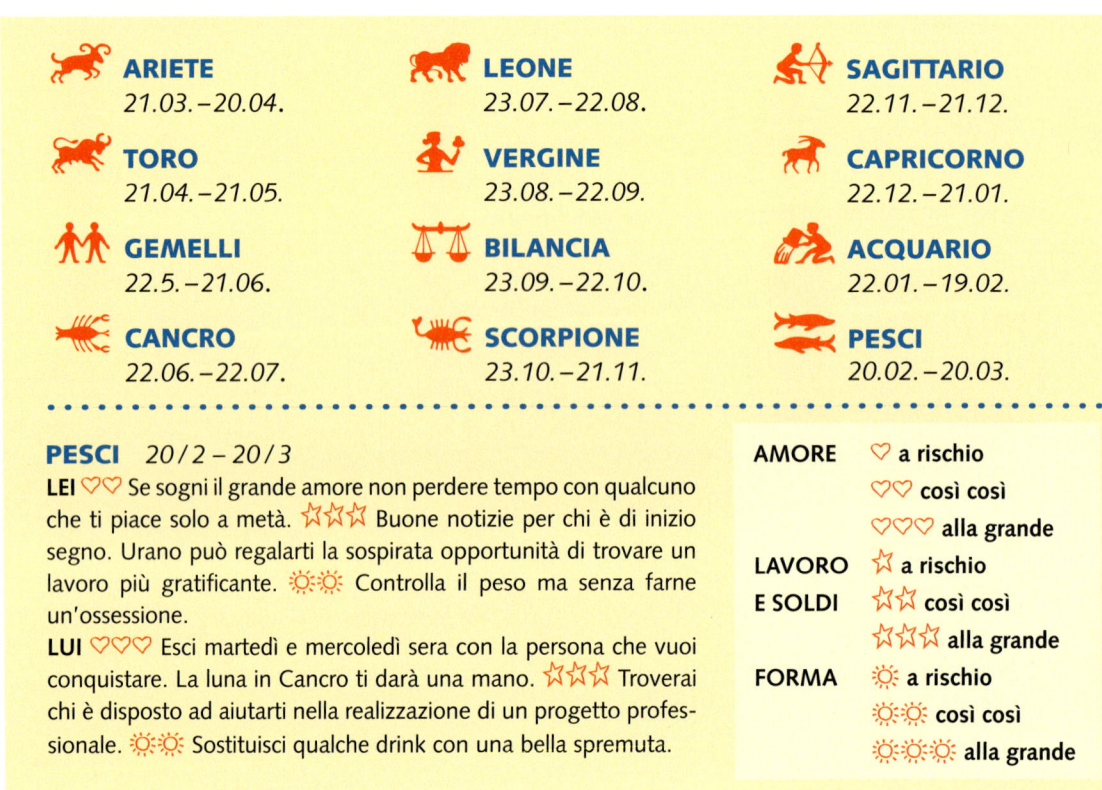

ARIETE
21.03.–20.04.

TORO
21.04.–21.05.

GEMELLI
22.5.–21.06.

CANCRO
22.06.–22.07.

LEONE
23.07.–22.08.

VERGINE
23.08.–22.09.

BILANCIA
23.09.–22.10.

SCORPIONE
23.10.–21.11.

SAGITTARIO
22.11.–21.12.

CAPRICORNO
22.12.–21.01.

ACQUARIO
22.01.–19.02.

PESCI
20.02.–20.03.

PESCI *20/2 – 20/3*
LEI ♡♡ Se sogni il grande amore non perdere tempo con qualcuno che ti piace solo a metà. ☆☆☆ Buone notizie per chi è di inizio segno. Urano può regalarti la sospirata opportunità di trovare un lavoro più gratificante. ☼☼ Controlla il peso ma senza farne un'ossessione.
LUI ♡♡♡ Esci martedì e mercoledì sera con la persona che vuoi conquistare. La luna in Cancro ti darà una mano. ☆☆☆ Troverai chi è disposto ad aiutarti nella realizzazione di un progetto professionale. ☼☼ Sostituisci qualche drink con una bella spremuta.

AMORE	♡ a rischio
	♡♡ così così
	♡♡♡ alla grande
LAVORO	☆ a rischio
E SOLDI	☆☆ così così
	☆☆☆ alla grande
FORMA	☼ a rischio
	☼☼ così così
	☼☼☼ alla grande

da: Donna Moderna, maggio 2003

Si dice così

Porsi domande sul futuro

Cosa farò?
Dove andrò?
Come mi sentirò?

Incoraggiare qualcuno

Si faccia coraggio.
Vedrà che andrà tutto bene.
Le faccio molti auguri.

Offrire aiuto

Per qualsiasi cosa fammi sapere.
Chiamatemi pure quando volete.

Chiedere un consiglio in farmacia

Avrei bisogno di qualcosa per/contro …
Quante ne devo prendere?
Hanno effetti collaterali?

Al telefono (confidenziale)

Ciao, sono Emilio. C'è Tommaso?
Quando lo posso trovare?
Digli che lo richiamo lunedì sera.

No, non c'è.
Torna domenica.
Sì, però non chiamarlo troppo tardi.

Grammatica

1. Das *futuro* → 26, 33

Das *futuro* wird verwendet, wenn von Ereignissen in der (meist ferneren) Zukunft die Rede ist oder wenn deren Realisierung noch ungewiss scheint.

	cambiare	discutere	partire
io	cambierò	discuterò	partirò
tu	cambierai	discuterai	partirai
lui/lei	cambierà	discuterà	partirà
noi	cambieremo	discuteremo	partiremo
voi	cambierete	discuterete	partirete
loro	cambieranno	discuteranno	partiranno

Die regelmäßigen Formen werden entsprechend den nebenstehenden Beispielen gebildet.
Hier einige unregelmäßige Formen:
avere → *avrò, essere* → *sarò, andare* → *andrò, vedere* → *vedrò, rimanere* → *rimarrò, fare* → *farò, potere* → *potrò*.

Beachten Sie: Für Ereignisse in der unmittelbaren Zukunft wird genauso wie im Deutschen meist das Präsens verwendet: *Domani non lavoro*.

2. Der Imperativ in Verbindung mit Objektpronomen → 6, 28

Figurati!
Chiamatemi pure.
Stammi bene.
Digli che lo richiamo lunedì sera.
Non chiamarlo troppo tardi!

Mi dica!

Pronomen sowie *ci* und *ne* (siehe Punkt 5) werden an den Imperativ der 2. Person angehängt. Beachten Sie die Betonung. Bei den Imperativformen *di', da', sta', fa', va',* verdoppelt sich der Anfangskonsonant des Pronomens, außer bei *gli*. Beim verneinten Imperativ wird das Pronomen meist angehängt. Beim Imperativ der Höflichkeitsform stehen die Pronomen vor dem Verb.

3. Die Steigerung von *buono* und *bene* → 2

È una buona idea.
Vorrei trovare un lavoro migliore.
La cosa migliore sarebbe provare.

Al mare mi sento proprio bene.
Sto meglio se la mattina faccio jogging.

Das Adjektiv *buono* und das Adverb *bene* haben besondere Steigerungsformen.
Vor männlichen Substantiven im Singular verhält sich *buono* wie der unbestimmte Artikel: *un buon lavoro, un buon amico, un buono stipendio*.

4. *Stare per* zum Ausdruck der unmittelbaren Zukunft → 15

Stiamo per aprire un bed & breakfast.
Wir sind im Begriff, eine Frühstückspension zu eröffnen.

Um zum Ausdruck zu bringen, dass ein Ereignis in unmittelbarer Zukunft eintreten wird, kann *stare per* + Infinitiv verwendet werden.

5. Das Pronomen *ne* → 7

Le posso dare queste pastiglie.
Ne prenda due la mattina.
Nehmen Sie morgens zwei (davon).
Mi dà anche delle aspirine?
Non ne ho più.
Ich habe keine mehr.

Das Pronomen *ne* (davon) bezieht sich auf ein vorher genanntes Substantiv und bezeichnet eine Teilmenge davon. Es wird im Deutschen oft nicht übersetzt. Wie andere Pronomen steht es im Allgemeinen vor dem Verb.

Quanto sei bella, Roma!

Osservate le foto.
Per quali motivi le persone rappresentate
si trovano a Roma?

 Per quali motivi la gente va a Roma?
Vi piacerebbe andarci o ci siete già stati?

A Tutte le strade portano a Roma.

1 Ascoltate il dialogo.
Che problemi ha il cliente?

* Scusi, ma a questa pompa qui non c'è nessuno?
○ No, quella lì è solo self-service, se vuole può venire da questa parte.
...
* Mi fa il pieno, per favore?
○ Certo.
* Senta, lo sterzo è un po' duro ... non saranno mica le gomme?
○ Può darsi, dopo le controlliamo.
* E forse bisogna aggiungere l'olio perché la spia lampeggia. Potrebbe controllare? Sa, ho viaggiato tutto il giorno.
...
○ Ecco fatto. Le gomme erano un po' sgonfie, l'olio invece era a posto. Dovrebbe far controllare l'impianto elettrico appena può, ci sarà un contatto.
* Strano, l'ho fatto controllare in officina due mesi fa ... comunque senta, un altro

favore, mi sa dire dove devo uscire per arrivare a Piazza Vittorio?
○ Certo, deve continuare sul raccordo e poi seguire le indicazioni per Roma centro. Quando arriva sulla Tangenziale, al termine dell'autostrada, Le conviene chiedere ancora.
* Va bene, grazie. Certo che con questo traffico ... quanto tempo ci vorrà?
○ Eh, ci vorranno almeno quaranta minuti. A quest'ora ogni giorno è la stessa storia.
* Beh, spero almeno di non perdermi!
○ Non si preoccupi, anche se si perde lo sa, no, che tutte le strade portano a Roma.

2 Abbinate.
Guardate l'illustrazione e inserite negli spazi vuoti le seguenti parole.
portiera ◆ motore ◆ sterzo ◆ finestrino

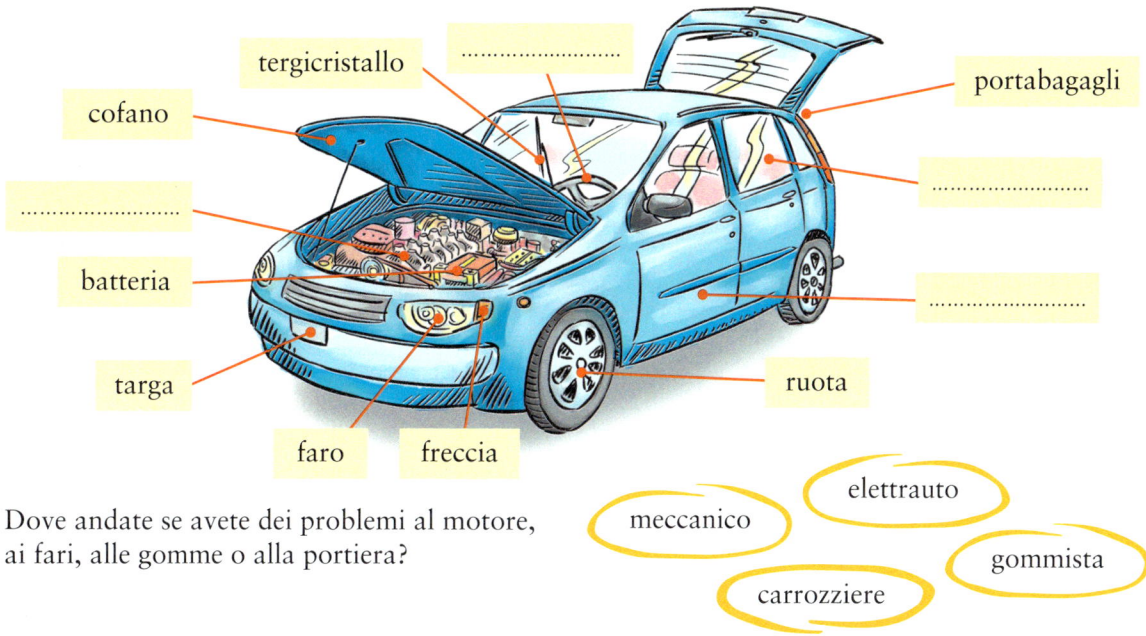

Dove andate se avete dei problemi al motore, ai fari, alle gomme o alla portiera?

meccanico ◆ elettrauto ◆ gommista ◆ carrozziere

3 Rileggete il dialogo.
Ci sono due domande che il cliente fa al benzinaio perché è incerto.
Quali sono? Quale forma verbale usa?

Senta, lo sterzo è un po' duro ... . ?

Certo che con questo traffico ... . ?

4 **Fate delle ipotesi.**
Rispondete alle domande secondo gli esempi ed aiutatevi con gli elementi dati.

- Come mai c'è tanto traffico oggi?
- ○ Ci sarà un blocco stradale.

- Perché la macchina non parte?
- ○ Sarà scarica la batteria.

esserci – un blocco stradale
esserci – delle manifestazioni
fare sciopero – i mezzi pubblici
non funzionare – i semafori

essere scarica – la batteria
non fare contatto – la chiave
non esserci più – benzina
essere freddo – il motore

5 **Completate.**

> La spia dell'olio lampeggia. Potrebbe controllare?
>
> L'olio è a posto. Dovrebbe .... l'impianto elettrico.

6 **Lavorate in coppia.**
Siete su una delle strade che portano a Roma, in una delle località indicate con il cerchietto rosso. Vi fermate al distributore per fare benzina e per far controllare o riparare qualcosa alla vostra macchina. Fate il dialogo con il benzinaio che risolverà il vostro problema o vi indicherà a chi rivolgervi. Chiedete infine quanto tempo ci vorrà per arrivare a Roma.

7 **Osservate.**
Leggete le seguenti frasi. Come vi esprimete nella vostra lingua?

> Ho viaggiato tutto il giorno.

> Ogni giorno è la stessa storia.
> Tutti i giorni è la stessa storia.

Che cosa notate nell'uso di *ogni* e *tutto*?

8 **Raccontate.**
Quando vi spostate a piedi, in macchina o con i mezzi pubblici? Perché?
Lavorate in gruppi e raccontate ai compagni qualcosa sulle vostre abitudini.
Le seguenti espressioni vi possono essere d'aiuto.

tutti i giorni   non … mai   qualche volta   tutte le domeniche

tutto il giorno   ogni fine settimana   tutti i lunedì   ogni tanto

Ü 1–10
S. 146–149

1 Leggete.

HANNO LASCIATO LE LORO CITTÀ PER TRASFERIRSI DA NOI, PER LAVORO, AMORE, STUDIO. BRASILIANI, FILIPPINI, TEDESCHI, COREANI ... ABBIAMO INCONTRATO ALCUNI DI LORO E RACCOLTO TESTIMONIANZE DIVERSISSIME

Stranieri in Italia

Il cuoco

▶ *Walter, 39 anni, brasiliano*

Sono dovuto venire in Italia: l'economia in Brasile è malata, trovare lavoro è un lusso. I primi tempi sono stati davvero duri. La cultura, la lingua, il clima, il cibo: all'improvviso ti ritrovi in un mondo in cui tutto è diverso. Adesso mi sono abituato. Lavoro in un panificio e in un ristorante. Sono venuto in Italia per motivi di lavoro. Mio fratello Lucio e mia cugina sono venuti con me. Ora vorremmo tanto ottenere la cittadinanza italiana. Ma abbiamo un problema perché il mio bisnonno italiano si chiamava in un modo e in Brasile l'hanno scritto in un altro. Quindi mio fratello adesso è andato di nuovo in Brasile per la rettifica. Anche a me farebbe piacere ritornare a casa, anche se solo per poco tempo.

L'infermiera

▶ *Noemi, 50 anni, filippina*

Sono arrivata in Italia nel 1990 per seguire mio marito che fa il disegnatore civile. Prima abitavamo in Libia. Sono stata subito bene in Italia: In Libia non si poteva andare in giro da sole, erano proibite troppe cose, mentre in Valtellina, dove siamo

andati ad abitare, ho fatto subito amicizia con tutti. Ho vissuto cinque anni a Sondrio: aiutavo una famiglia a curare il giardino e ogni venerdì, insieme ad un gruppo di volontari, andavo a pulire la chiesa. Ora ci siamo trasferiti a Roma. Anche qui ho avuto la grande fortuna di incontrare persone gentili e cordiali. Non ho ancora il permesso di praticare la mia professione (sono infermiera), ma aiuto i miei connazionali quando ne hanno bisogno. Qui a Roma noi filippini siamo in tanti.

L'operaio

▶ *Davide, 28 anni, peruviano*

Sono venuto in Italia per amore. Ho conosciuto mia moglie dieci anni fa a una festa, nel paesino di mio papà e della sua famiglia. Poi lei è dovuta partire per l'Italia e non ci siamo visti per quattro anni. È tornata a Lima e il mio cuore batteva ancora per lei. Quando è ripartita, abbiamo iniziato a telefonarci. Alla fine è venuta in Perù e ci siamo sposati: il

> *'all' improvviso ti ritrovi in un mondo in cui tutto è diverso'*

22 agosto era il giorno delle nostre nozze, il 23 quello della sua partenza. Quanto ho sofferto! Ho dovuto aspettare parecchi mesi per il ricongiungimento familiare. Ma ora sono qui, faccio l'operaio, vivo con lei. E sono felice.

Il professore

▶ *Gerd, 31 anni, tedesco*

Vengo da una città vicina a Stoccarda: da un anno e sei mesi vivo a Roma e insegno alla scuola tedesca, frequentata anche da italiani. Sono qui perché un'amica mi ha detto che c'era un posto per me e volevo vedere come si sta in un paese in cui tutti i tedeschi vengono a fare le vacanze. Devo dire che mi piace la «dolce vita» italiana: in Germania siamo troppo seri e severi. Ma c'è anche la faccia negativa della medaglia, e cioè che a volte non riesco ad entrare in sintonia con i miei allievi. Quando voglio discutere rispondono caoticamente tutti insieme. Così non è mica possibile!

da: Gioia, 25/03/03

Per quali motivi le persone intervistate si sono trasferite in Italia?
E voi per quale motivo sareste disposti a lasciare il vostro paese?

2 Completate.

.... in Italia per motivi di lavoro.

Mio fratello Lucio e mia cugina .... con me.

Adesso mio fratello .... di nuovo in Brasile.

3 Raccontate.

E voi dove andate il prossimo fine settimana? Chi viene con voi?

E se rimanete a casa, verrà qualcuno a trovarvi?

4 Completate.

Completate con le frasi che dice Davide.

Mia moglie .... partire per l'Italia.

Io .... aspettare parecchi mesi.

Cosa notate nell'uso dell'ausiliare con i verbi modali?

5 Lavorate in coppia.

In base agli elementi dati raccontate qualcosa della vita di Katia dal 1998 in poi.

ESEMPIO Katia nel 1998 ha dovuto lasciare l'Ucraina perché là non c'era lavoro ...

lasciare l'Ucraina   cercare lavoro come collaboratrice familiare

portare i figli in Italia   ottenere la cittadinanza italiana

abituarsi al clima italiano   mantenere i contatti con i suoi connazionali

esercitare la professione di infermiera   ritornare in Ucraina nel giugno 2003

6 Raccontate.

E voi, cosa avete potuto/voluto/dovuto fare negli ultimi tempi, e cosa no?

ESEMPIO Oggi ho dovuto lavorare.
La settimana scorsa non sono potuta venire perché ero in vacanza.

Ü 11–12
S. 149

C Gli italiani nel mondo

1 Discutete.

Secondo voi ...

... quanti sono gli italiani residenti ufficialmente all'estero?

☐ circa 1 milione
☐ circa 4 milioni
☐ circa 10 milioni

... come sono distribuiti gli italiani residenti all'estero nei continenti elencati?

56,2% ◆ 38,3% ◆ 3,1% ◆ 1,7 % ◆ 0,7%

Africa	Europa ....
America	Australia ....
Asia	

ESEMPIO Secondo me il 3,1 percento abita in Africa.

2 Leggete e confrontate.

Leggete il seguente testo e confrontate le cifre con le ipotesi che avete fatto.

Avete contatti con italiani che abitano dalle vostre parti? Conoscete o frequentate istituzioni o associazioni italiane nel vostro paese?

Dove vivono gli italiani?

Gli italiani nel mondo che hanno conservato la cittadinanza sfiorano i quattro milioni (3.930.499: è questo il dato aggiornato delle anagrafi consolari al mese di ottobre 2000). I primi quattro paesi in graduatoria per il numero degli italiani residenti sono: in Europa, la Germania (688.000), la Svizzera (582.000) e la Francia (378.000) e, in America, l'Argentina (580.000). La ripartizione degli italiani nel mondo per aree continentali è la seguente: l'Europa (56,2%), l'America (38,3%) e l'Australia (3,1%). Seguono poi l'Africa con l'1,7% e infine l'Asia con lo 0,7%.

3 Ascoltate.

● Toni, questa è Giulia, la mia nuova vicina.

○ Ah, piacere. Allora tu sei il famoso fratello che vive a Stoccolma.

▲ In persona.

○ E come ti trovi lassù al nord? Non ti manca Roma?

▲ Mah, no, sai … là ho il mio lavoro, ho molti amici. E poi comunque a Roma ci vengo ogni tanto. Vengo a trovare la mia famiglia, i vecchi amici …

○ Scusa se sono curiosa, ma come mai sei andato a vivere proprio a Stoccolma?

▲ Mah, nel 1999 sono andato a trovare dei ragazzi che avevo conosciuto l'estate precedente in vacanza e con cui ero rimasto in contatto.

○ E già pensavi di rimanere?

▲ No, io in realtà pensavo di rimanere al massimo un mese. Poi però ho cominciato a lavorare nel laboratorio fotografico di uno di loro …

○ Ma avevi già fatto delle esperienze prima in questo campo?

▲ Sì, qualche anno prima avevo lavorato qui a Roma e mi era piaciuto molto.

○ E con la lingua? Non hai avuto problemi?

▲ No, all'inizio parlavo inglese. Poi ho preso lezioni private e a poco a poco ho imparato lo svedese.

● Ma lo sai, Toni, che Giulia insegna l'italiano agli stranieri?

▲ Davvero? Qui a Roma?

○ Sì, lavoro qui da due mesi, però sono di Treviso.

▲ Ecco, mi sembrava che l'accento …

● Senti Toni, io avevo pensato di portare Giulia un po' in giro per Roma questo fine settimana. Sai, lei finora ha avuto poco tempo per girare. Tu che ne dici?

▲ Buona idea. Sabato sera ci porti un po' in giro per i locali nuovi e domenica, se vi va, potremmo andare a vedere la città dall'alto. San Pietro, il Pincio, Castel Sant'Angelo …

4 Completate.

Rileggete il testo e completate lo specchietto. Come si forma il trapassato prossimo?

avevo conosciuto avevi conosciuto aveva conosciuto avevamo conosciuto avevate conosciuto avevano conosciuto	Come mai sei andato a vivere a Stoccolma? Nel 1999 sono andato a trovare dei ragazzi che .... l'estate precedente e con cui .... in contatto. Poi ho cominciato a lavorare e mi sono stabilito lì.

Sottolineate nel testo altre frasi con il trapassato prossimo.
Quali espressioni di tempo trovate in queste frasi?

5 **Completate.**

Giulia racconta ad un collega come ha trascorso il fine settimana. Completate le sue frasi con i seguenti verbi nelle forme appropriate.

far conoscere ◆ mangiare ◆ esserci ◆ essere ◆ arrivare

Venerdì scorso ho conosciuto Toni. ....

.... proprio il giorno prima. Sua sorella Serena

mi aveva parlato molto di lui ed io .... curiosa di conoscerlo.

Non avevo ancora visto molto di Roma. Serena e Toni mi .... diversi locali.

In un ristorante a Testaccio ho mangiato i carciofi alla giudia. Non li .... mai

.... prima. Domenica ho visitato Castel Sant'Angelo. .... con i

miei genitori da bambina ma ricordavo poco.

6 **Osservate.**

> Toni non ha **tanta nostalgia** dell'Italia perché a Stoccolma ha **molti amici**.
> Fa il fotografo e il suo lavoro **gli piace molto.**

7 **Lavorate in gruppi.**

Parlate di voi. Che cosa vi manca? Che cosa avete a sufficienza? Che cosa avete in eccesso?

molto

troppo

poco

tanto

> **ESEMPIO** ▸ Ho molto lavoro.
> Dormo troppo poco e lavoro tanto.

8 **Lavorate in coppia.**

Raccontate di qualcuno della vostra famiglia o dei vostri amici che è andato a vivere in un altro paese o in un'altra città.

l'estate/l'inverno precedente	prima	nel 19…
qualche anno prima	all'inizio	poi/in seguito

Lettura

1 **Leggete.**

Leggete i tre testi e cercate poi insieme al vostro compagno di dare un titolo ad ogni testimonianza.

ROMA, LA MIA CITTÀ

Non è tutto positivo in questa città. Al contrario, se si considera Roma come una moderna metropoli anziché come una città museo, gli aspetti negativi prevalgono su quelli positivi. Il centro storico, concepito in epoche remote, è angusto ed inadeguato alle attuali esigenze. Il traffico cittadino è caotico anche a causa dei mezzi pubblici insufficienti, lo sviluppo della rete metropolitana è modesto, i parcheggi carenti, mentre, di contro, aumentano sempre più le auto. Purtroppo la soluzione di questi problemi non è semplice dato che in questa città, e in particolare nel suo centro storico, si trovano reperti archeologici ogni volta che si fa un buco nel sottosuolo. Ciò comporta la sospensione dei lavori a tempo indeterminato.

Orlando Ponti

Roma è una grande città ma al suo interno ha tanti quartieri che sono come piccoli paesi. Sono nata in uno di questi paesi, un rione antico, popolare. Sono nata a Testaccio. Lì ci sono le mie radici e molti dei miei ricordi. La maggior parte delle case non aveva ascensore ed era frequente vedere un cestino appeso ad una cordicella, calato da una finestra: dalla strada qualcuno deponeva un pacchetto con le medicine o una busta di carta col pane caldo o un po' di verdura. Spesso quel qualcuno era in vestaglia e ciabatte, era uscito così per andare dal fornaio o al mercato. È nata lì, molto presto, la mia passione per i mercati. Mi piacevano tutti quei colori, quella confusione, le frasi gridate, le battute, il movimento.   *Elisabetta Baroni*

Roma ha una bellezza che non finisce mai perché non è data da un solo elemento, l'architettura, o il panorama, o la natura circostante, o un clima che ti consente, alla vigilia di Natale, di sederti all'aperto al tavolino di un caffè, ma di queste e tante altre cose fuse insieme il cui risultato è un luogo dell'anima e non solo un ambiente materiale. Vado spesso a fare la spesa in un drugstore che si chiama Museum ed è aperto 24 ore su 24. È collocato sulla Via Portuense, all'interno di un'area archeologica che espone resti di una necropoli di età imperiale. Solo a Roma capita di scegliere i broccoli o la mozzarella fresca in vista di una cripta con urne funerarie senza correre il rischio di perdere l'appetito perché qui la convivenza con l'eternità è un fatto scontato, un dato quotidiano.   *Michele Petti*

---

2 Mettete una crocetta.

Leggete le seguenti frasi. A chi si riferiscono?

	Orlando	Elisabetta	Michele
Descrive la vita in un quartiere di Roma.	☐	☐	☐
Apprezza il contrasto tra antico e moderno che c'è a Roma.	☐	☐	☐
Parla di alcuni aspetti problematici di Roma.	☐	☐	☐
Parla dei suoi ricordi d'infanzia.	☐	☐	☐
Ama Roma per la varietà dei suoi aspetti.	☐	☐	☐

---

3 Sottolineate.

Cercate nel testo le frasi con il significato corrispondente alle seguenti espressioni.

si vedeva spesso un cestino   gli aspetti negativi sono più di quelli positivi

non ci sono molti parcheggi   solo a Roma può succedere di

un clima che ti permette   un quartiere antico

---

4 Scrivete.

Immaginate di essere invitati a scrivere qualcosa del paese o della città dove abitate attualmente o dove siete nati. Che descrizione fate? Come definite il vostro rapporto con il posto?

1 **Ascoltate.**

Ascoltate la canzone *Arrivederci Roma* di Renato Rascel.
In che ordine appaiono i luoghi e le cose indicati?

- ☐ Fontana di Trevi
- ☐ i Castelli
- ☐ via Margutta
- ☐ ristorante Squarciarelli
- ☐ i fori e gli scavi
- ☐ Trinità dei Monti

2 **Riascoltate.**

Ascoltate di nuovo il testo e mettete una crocetta al posto giusto.

	vero	falso
La leggenda dice che se si butta una moneta nella Fontana di Trevi si torna sicuramente a Roma.	☐	☐
La canzone parla di una ragazza inglese.	☐	☐
La ragazza decide di rimanere a Roma.	☐	☐
Alla fine della canzone un ragazzetto butta un soldino nella fontana.	☐	☐

3 **Lavorate in gruppi.**

Scegliete due cose tra le seguenti che potreste fare anche
voi a Roma e due cose che invece non fareste mai.

fare una gita in carrozzella
buttare un soldino dentro la Fontana di Trevi
salire in cima alla Cupola di San Pietro

farsi fare una foto davanti al Colosseo
mettere la mano nella bocca della verità
andare a cena in un ristorante di Trastevere

Si dice così

Chiedere un servizio al benzinaio	«Intervistare» una persona
Mi fa il pieno per favore? Potrebbe controllare l'olio?	Come ti trovi a …? Non ti manca …? Come mai sei andato proprio a …? E con la lingua, non hai avuto problemi?

Dare un consiglio

Dovrebbe far controllare l'impianto
  elettrico.
Le conviene chiedere ancora.

Motivare una decisione

Sono arrivata in Italia per seguire mio
  marito.
Sono venuto in Italia per motivi di lavoro.
Sono qui perché un'amica mi ha detto che
  c'era un posto per me.

Esprimere una supposizione

Lo sterzo è un po' duro. Non saranno
  mica le gomme?
Ci sarà un contatto nell'impianto elettrico.
Forse bisogna aggiungere l'olio perché …

Grammatica

1. *Non … nessuno* → 13

Qui **non** c'è **nessuno**?
Ist hier niemand/keiner?

Die mehrteilige Verneinung haben Sie bereits kennen gelernt (vgl. S. 17). Hier ein weiteres Beispiel: *niemand/keiner* wird mit ***non … nessuno*** wiedergegeben.

2. Das *futuro* zum Ausdruck einer Annahme → 26

Non **saranno** mica le gomme?

Um Annahmen oder Zweifeln Ausdruck zu verleihen, wird (wie manchmal auch im Deutschen) das *futuro* verwendet.

3. *Far fare*: etwas veranlassen → 19

Devo **far controllare** i freni.
Ich muss die Bremsen kontrollieren lassen.

Um auszudrücken, dass man eine Handlung veranlasst, verwendet man *fare* + Infinitiv.

4. Die Adjektive *tutto/-a* und *ogni* → 12

Ho viaggiato **tutto il** giorno.
Tutte le mattine
Ogni mattina
è la stessa storia.

Der/die ganze wird mit ***tutto/-a*** und dem bestimmten Artikel wiedergegeben. Im Plural bedeutet ***tutti i/tutte le*** *alle, jeder/jede*. Der Artikel steht stets zwischen Adjektiv und Substantiv. *Jeder/jede* kann auch mit *ogni* wiedergegeben werden: *ogni* ist unveränderlich und steht ohne Artikel. Das nachfolgende Substantiv verbleibt im Singular.

5. Das *passato prossimo* der Modalverben → 22, 33

Io **ho dovuto** aspettare due mesi.
Mia moglie è **voluta** partire subito.

Das *passato prossimo* der Modalverben *dovere, potere, volere* wird mit *avere* gebildet, wenn das nachfolgende Hauptverb mit *avere* konjugiert wird. Wird das *passato prossimo* des Hauptverbs mit *essere* gebildet, so gilt dies auch für das Modalverb.

6. Das *trapassato prossimo* → 25, 33

Sono andato a trovare dei ragazzi.
Li **avevo conosciuti** l'estate precedente.
Già qualche anno prima **ero stato** lì.

Eine Handlung, die vor einer anderen Handlung in der Vergangenheit stattgefunden hat, steht im *trapassato prossimo*. Das *trapassato prossimo* wird aus der *imperfetto*-Form von *essere* bzw. *avere* und dem Partizip Perfekt des Verbs gebildet.

7. *Molto/tanto/troppo/poco* als Adjektiv und Adverb → 10

Toni ha **poco** tempo.
Ha fatto **molti** chilometri.
Giulia ha **tanta** nostalgia.
Ho **troppe** cose da fare.

Toni ha dormito **poco**.
Ha viaggiato **molto**.
Giulia lavora **tanto**.
Ho camminato **troppo**.

Molto, tanto, troppo und *poco* können sowohl Adjektive als auch Adverbien sein. Als Adjektive werden sie dem Substantiv, auf das sie sich beziehen, angepasst, als Adverbien sind sie unveränderlich.

A Vacanze romane

1 **Formate piccoli gruppi e … buone vacanze!**
Ogni gruppo riceve un dado e ogni studente una pedina.
La casella di partenza e di arrivo è sui binari della stazione.

1 Alla **Stazione Termini**: siete appena arrivati a Roma e telefonate ad un amico romano. Risponde la segreteria telefonica e voi lasciate un messaggio.

2 **Università la Sapienza:** volete frequentare per un semestre l'università in Italia. Chiedete informazioni sulla facoltà che vi interessa.

3 Davanti al **Quirinale**: Vorreste visitare la residenza del Presidente della Repubblica ma la strada è sbarrata. Come mai?

4 Di fronte a Piazza di Spagna, sui gradini coperti di azalee che portano alla chiesa di **Trinità dei Monti**, il regista dà ordini alle modelle per la prossima sfilata di moda: Che cosa dice?

5 **Villa Borghese:** mentre ammirate le opere d'arte della Galleria Borghese fate la conoscenza di uno straniero che vive a Roma da un paio di anni. Che cosa volete sapere di lui?

6 Al **Pincio**: dopo aver ammirato la città dal terrazzo del Pincio vorreste fare una gita a Ostia con la macchina che avete noleggiato. La macchina ha dei problemi, andate al primo distributore e chiedete aiuto.

7 A **Castel Sant'Angelo**, originariamente mausoleo, poi abitazione dei Papi e infine per lungo tempo prigione, mentre vi godete un bellissimo panorama su Roma, squilla il vostro cellulare. È un vostro amico in crisi. Cercate di consolarlo.

8 Davanti alla **Basilica di San Pietro**, mentre ammirate il colonnato costruito dal Bernini nel 1656, fate dei buoni propositi per il prossimo anno.

9 A **Trastevere**, il quartiere considerato dagli stessi romani il più «romano de Roma» siete in un'osteria e con l'anziano proprietario parlate delle vostre abitudini alimentari.

10 A **Campo de' Fiori** vi fermate a fare la spesa al mercato. Raccontate al vostro compagno di viaggio cosa vi piace e cosa non vi piace di Roma.

11 Siete a **Piazza Navona**, costruita sull'antico Stadio Diocleziano dell'81 d.C. e oggi abbellita dalla fontana del Moro, dalla Fontana dei Fiumi e da quella del Nettuno. C'eravate già stati una volta da bambini. Cosa vi ricordate?

12 Avevate un appuntamento in **Piazza Montecitorio**, dove ha sede la Camera dei deputati del Parlamento Italiano. Siete arrivati in ritardo. Scusatevi e raccontate quello che avete dovuto fare, dove siete dovuti andare prima ecc.

13 Alla **Fontana di Trevi**: gettate una monetina ed esprimete un desiderio per il futuro.

14 A **Piazza Venezia**, davanti al monumento al Re Vittorio Emanuele, improvvisamente non vi sentite molto bene. Andate nella farmacia vicina e chiedete un consiglio al farmacista.

15 Il **Foro Romano**. Guardandovi intorno vi sembra di rivedere gli antichi romani che camminano per le strade del Foro.

Come era la vita allora? Cosa vi immaginate?

16 Dopo una visita al **Colosseo**, l'Anfiteatro più grande del mondo, iniziato da Vespasiano nel 72 d.C., siete entusiasti più che mai di Roma. Ci abitereste? Sì o no? Perché?

B Scriviamo insieme una guida turistica!

1 Lavorate in gruppi.

Siete arrivati alla fine del libro. Un traguardo che volete festeggiare tutti insieme con un viaggio a Roma e dintorni. A gruppi scegliete un tema per il vostro viaggio tra quelli proposti. Raccogliete le informazioni relative senza dimenticare anche gli aspetti pratici.

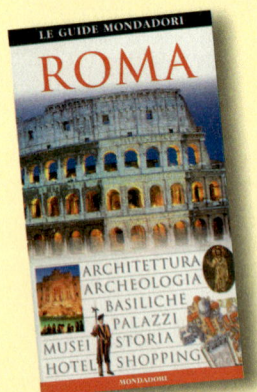

la Roma del Caravaggio

i Castelli Romani

i laghi di Albano e di Nemi

i quartieri del centro storico

LA ROMA SCONOSCIUTA

OSTIA ANTICA

la Roma di Fellini

PIAZZE E FONTANE

la Roma dei buongustai

la Roma barocca

- Scegliete un tema che vi interessa.
- Ricercate materiale riguardante il tema in questione.
- Completate con le seguenti informazioni:
  – spostamenti
  – alloggio
  – ristoranti
  – visite guidate.
- Presentate il vostro itinerario alla classe.
- Raccogliete tutti gli itinerari in una guida di Roma e dintorni, che solo voi avrete la fortuna di possedere!

C Ripetiamo un po'!

1 Indovinate.
Scrivete su un foglietto alcune date riguardanti la vostra vita passata e i vostri progetti futuri. Scambiate i foglietti con un compagno e provate ad indovinare a vicenda cosa è successo e cosa succederà.

2 Lavorate in coppia.
Giulia Caputi è scomparsa nei dintorni di Roma. Questa foto, scattata da voi, risale alla settimana precedente alla sua scomparsa. Il commissario di polizia vi interroga e vuole informazioni su:
- dove e perché avete scattato questa foto
- il tipo di rapporto tra di voi
- la data e il luogo del vostro ultimo incontro
- i vostri incontri precedenti e la loro frequenza.

Immedesimatevi nella situazione e fate il dialogo.

E non se ne vogliono andare.

▶ È proprio vero che i **figli italiani** non vogliono andare via di casa? Sicuramente i giovani lasciano la casa dei genitori ad un'età media molto più alta rispetto ai paesi del Nordeuropa, ma il motivo non è solo il forte legame affettivo dei **mammoni**. Spesso la scelta è dettata da questioni economiche. Chi studia, per esempio, deve pagare le tasse universitarie e l'offerta di alloggi a buon prezzo è inadeguata rispetto al numero degli studenti. Un posto di lavoro, soprattutto il primo, non sempre è ben pagato, gli affitti e il **costo della vita** in molte città sono alti. Eppure la famiglia italiana sta cambiando. I casi di chi va a vivere da solo o sceglie di **convivere con il partner** non sono più rari. Anche la figura del *padre padrone* e della *mamma chioccia* sono ormai un cliché. La mamma italiana oggi è una **donna emancipata e indipendente** che non trascura né la professione né i propri interessi.

Nel mio paese avevo studiato ...

▶ Li vediamo lavorare come **venditori ambulanti**, nelle fabbriche, in agricoltura, nel campo della ristorazione. Sono gli **immigrati**, che oggi costituiscono il 3% della popolazione italiana. Svolgono spesso i lavori più faticosi e meno redditizi, eppure nella sola città di Roma il 67,5% degli immigrati residenti ha una formazione secondaria superiore o universitaria. Spesso il **titolo di studio** di chi proviene dai paesi più poveri non è riconosciuto e la **burocrazia** fa il resto.

▶ La percentuale in continua crescita degli immigrati sta trasformando anche l'Italia in una **società multietnica e multiculturale**. Le scuole oggi sono frequentate da tantissimi bambini stranieri. Anche loro saranno il futuro dell'Italia.

Mamma Roma

▶ Il nome di Roma deriva probabilmente da Rumon (corpo fluido), antico nome del Tevere.
▶ **La capitale d'Italia** e capoluogo di provincia della regione Lazio si trova a pochi chilometri dalle coste in cui il Tevere sfocia nel mar Tirreno ed è in parte costruita sui famosi **sette colli** (Palatino, Celio, Quirinale, Capitolino, Aventino, Esquilino e Viminale). Dalla città partono a raggio le **antiche strade** costruite dai consoli romani che ancora oggi la collegano al nord e al sud dell'Italia. Tre millenni di grande storia le hanno regalato un enorme **patrimonio** di beni artistici, culturali ed architettonici che attrae ogni anno milioni di turisti. Roma è sede di **ambasciate, associazioni internazionali** come la Fao e l'Unesco e centro universale della **religione cattolica**.
▶ Ma cosa dire di questa città che non sia già stato detto, letto o scritto mille volte? Lasciamo la parola a **Federico Fellini**, che in un'intervista ha detto di Roma: «... Roma ti accoglieva quando arrivavi, ti lasciava andare via quando te ne andavi ... Mi sembra che Roma sia la città ideale proprio per la mancanza di una sua struttura moralistica, rigorosa, ideologica ... mi pare una città straordinaria, proprio materna nel senso più buono della parola, una madre indifferente perché ha tanti di quei figli venuti da ogni parte del mondo, che non può prendersi cura di ciascuno.»

Che piacere rivederti!

1 **Was können Sie sagen, wenn Sie jemanden nach langer Zeit überraschend wieder treffen?**

Ma guarda che
.... !

No, non è
.... !

Ma chi
.... !

Che bello
.... !

2 **Bringen Sie die Sätze des Dialogs in die richtige Reihenfolge.**

○ Ah, sì. Frattini, della quinta C[1].
Ma guarda che sorpresa!
Con i capelli corti adesso, eh?

● Scusi, ma Lei non è la
professoressa Grimaldi?

● Eh, sì. I tempi cambiano.
Lei invece non è cambiata per
niente.

○ Sì, sono io. Ci conosciamo?

○ Oh, grazie per il complimento
Frattini. Sei diventato un
gentiluomo.

● Sono Maurizio Frattini.
Si ricorda[2] di me?

[1] della quinta C: aus der Klasse 5 C
[2] ricordarsi: sich erinnern

3 **Was sagen Sie, wenn Sie ...**

... eine alte Schulfreundin wiedersehen, die sich so gut wie gar nicht verändert hat?

....

... Ihre Schwester vom Zug abholen und sich freuen, sie endlich wiederzusehen?

....

... wenn Sie Ihrem früheren Nachbarn Herrn Spagnesi nach Jahren wieder begegnen?

....

4 Schauen Sie sich Adriana an und beschreiben Sie ihr Äußeres. Verwenden Sie dabei auch die angegebenen Wörter und Ausdrücke.

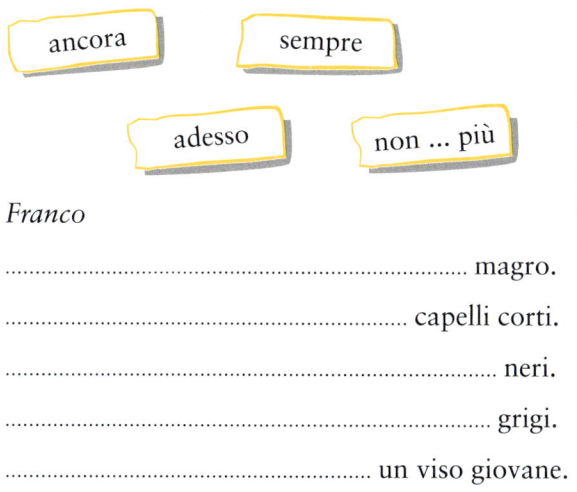

castani [1]   magra   lisci

alta

non ... molto   capelli

Adriana è ....

....

....

....

[1] castano: braun

5 Schauen Sie sich Franco mit 37 und mit 57 Jahren an. Inwiefern hat sich sein Äußeres verändert? Vervollständigen Sie die Beschreibung.

ancora   sempre

adesso   non ... più

Franco

.... magro.

.... capelli corti.

.... neri.

.... grigi.

.... un viso giovane.

6 Ergänzen Sie die fehlenden Personalpronomen und Reflexivpronomen.

Cara mamma,
com'è bello stare in vacanza! Purtroppo fra tre giorni partiamo,
ma abbiamo trascorso due settimane proprio belle. ....
sono rilassata molto, Piero anche. .... troviamo bene in
campagna, lo sai. Per Valentina e Davide è un po' diverso, in
campagna .... annoiano un po', preferiscono il mare. Però
.... è divertito con dei ragazzi di Bari che ha conosciuto
qui e .... è finalmente goduta la bicicletta nuova che in
città usa così poco. Insomma, anche per i ragazzi è stata una bella
vacanza. .... siete trovati bene[1] a Montecatini? E ....
.... sei divertita a giocare a carte con le tue amiche di Bergamo?
Un caro saluto da tutti noi
Angela

Anna Pasqualetti
Via del Battistero, 7
55100 Lucca

[1] trovarsi bene: sich wohl fühlen

7 Marina erzählt einer Freundin anhand eines Klassenfotos, was einige ehemalige Mitschüler nach dem Abitur gemacht haben. Ergänzen Sie jeweils das passende Reflexivpronomen, das Hilfsverb und die Endung des Partizips.

« Anna, dopo la maturità[1], ha cominciato a lavorare in banca. Ha lasciato la casa dei genitori in periferia e .... trasferit..... in centro. Dopo pochi mesi .... innamorat..... di un collega e (loro) .... sposat..... poco dopo. »

« Giulio invece .... iscritt.....[2] all'università a Bologna insieme alla sua ragazza. Ma dopo un anno (loro) .... lasciat..... e lui è andato a vivere a Roma. È da tanto che non lo vedo, purtroppo (noi) .... pers..... di vista. »

« Anche Carla .... iscritt..... all'università. Poi però ha conosciuto un ragazzo spagnolo e .... trasferit..... a Granada. (noi) .... vist..... l'ultima volta tre anni fa, al matrimonio di sua nipote. »

« Federico ed io invece .... incontrat.... la settimana scorsa. Dopo dieci anni passati a Torino è tornato qui a Forlì e .... mess.... in proprio insieme al fratello. Hanno aperto un negozio di dischi. Lui è veramente sempre il solito ... »

_____
[1] maturità: Abitur
[2] iscriversi: sich einschreiben

8 Vervollständigen Sie die Dialoge mit den angegebenen Verben. Wählen Sie dabei je nach Satzzusammenhang Formen der Gegenwart oder der Vergangenheit.

1. ● Ma tuo fratello dove abita?
   ○ Ah, guarda, lui non vive mai più di un anno nella stessa città. L'anno scorso .... a Roma per raggiungere la famiglia ma fra due mesi .... tutti a Padova.

   `trasferirsi`

2. ● Che bello! Stamattina (io) .... alle 7.
   ○ Perché? A che ora .... generalmente?

   `alzarsi`

3. ● Quando .... Chiara e Roberto?
   ○ Ma come, non lo sai? .... il mese scorso!

   `sposarsi`

4. ● Marta, ... già per il corso di russo?
   ○ No, ... domani al «Centro Studenti».

   `informarsi`

5. ● Tu e Roberto normalmente .... spesso?
   ○ Sì, ... anche ieri sera.

   `vedersi`

9 Wie heißt jeweils das Gegenteil?

chiuso ↔ ....   divertente ↔ ....

estroverso ↔ ....   insensibile ↔ ....

antipatico ↔ ....   stupido ↔ ....

10 Vervollständigen Sie den Text mit den folgenden Adjektiven.

disponibile ◆ attiva ◆ brava ◆ aperto ◆ introverso ◆ estroversa

«Da due mesi lavoro in una nuova ditta e ormai conosco quasi tutti i colleghi. Giuseppe, per esempio, è un tipo molto ...., con lui vado molto d'accordo. Francesco parla sempre poco, è molto timido e .... Proprio il contrario di[1] Clara che invece è ...., ama raccontare storie interessanti, ed è anche molto .... nel suo lavoro. Simonetta è una donna molto ...., ha due bambini, pratica due o tre sport ed ha diversi interessi. Chissà come fa. Infine c'è Daniele che è sempre ...., sempre pronto a dare aiuto[2].»

_____

[1] il contrario di: das Gegenteil von
[2] aiuto: Hilfe

11 Tragen Sie folgende Verben in das jeweils passende Kästchen ein.

telefonare ◆ chiamare ◆ chiedere ◆ domandare ◆ incontrare ◆ scrivere
guardare ◆ invitare ◆ cercare ◆ dire ◆ rispondere ◆ salutare

qualcuno	a qualcuno

12 Wie gehen die Sätze weiter? Ordnen Sie zu.

1. Hai l'indirizzo di Paola e Luca? Poi
2. Ah, oggi è il compleanno di mia zia. Stasera
3. Vuoi venire anche tu? Allora
4. Siamo invitati al compleanno di Leo. Che cosa

a) le telefono.
b) gli possiamo portare?
c) gli vorrei mandare una cartolina.
d) ti dico come arrivarci.

13 Enrica und Riccardo bereiten eine Party vor. Vervollständigen Sie die Antworten und nehmen Sie dabei jeweils den hervorgehobenen Satzteil durch ein indirektes Objektpronomen wieder auf.

- Hai detto a Lucio di portare anche la sua nuova ragazza?

- ○ Sì, certo. .... ho detto che la vogliamo finalmente conoscere.

  E tu, hai telefonato a Roberta ?

- Oh, no! Però .... telefono subito.

  E poi dobbiamo dare il nostro nuovo indirizzo a Marina e Rita .

- ○ Sì, hai ragione. .... mando uno schizzo per fax.

- Perfetto. E hai detto a Carla e Giorgio di rimanere a dormire da noi?

- ○ Certo! .... ho proposto di rimanere anche il fine settimana.

- Benissimo. Adesso dobbiamo solo chiedere alla mamma quando .... possiamo portare i bambini.

14 Vervollständigen Sie das Telefonat mit folgenden Elementen.

Noi veramente   Perfetto   Vi va   Perché non vieni   Sì, buona idea

vi vengo a prendere   Magari dopo andiamo

- Ciao ragazzi. .... di andare al cinema?

  Se volete .... a casa.

- ○ .... abbiamo prenotato il bowling.

  .... anche tu?

- ● ....

- ○ .... a mangiare una pizza …

- ● ....

15 Ergänzen Sie die fehlenden direkten Objektpronomen.

Qualcuno ci accompagna a casa?

.... posso accompagnare io! **1**

Signora, La posso chiamare stasera?

Certo, ... può chiamare verso le sette! **2**

Mi chiami più tardi per il cinema?

Sì, ... chiamo stasera. **3**

Dove hai detto che siete, in piazza Mazzini?

Sì, siamo al Bar Marino. Tra quanto tempo .... vieni a prendere? **4**

16 Direkt oder indirekt? Unterstreichen Sie jeweils das passende Objektpronomen.

● A chi dai la chiave di casa prima di andare in vacanza? Alla signora Calvi?

○ No, la/le dò al signor Bianchi. La signora Calvi parte poco dopo di noi.

● A Mario regali un CD?

○ Sì, lo/gli regalo «Il quinto mondo» di Jovanotti.

● Hai chiesto a Mario l'indirizzo di Luca?

○ Non ancora. Lo/Gli telefono stasera a casa, in ufficio non lo/gli trovo mai.

● Puoi portare questi documenti all'avvocato Lippi oggi pomeriggio?

○ Scusa, ma perché non li/gli mandiamo per posta?

● Preferisco di no, è sempre un rischio.

● Hai comprato le videocassette per Tania e Luisa?

○ No, ho cambiato idea. Le/Gli vorrei regalare dei libri.

17 Angelo schlägt Luca vor, am Abend gemeinsam etwas zu unternehmen.
Ergänzen Sie Angelos Redepart.

	● Pronto?
Angelo begrüßt Luca und sagt seinen Namen.	○ ....
	● Ah, ciao Angelo. Come va?
Angelo sagt, dass es ihm gut geht und fragt Luca, ob er Lust hat, am Abend auszugehen.	○ ....
	● Sì, volentieri. E dove andiamo?
Angelo fragt Luca, ob er Lust hat, ins „Barrumba" zu gehen.	○ ....
	● Ah lì, la sera tardi ci fanno musica dal vivo, vero?
Angelo bejaht und schlägt vor, vorher noch etwas essen zu gehen.	○ ....
	● Buona idea.
Angelo fragt Luca, ob er ihn irgendwo abholen soll.	○ ....
	● No, non c'è bisogno. Passo io da te. Verso le otto va bene?
Angelo sagt, dass das perfekt ist und bis später.	○ ....

2 *Che bella casa!*

1 Vervollständigen Sie den Anzeigentext mit folgenden Wörtern.

riscaldamento ◆ Affittasi
commerciali ◆ Soggiorno
mezzi ◆ Ultimo ◆ abitabile
tranquilla ◆ bagni

.... **ZONA CITTÀ STUDI**
.... piano – 3 vani. ....
luminoso, cucina .... , 2 .... ,
balcone, cantina, ... centralizzato,
ascensore. Zona .... , vicina a
.... pubblici e servizi ....

2 Finden Sie zu folgenden Verben passende Substantive rund um das Thema „neue Wohnung".

appendere

le tende ....
....
....
....

mettere

....
....
....
....

montare

....
....

imbiancare

....
....

3 Gianni und Maria haben ihr Wohnzimmer renoviert.
Was ist schon erledigt, was noch nicht?

moquette ✔ quadri
lampadari mobili ✔
pareti ✔ tende
specchio ✔

La moquette l'hanno già messa. ....
I lampadari non li hanno ancora appesi. ....
Le pareti ....
Lo specchio ....
....
....
....
....

4 Ergänzen Sie die passenden Formen von *bello*.

La casa di Serena è proprio bella! C'è un .... ingresso grande con dei .... specchi antichi, un .... soggiorno luminoso con dei .... quadri, una .... cucina spaziosa con un .... tavolo da pranzo, due .... bagni moderni con delle .... piastrelle color sabbia, un .... studio elegante, una .... camera per gli ospiti e infine un .... balcone con delle .... piante. Insomma è proprio tutto bellissimo!

5 Auf dem Flohmarkt findet man fast alles! Wie heißen diese Gegenstände?

....

6 Marisa schreibt an die Zeitschrift *Case belle* und bittet um Anregungen für die Umgestaltung ihres Wohnzimmers. Vergleichen Sie Text und Skizze und unterstreichen Sie Zutreffendes.

Gentile redazione di Case Belle,
vorrei un suggerimento per rinnovare il mio soggiorno.
Vi mando a parte una pianta e la lista dei miei mobili.
Grazie, saluti
Marisa (Bari)

[1] tavolino di vetro: Glastischchen
[2] sarà perfetto: wird perfekt sein

Cara Marisa, ecco la nostra proposta per migliorare la disposizione dei mobili del Suo soggiorno. Il tavolo lo può mettere sul / accanto al tappeto a sinistra / destra della porta del balcone e nell' angolo / sotto la finestra ci può mettere una bella pianta. Il divano, le poltrone e la libreria invece li abbiamo messi a sinistra / destra. Il divano l'abbiamo messo di fronte / davanti alla porta del balcone. Di fronte / Accanto alla porta del balcone abbiamo invece previsto il tavolino per il televisore e sulla parete a sinistra del / accanto al divano le librerie. Il tavolino di vetro [1] è tra / dietro le due poltroncine bianche. Con una bella tenda a righe il Suo soggiorno sarà perfetto [2]!

7 Frau Medina interessiert sich für eine Wohnung, die zum Verkauf angeboten wird. Vervollständigen Sie das Telefonat mit folgenden Elementen.

Sono grandi le stanze? ◆ Il garage non c'è, vero? ◆ Buongiorno, sono Anna Medina. Ho visto il vostro cartello[1] per l'appartamento in vendita in via Vannucci. ◆ A martedì allora. ArrivederLa. ◆ 37. ◆ Senta, quante stanze ha? ◆ Ho capito. Senta, l'appartamento mi interessa. Quando lo posso vedere? ◆ Il pavimento[2] come'è? ◆ C'è un balcone? ◆ Sì, va bene. Verso le quattro?

● Agenzia Tecnocasa, buongiorno.

○ ....
....

● Che numero?

○ ....

● Ah sì, mi dica.

○ ....

● Sono due camere e un soggiorno, cucina e bagno.

○ ....

● Il soggiorno è molto grande, le camere sono una un po' più grande e una più piccola.

○ ....

● Dunque, in soggiorno c'è il parquet, nelle altre stanze ci sono le piastrelle.

○ ....

● Purtroppo no, però c'è una grande veranda.

○ ....

● No, però si può affittare un posto macchina nel garage di via Sicilia.

○ ....

● Va bene martedì prossimo nel pomeriggio?

○ ....

● Sì, facciamo alle quattro davanti al palazzo.

○ ....

● ArrivederLa.

[1] cartello: Schild
[2] pavimento: Fußboden

8 Wie lautet für folgende Verben die erste Person Singular im *condizionale*?

potere	–	volere	–	abitare	– ....
prendere	–	tornare	–	capire	– ....
avere	–	essere	–	scrivere	– ....
cambiare	–	dormire	–	mettere	– ....

9 Vervollständigen Sie die Formen von *parlare*, *mettere* und *sentire*.

parler...........	mett...........ei	sent...........ei
parl...........esti	metteres...........	sentir...........ti
parlere...........e	mette...........bbe	sentireb...........
parler...........mo	mettere...........o	senti...........mmo
parleres...........	mett...........este	sentir...........te
parlerebb...........o	mettere...........ero	sentirebbe...........

10 Vervollständigen Sie den Text mit den Formen des *condizionale* der angegebenen Verben.

Marco ed Angela hanno cambiato casa. Adesso abitano in centro. Sono molto contenti, dicono addirittura che non .... (tornare) più in un piccolo paese e non .... (cambiare) la loro casa con nessun'altra. Anch'io .... (andare) a vivere in centro. Lì ci sono tutte le comodità e per andare al lavoro .... (potere) prendere il tram. Ma ad Antonio abitare in centro non .... (piacere). Non sa se .... (potere) vivere in mezzo a tanta gente, non .... (sentirsi) a suo agio e magari .... (essere) ancora più stressato. Probabilmente .... (potere) convincerlo solo una casa in un quartiere abbastanza tranquillo e con un po' di verde intorno.

11 Was würden diese Personen mit fünftausend Euro machen?
Ergänzen Sie jeweils die passende Form des *condizionale* eines der folgenden Verben.

comprare ◆ pagare ◆ passare ◆ fare ◆ andare ◆ mettere in banca ◆ spendere

«Con 5000 euro .... un violino a mia figlia e le .... le lezioni.»

«Con 5000 euro .... due mesi di vacanza in Umbria e .... un corso d'italiano all'Università per Stranieri di Perugia.»

«Io con 5000 euro .... in vacanza ed il resto lo ....»

«Io quest'anno mi sposo quindi questi soldi li .... per un bel vestito da sposa.»

12 Vervollständigen Sie die Antworten und ersetzen Sie dabei die Ortsangaben mit *ci*.

● Con chi vai stasera al cinema?

○ *Ci vado.* con Alberto.

1. ● Caterina quest'estate va ancora a Portofino?

   ○ Certo. Lo sai anche tu che .... tutti gli anni.

2. ● Tua madre resta ancora un po' a Montecatini?

   ○ Sì, ... ancora una settimana.

3. ● Come vai al concerto domani, in macchina?

   ○ No, ... in metropolitana, così non devo cercare un parcheggio.

4. ● Siete già stati in Francia?

   ○ No, non .... mai ....

   Però forse .... a Pasqua.

5. ● Sabato andate a teatro, vero?

   ○ No, ... venerdì.

6. ● Quando pensate di andare a sciare la prossima volta sulle Dolomiti?

   ○ Abbiamo già prenotato. .... a fine febbraio.

7. ● I bambini rimangono tutto il fine settimana dai nonni?

   ○ Sì, ... fino a domenica pomeriggio.

13 Formulieren Sie folgende Sätze um und verwenden Sie dabei den absoluten Superlativ der angegebenen Adjektive.

A Bolzano la gente guadagna molto bene.
A Bolzano il reddito pro capite è altissimo.

| difficile | alto | caro |

| antico | basso |

1. A Trento la gente vive molto bene.
   A Trento la qualità della vita ....

| poco |

2. A Milano le case costano molti soldi.

   ....

3. A Roma molti monumenti hanno più di duemila anni.

   ....

4. A Sondrio la disoccupazione è solo del 3%.

   ....

5. In alcune città trovare lavoro è un problema.

   ....

6. Ad Aosta non c'è quasi criminalità.

   ....

14 Welchen Rang nehmen die unterschiedlichen Städte in den verschiedenen Kategorien ein?

Nella categoria «popolazione»...

... Verona *è al dodicesimo posto.* ....

... Roma ....

... Bari ....

... Napoli ....

... Palermo ....

Nella categoria «reddito disponibile per abitante» ...

... Padova ....

... Messina ....

... Trieste ....

... Firenze ....

... Venezia ....

Nella categoria «ambiente» ...

... Ferrara ....

... Mantova ....

... Varese ....

... Bolzano ....

... Lecco ....

	Popolazione	Reddito disponibile per abitante	Ambiente
1	Roma (2.775.250)	Milano	Cremona
2	Milano (1.369.231)	Bologna	Mantova
3	Napoli (1.067.365)	Verona	Bergamo
4	Torino (962.507)	Padova	Sondrio
5	Palermo (698.556)	Brescia	Pavia
6	Genova (678.771)	Firenze	Belluno
7	Bologna (404.378)	Torino	Bolzano
8	Firenze (403.294)	Roma	Ferrara
9	Bari (342.309)	Genova	Arezzo
10	Catania (333.075)	Trieste	Biella
11	Venezia (309.422)	Venezia	Livorno
12	Verona (255.824)	Cagliari	Grosseto
13	Taranto (232.334)	Bari	Lecco
14	Messina (231.693)	Messina	Massa
15	Trieste (231.100)	Palermo	Varese

15 Welche Aussage bezieht sich auf welche Stadt? Ordnen Sie zu.

Imola *Torino* **Roma** *Aosta* *Taormina*

Napoli **VENEZIA** *Verona* **Bolzano**

Genova

.... È la città con le gondole.

.... È la capitale d'Italia.

.... Qui si corre un Gran Premio di Formula Uno.

.... È la città della pizza.

.... Piccola città vicino al confine con la Francia.

.... È molto vicina all'Etna.

.... È la città della FIAT.

.... In questa città si parla tedesco e italiano.

.... È la città del pesto.

.... È la città di Giulietta e Romeo.

1 Herr Bongusto isst und kocht für sein Leben gern.
Was stellt er sich unter gutem Essen vor?
Ergänzen Sie folgende Adjektive.

genuini

magri

sani

piccante

fresche

grassi

secchi

dolci

Secondo il signor Bongusto i cibi devono esse-

re ...., ... e saporiti.

È chiaro che la frutta e la verdura devono

essere .... La carne e i salumi gli

piacciono piuttosto ...., ma non sa resistere davanti a un buon salame ....

o a formaggi .... come il gorgonzola, che è la sua passione. Tra i dessert preferisce

biscotti e dolcetti ...., le torte elaborate e molto .... non gli piacciono.

2 Ergänzen Sie jeweils das unpersönliche *si* und die passende Verbform.

La cucina italiana è ormai nota in tutto il mondo. La pizza e la

pasta .... dappertutto, ma non ....   mangiare ◆ conoscere

sempre la varietà delle cucine regionali. .... che gene-   sapere

ralmente in Italia .... bene, cioè che ....   mangiare ◆ usare

alimenti freschi di ottima qualità e che molti piatti non sono solo

buoni ma anche sani. Per esempio in Italia .... molto   usare

l'olio di oliva mentre il burro e la panna .... meno.   usare

.... molti sughi freschi e .... molte   preparare ◆ consumare

verdure. Anche il pesce, che fa molto bene, ...   trovare

facilmente sulle tavole e .... piuttosto spesso.   cucinare

3 Wie lautet jeweils ein entsprechendes Verb bzw. Substantiv zu folgenden Wörtern?

1. .... – la fabbricazione   4. .... – l'impiego

2. produrre – ....   5. conservare – ....

3. .... – l'uso   6. .... – stagionatura

4 Sandro ist aus dem Urlaub zurück und ruft nun alle seine Freunde kurz an.
Vervollständigen Sie die Sätze in den Sprechblasen mit den angegebenen Verben.

Ciao, sono Sandro. Ti disturbo[1]?
Cosa stai facendo?

1 Sandro, ciao! Niente. Sto
.... (leggere) il giornale.
Quando sei arrivato?

2 Ah, Sandro, sei tornato!
Sto .... (guardare) la TV.
Vuoi passare a bere qualcosa?

3 Ehi, ciao! No, no, non disturbi.
Sto .... (cercare) di risolvere[2]
un problema al computer –
è un disastro ...

4 Sandro! Bentornato!
Senti, sto .... (cucinare).
Ti posso richiamare dopo?

5 Ciao! Puoi aspettare un attimo?
Sta .... (venire) su il postino
con un pacco ... torno subito!

———————
[1] disturbare: stören
[2] risolvere: lösen

5 Die Familie Freni macht mit Freunden und Verwandten
ein Picknick im Park. Was machen die Personen gerade?

1. Claudio ....

2. Luisa ....

3. Paolo e Enzo ....

4. Lo zio ....

5. I bambini ....

6. La zia ....

7. Gabriella ....

6 Ergänzen Sie jeweils die passende Verbform. Wo können Sie die Verlaufsform verwenden?

1. Ieri Matteo .... (fare) una passeggiata in spiaggia.

2. Carla vorrebbe ancora fare la spesa, ma i negozi .... già .... (chiudere).

3. Sandro oggi .... (partire) per la Liguria.

4. In questo momento non .... (noi ◆ fare) niente di speciale.

5. Piano, il bambino .... (dormire)!

6. Giulia .... (dovere) ancora fare i compiti.

7. Ho finito di leggere il nuovo giallo di Camilleri, adesso .... (leggere) il libro che mi hai dato tu.

8. Da un po' di tempo Renata .... (lavorare) a tempo pieno.

7 Robertino deckt zum ersten Mal den Tisch. Was fehlt noch?

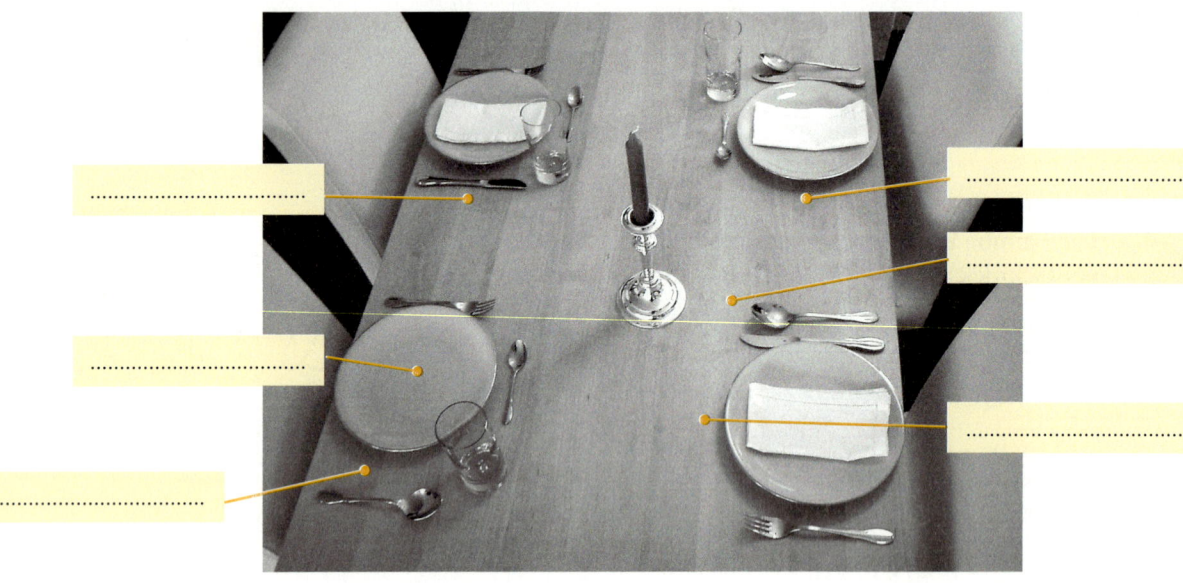

8 Tragen Sie anhand der Zeichnungen die Verben ein. Können Sie auch das Verb in der Senkrechtspalte erraten?

9 Ergänzen Sie folgende Verben.

aggiungere

condire   tagliare

mescolare

bollire   mettere

versare

[1] rosolare: anbraten
[2] soffriggere: anbräunen
[3] far cuocere: kochen lassen
[4] scolare: abgiessen

Tagliatelle al Prosciutto
PER 6 PERSONE

....

Ingredienti

500 gr. di tagliatelle all'uovo   parmigiano reggiano
150 gr. di prosciutto (una fetta)   cipolla
100 gr. di burro   vino bianco
4 cucchiai di salsa di pomodoro

....

Preparazione

In una pentola far .... l'acqua per la pasta. Separare la parte magra da quella grassa della fetta di prosciutto crudo e .... tutto a dadini. In una piccola casseruola rosolare[1] un pezzetto di cipolla e il grasso del prosciutto in un etto di burro, poi unire anche la parte magra del prosciutto e far soffriggere[2] due o tre minuti. .... un po' di vino bianco secco, ... 4 cucchiai di salsa di pomodoro, sale e pepe e far cuocere[3] ancora per 10 minuti. Quando l'acqua bolle mettere giù le tagliatelle, ... e far cuocere al dente. Infine scolare[4] e .... le tagliatelle in una terrina ben calda e .... poi con il sugo e il parmigiano reggiano.

10 Vervollständigen Sie die Sätze, indem Sie jeweils *ci vuole* oder *ci vogliono* und eines der angegebenen Elemente ergänzen.

Per fare la caprese ....

Per produrre un chilo di parmigiano ....

Per il tiramisù ....

Per fare gli gnocchi alla romana ....

Per il minestrone ....

Per fare gli spaghetti aglio e olio ....

il semolino

diversi tipi di verdure

il peperoncino

il mascarpone

16 litri di latte

i pomodori e la mozzarella

11 Ergänzen Sie so viele passende Sportarten wie Ihnen einfallen.

Volete restare in forma? Ci sono tante possibilità!

1. In estate si può *nuotare al mare, fare jogging nel parco,* ....

....

2. In inverno, invece, è bello ....

3. Con più persone è possibile ....

....

4. Chi non vuole spendere molti soldi può ....

....

12 Herr Carapelli hat für einen allgemeinen Check-up seinen Hausarzt aufgesucht.
Vervollständigen Sie das Gespräch mit folgenden Elementen.

> Sì, purtroppo in questo periodo ho tanto da fare. ◆ Oh, io non sono proprio un tipo
> sportivo. ◆ Mah, da un po' di tempo mi sento sempre stanco e affaticato. ◆ Ma come
> posso fare … io non so resistere al cibo. ◆ E cosa posso fare, dottore?

● Allora signor Carapelli, cosa si sente?

○ ....

● Ma lavora molto?

○ ....

● Allora, probabilmente è solo un po' di stress.

○ ....

● Beh, innanzi tutto dovrebbe cercare di rilassarsi, e magari fare un po' di sport.

○ ....

● Almeno potrebbe fare delle passeggiate, stare un po' all'aria aperta.
E inoltre dovrebbe perdere anche un po' di peso.

○ ....

● Basterebbe evitare[1] i dolci e i cibi grassi e moderarsi[2] nel consumo degli alcolici.

---

[1] evitare: vermeiden   [2] moderarsi: sich mässigen

13 Ergänzen Sie *basta* oder *bisogna*.

1. △ Con l'ultima dieta non ho perso nemmeno un chilo. Tu come hai fatto per dimagrire così?

   ● Mah, in fondo .... evitare i grassi e i dolci.

   △ Eh, ma è questo il problema. .... controllarsi sempre...

2. ● Qui a Camogli vi consiglio la trattoria Stella del Mare. È molto carina e non è cara.

   Però a volte .... aspettare perché non accettano prenotazioni.

   ○ E a che ora .... andare per non aspettare tanto?

   ● Guarda, secondo me .... arrivare verso le otto e non andarci il sabato sera.

14 Stellen Sie Vergleiche an.

vacanza in campeggio ◆ soggiorno in albergo ◆ costoso

Una vacanza in campeggio è meno costosa di un soggiorno in albergo...................................

1. il gorgonzola ◆ la mozzarella ◆ grasso

   ....

2. passeggiata ◆ marcia ◆ impegnativo

   ....

3. serata con gente noiosa ◆ una serata davanti alla TV ◆ divertente

....

4. olio d'oliva ◆ burro ◆ sano

....

5. jogging ◆ fitwalking ◆ faticoso

....

6. fine settimana in campagna ◆ viaggio breve in una città ◆ rilassante

....

15 Italien – ein Land der Superlative! Bilden Sie mit folgenden Elementen Sätze wie im Beispiel.

| Il Po | Sofia Loren | La Ferrari |

veloce

| La Valle d'Aosta | Gli spaghetti e la pizza |

conosciuto   piccolo

famoso   lungo

Roma è la città più grande d'Italia. ....

.... *è il fiume* ....

.... *è l'attrice* ....

....

....

....

16 Verbinden Sie die Sprichwörter mit der jeweils passenden Erklärung.

3 «L'appetito vien mangiando.»

1 «Troppi cuochi guastano[1] la minestra.»

2 «MEGLIO UN UOVO OGGI CHE UNA GALLINA[2] DOMANI.»

4 «Molto fumo e poco arrosto.»

5 «O mangi questa minestra o salti[3] questa finestra.»

6 «Gallina vecchia fa buon brodo.»

7 «Se non è zuppa è pan bagnato.»

a) A volte un'attività ci comincia a piacere solo quando l'abbiamo iniziata.
b) Se troppe persone lavorano ad una cosa, non riesce[4] bene.
c) È preferibile avere qualcosa di piccolo oggi piuttosto che qualcosa di grande domani.
d) Molta apparenza e poca sostanza.
e) Non ci sono più alternative, non c'è altra via d'uscita.
f) Spesso l'esperienza di persone di una certa età è molto utile.
g) Anche se si chiama una cosa in un altro modo, la cosa resta la stessa.

---

[1] guastare: verderben [2] gallina: Huhn
[3] saltare: springen [4] riuscire: gelingen

5 *Qui prima c'era ...*

1 Tragen Sie die umschriebenen Wörter ein.

1. il pelouche e il pallone sono ...

2. il telefono, il computer, il fax sono mezzi di ...

3. cento anni sono un ...

4. sentimento simile alla nostalgia

5. per una notizia urgente si scrive una mail o un ...

6. il primo periodo della nostra vita

7. se la metti vicino all'orecchio senti il rumore del mare

8. esiste a 33 e a 45 giri

9. serve per filmare eventi privati a casa

Lösung:

2 Ersetzen Sie die hervorgehobenen Satzteile durch die angegebenen Ausdrücke mit gleicher oder ähnlicher Bedeutung.

Ho una passione per

Mi piace molto giocare a tennis.

Mi entusiasmano   Non sopporto   Adoro

Adoro giocare a tennis.

Conservo   Ho nostalgia dei

1. Mi piace tantissimo la musica jazz.

....

2. Non mi piace per niente l'inverno.

....

3. Mi piacciono le canzoni di Paolo Conte.

....

4. Penso con rimpianto ai tempi passati.

....

5. Tengo tutte le foto dei miei nonni.

....

3 Antworten Sie auf Italienisch!

A voi piacciono le canzoni degli anni '50?

1. Mir ja. Ich liebe sie.

....

2. Mir nicht. Ich finde sie schrecklich.

....

....

3. Mir auch nicht. Ich mag lieber 80er Jahre Musik.

....

....

4 Ergänzen Sie die betonten indirekten Pronomen.

1. ● Ragazze, guardate questo scooter! Non è bellissimo?

   ○ .... sinceramente non piace molto. E ...., Gianna?

   ■ Neanche ....

   ● Beh, anche se .... non piace, io lo comprerei subito!

   | a me |
   | a te |
   | a voi |
   | a me |

2. ● Ah! Le foto del fine settimana al mare. Fa vedere ...

   Ma che posto è questo?

   ○ .... sembra Marina di Carrara.

   ■ .... invece sembra Marina di Massa.

   ☐ Sì, è Marina di Massa. E quello sotto l'ombrellone è Gianni.

   .... non piace prendere il sole.

   | a me |
   | a lui |
   | a me |

3. ○ Ascolta Paolo, allora domani quando arriviamo all'albergo

   telefoniamo alla mamma, va bene?

   ● No, non telefonate ...., domani sta a casa nostra.

   È meglio se telefonate ....

   ○ Ah, d'accordo, facciamo così.

   | a lei |
   | a noi |

5 Vervollständigen Sie die Sätze mit den betonten oder unbetonten Objektpronomen.

1. ● Guido, ... piace giocare a tennis?

   ○ No, non .... piace molto.

   ● .... invece piace tantissimo.

2. ● Il sabato andiamo spesso in discoteca

   perché .... piace ballare.

   ○ .... invece non piace ballare.

   Preferiamo andare a vedere un bel film.

3. ● Quando Andrea va in vacanza

   .... scrive sempre una cartolina.

   ○ Davvero? .... non scrive mai!

4. ● Per stasera ho pensato di fare la polenta. A Manuela e Giorgio piace, vero?

   ○ .... sì, al bambino però non piace molto.

6 Vervollständigen Sie den Text mit folgenden Verbformen. Lesen Sie den Text vorher einmal ganz durch, um sich einen Überblick über den Inhalt zu verschaffen.

trascorrevano ◆ partivano ◆ avevano ◆ era (2x) ◆ si chiamava ◆ esistevano

◆ trasportavano ◆ andavano

➤ La navigazione sul Brenta, il fiume che da Padova porta a Venezia, comincia nella seconda metà del 1300. La riviera del fiume Brenta per i veneziani .... una continuazione del Canal Grande. Lungo il fiume, i nobili .... le loro residenze di campagna dove .... la «villeggiatura», le vacanze. I nobili .... da Venezia in gondola o con comode imbarcazioni[1] chiamate «burchielli». I burchielli .... dame, nobili ed avventurieri, commedianti ed artisti, così il viaggio .... sempre affascinante e divertente. Durante la «villeggiatura» i nobili .... da una villa all'altra, da una festa all'altra. Questo modo di passare il tempo .... «andar per ville». .... diversi tipi di villa: la villa-azienda, la villa-tempio e la villa-reggia. Erano grandi architetti come Palladio a progettare queste ville che si possono ammirare[2] ancora oggi.

[1] imbarcazione: Boot [2] ammirare: bewundern

7 Tragen Sie anhand der Würfelaugen die Formen des *imperfetto* ein wie in den Beispielen.

andare	⚀	*andavi*	venire	⚁	....
esistere	⚃	*esistevano*	avere	⚄	....
prendere	⚀	....	dire	⚀	....
partire	⚃	....	parlare	⚃	....
dovere	⚁	....	finire	⚁	....
fare	⚄	....	chiamare	⚄	....

8 Vervollständigen Sie die Sätze wie im Beispiel.

Luca ama stare in mezzo al verde. Anche da bambino *amava* giocare in giardino.

1. Lucia non sopporta il rumore. Già da bambina .... la confusione.

2. Voi siete sempre in movimento. E pensare che da piccoli .... tanto tranquilli!

3. Mi addormento sempre tardi. Anche da bambino non .... mai presto.

4. E' tanto che non prepari gli gnocchi. Prima li .... almeno una volta la settimana.

5. Coma mai leggi così poco, Marcella? Da bambina .... tanto volentieri.

9 Wie lauten die entsprechenden Substantive?

1. navigare – ....
2. collegare – ....
3. trasportare – ....

4. coprire – ....
5. allargare – ....
6. costruire – ....

10 Lucia erzählt, wie sie im Laufe ihres Lebens die Ferien verbracht hat. Vervollständigen Sie den Text mit den passenden Imperfekt-Formen.

Quando .... bambina, negli anni '60, ... le

vacanze estive da mio nonno, in Piemonte. .... sempre in

pullman con la mamma dal Castello Sforzesco. Il papà ....

lavorare e .... a trovarci solo il fine settimana con la sua

moto Guzzi. Poi, quando anche il papà .... le ferie

.... da mio zio che .... ad Arona, sul Lago

Maggiore. Negli anni '70 invece .... al mare, in Liguria,

come moltissimi milanesi. Là .... i miei zii e mia cugina e

tutti insieme .... sempre un sacco. Alla fine degli anni '70

.... ormai troppo grande per fare le vacanze con i miei

genitori, ... andare con il mio ragazzo in giro per l'Italia.

Negli anni '80 .... piuttosto viaggi all'estero per visitare le

città e conoscere gente nuova. Negli anni '90 non .... più

tanto le città ad interessarmi ma la natura. E oggi … amo fare di tutto.

essere ◆ passare
partire
dovere
venire
prendere
andare ◆ abitare
andare
incontrare
divertirsi
essere
preferire
fare
essere

11 Lorenzo fallen beim Aufräumen einige Dinge in die Hände, die verraten, was er in verschiedenen Lebensphasen gemacht hat. Formulieren Sie anhand der Zeichnungen und der angegebenen Elemente Sätze. Mit den Wörtern in den gelben Kästchen können Sie die Sätze variieren.

spesso   ogni giorno   sempre   dopo scuola

Da bambino ....
....
....
....
....

A 16 anni ....
....
....
....
....

Da ragazzino ....
....
....
....
....

A 18 anni ....
....
....
....

12 Armando sucht ein Geschenk für seine Tochter. Vervollständigen Sie den Dialog mit den passenden Formen von *quello*.

● Senta, sto cercando un regalo per mia figlia. Quanto costano .... borse?

○ .... nera costa 115 euro, ... beige invece è meno cara, costa 90 euro. Sono tutte e due di pelle.

● E .... zaini?

○ .... costano 55 euro.

● Bello .... verde! Piacerebbe sicuramente a mio figlio ... per Luisa invece ... Ah, ... portamonete le potrebbe piacere. Quanto costa?

○ .... rosso di pelle? .... viene 100, ... altro un po' più piccolo invece costa 80 euro.

● Hmm, sono un po' cari però. Forse è meglio prendere una delle borse. Mi potrebbe far vedere .... beige?

○ Certo. È proprio carina.

13 Vervollständigen Sie die Dialoge wie im Beispiel und benutzen Sie dabei *questo* und *quello*. Antworten Sie nach Belieben.

● Quale libro vogliamo regalare a Mario? Questo qui di Baricco o quello lì di De Carlo?

○ Quello lì di De Carlo.

● Quali stivali preferisci? ....
....

○ ....

● Qual è la tua borsa? ....
....

○ ....

● Quale formaggio vogliamo comprare? ....
....

○ ....

14 Ergänzen Sie jeweils *qui* oder *lì*.

1. In agosto sono stata in Sardegna. .... ho conosciuto Anna e con lei mi sono divertita un sacco.

2. Questo autobus .... va direttamente alla stazione.

3. Perché non ti siedi .... vicino? C'è ancora posto.

4. La fermata dell'autobus? Guardi, è .... in fondo, di fronte all'edicola.

5. Abito .... a Modena da sei mesi, ma non conosco ancora tanta gente.

6. Claudio, puoi venire .... un momento? Vorrei farti vedere una cosa.

15 Beantworten Sie die folgenden Fragen und benutzen Sie dabei die angegebenen Elemente. Wählen Sie dabei jeweils eine der im Beispiel angegebenen Varianten.

Dove potremmo incontrarci?

Ci potremmo incontrare ai Navigli. / Potremmo incontrarci ai Navigli...

1. A che ora posso chiamarti? (alle 9)

   ....

2. Dove posso parcheggiare la macchina? (fuori dal centro)

   ....

3. A che ora ti devi alzare domani? (alle 6)

   ....

4. Che cosa potremmo regalare a Riccardo? (un CD)

   ....

16 Herr Martin möchte während eines Italienurlaubs ein Auto mieten. Ergänzen Sie seinen Redepart.

● Buongiorno!

Herr Martin erwidert den Gruß und sagt, dass er ein Auto mieten möchte.

○ ....

....

● Ha già pensato a che tipo di macchina vorrebbe noleggiare?

Herr Martin sagt, er wolle ein eher kleines, nicht zu teures Auto mieten, und fragt, was der Verleiher ihm empfehlen könne.

○ ....

....

....

....

● Beh, allora Le consiglierei una Fiat Punto. Con l'aria condizionata per esempio costa 50 euro al giorno, assicurazione compresa.

Herr Martin sagt, ein Punto würde wohl gehen, und fragt, ob es für eine Woche einen Preisnachlaß (sconto) gebe.

○ ....

....

....

● Sì, per una settimana intera costa 280 euro. Un attimo però che guardo cosa è rimasto. D'estate abbiamo sempre tante richieste. La viene a prendere oggi stesso?

Herr Martin sagt, dass er den Wagen erst morgen abholt.

○ ....

● Vediamo ... Allora sì, ma dovrebbe ritirarla solo dopo mezzogiorno.

Herr Martin sagt, dass das in Ordnung ist. Er bedankt und verabschiedet sich.

○ ....

....

● ArrivederLa.

7 Perché non ti informi?

1 Ergänzen Sie *ecco* in Verbindung mit *lo*, *la*, *li* oder *le*.

1. ● Cosa stai facendo?

   ○ Sto cercando un indirizzo …
   Ah, ...!

2. ● Mamma, dove sono le mie scarpe da ginnastica?

   ○ Ma è possibile che non trovi mai niente? .... qui.

3. ● Buongiorno, vorrei i moduli per l'iscrizione al corso.

   ○ Certo, ...

4. ● Chi stai aspettando?

   ○ Sto aspettando Maria che come sempre è in ritardo.

   ● .... là, sta arrivando di corsa come al solito!

2 Diese Internetseite bietet Tipps und Informationen zur Urlaubsvorbereitung. Vervollständigen Sie den Text mit folgenden Imperativen.

> risparmia · Prenota · stampa · Realizza · scopri · Non viaggiare · Scarica[1]

Euro-Download.Com - Netscape

File Modifica Visualizza Vai Communicator ?

Indietro · Avanti · Ricarica · Home · Ricerca · Guida · Stampa · Sicurezza · Arresta

Segnalibri · Indirizzo: http://www.euro-download.com/

Hotel ★ Ristoranti
Cartine ★ Guide ★ Agriturismi

Viaggiare nel mondo

Italia ★ Europa
Città d'arte ★ Paesi Esotici

SCEGLI LA TUA DESTINAZIONE
Dove vuoi andare?
[   ] Cerca

Hotel: Tu scegli dove vuoi andare, noi ti diciamo indirizzi e prezzi di tutti gli hotel della zona! .... da solo e .... !

Cartine e mappe: Dall'Oceano Indiano ai canali di Venezia … visualizza e .... subito la cartina che ti serve!

Guide turistiche: .... impreparato: .... e stampa le nostre guide per tutto il mondo!

Speciale bambini: Al mare o in montagna – .... con noi i posti e gli alloggi più belli per passare una vacanza rilassata e divertente con i tuoi bambini.

In crociera[2]: Le destinazioni più belle, le navi più lussuose. .... il tuo sogno!

[1]scaricare: herunterladen
[2]crociera: Kreuzfahrt

3 Mario besucht einen Computerkurs. Formulieren Sie folgende Anweisungen des Kursleiters auf Italienisch. Benutzen Sie dabei den Imperativ der 2. Person Singular.

1. Öffne ein neues Dokument. ....

2. Gut, jetzt schreib einen kurzen Text. ....

3. Speicher das Dokument. ....

4. Nun lösch den ersten Satz … ....

5. … und kopier den Text in ein anderes

   Dokument. ....

   ....

6. Jetzt druck die Seite aus … ....

7. … und beende das Programm. ....

4 Vervollständigen Sie die Antworten in den Sprechblasen mit passenden Imperativen der 2. Person Singular.

Che cosa preparo stasera per cena?

.... le tagliatelle ai funghi. **1**

In questi giorni ho sempre mal di testa.

Ma allora .... dal medico. **2**

A che ora devo venire domani?

.... verso le cinque. **3**

Qui fa un po' freddo.

Ma allora .... la finestra. **4**

In questo periodo sono a dieta.

Ma scusa, invece di morire di fame .... un po' di sport. **5**

5 Auf zur Dombesichtigung! Claudios Vater will allerdings sichergehen, dass sein Sohn sich auch benimmt. Formulieren Sie einige Sätze wie im Beispiel.

● Dai, metti il berretto nello zaino – e non parlare così forte come al solito, ti prego …!

   ....

   ....

   ....

   ....

○ Ma dai! Non sono mica un maleducato[1] …!

---

[1] maleducato: Flegel

6 Kennen Sie das Fernsehratespiel „Glücksrad"?
Bei den folgenden Begriffen rund um Arbeit und
Ehrenamt fehlen nur noch die Vokale.

LA RUOTA della FORTUNA

L		B		R			P	R		F		S	S			N		S	T	

	S	P		R		N	Z			L		V		R		T		V	

L		R				N		L		T	T		R		

	S	P		R	T		D		M		R	K		T		N	G

D		F		S			D		L	L'		M	B			N	T	

	M	P		G	N			C		V		C	

7 Vervollständigen Sie den Text mit folgenden Wörtern.

> tutela ◆ volontariato ◆ culturali ◆ pieno ◆ gratificazione ◆ fisioterapista
> ◆ libero ◆ campagna ◆ organizzazione

Franco Bianchi è .... all'ospedale Fatebenefratelli di Roma. Lavora a tempo

...., ma anche nel tempo .... è molto attivo. Si dedica al

.... in un'.. che si occupa della .... dei beni

.... Ultimamente hanno realizzato una .... di informazione

sulla necessità di restaurare alcune opere d'arte[1] della loro città. Franco a volte ha poco tempo

per sé, ma d'altra parte la sua attività gli dà una grande .... personale.

---
[1] opera d'arte: Kunstwerk

8 Schreiben Sie folgende Substantive in die passende Spalte.

> volta ◆ donne ◆ problemi ◆ giorno ◆ studenti ◆ persone ◆ anno ◆ parole ◆ viaggi
> ◆ macchine ◆ libri ◆ regalo ◆ esempi ◆ amiche ◆ cosa

qualche	alcuni	alcune
....	....	....
....	....	....
....	....	....
....	....	....
....	....	....

9 Ergänzen Sie jeweils *qualche* oder *alcuni/-e*.

Raimondo ha .... giorno di vacanza e ha
deciso di andare con .... amici nel Parco
Naturale della Maremma per fare ....
escursione. Prima di partire ha cercato ....
informazioni e l'indirizzo di .... pensione su Internet. Ora è pronto: ha già preparato
lo zaino e sta aspettando gli amici che dovrebbero arrivare fra .... minuto.

10 Bilden Sie Sätze mit den angegebenen Elementen.

Alla festa di Anna ◆ essere venuto ◆ alcuni ◆ vecchio ◆ amico
Alla festa di Anna sono venuti alcuni vecchi amici.

1. Qualche ◆ studente ◆ essersi ◆ iscritto ◆ all'esame

....

2. Al mercatino ◆ esserci ◆ alcuni ◆ libro ◆ usato ◆ molto interessante

....

3. In italiano ◆ esserci ◆ qualche ◆ verbo ◆ irregolare ◆ veramente difficile

....

4. Ieri Laura ◆ aver conosciuto ◆ alcune ◆ ragazza ◆ simpatico ◆ al centro giovanile

....

5. Se ◆ andare (voi) ◆ a Roma ◆ vi ◆ potere (io) ◆ dare ◆ alcuni ◆ indirizzo di alberghi

....

6. Aver preso (io) ◆ qualche ◆ giorno libero ◆ perché ◆ sentire il bisogno di ◆ riposare

....

11 Womit beschäftigen sich diese Personen? Welchen Tätigkeiten widmen sie sich?
Vervollständigen Sie die Sätze wahlweise mit *occuparsi di* oder *dedicarsi a*.

1. Nel tempo libero leggo oppure .... fotografia.

2. Lavoro per una rivista di viaggi e .... fotografie che accompagnano
gli articoli.

3. Dopo la nascita di mio figlio ho deciso di .... di più ....
famiglia e ho chiesto di lavorare part-time.

4. Chi .... bambino quando andate al cinema o a cena da amici? Tua madre?

5. Da quando è in pensione mio padre .... giardino. Ama molto i fiori e
.... con grande passione .... cura delle rose.

6. Mi fa sempre piacere .... gatto della mia vicina quando lei va in vacanza.

7. Sai che Annalisa nel tempo libero .... pittura?

12 In der Buchhandlung Feltrinelli. Ersetzen Sie die hervorgehobenen Verben durch den entsprechenden Imperativ.

Per favore, mi potrebbe far vedere il libro di Alessandro Barbero esposto in vetrina?

Per favore, mi faccia vedere il libro di Alessandro Barbero esposto in vetrina.

1. Potrebbe guardare quanto costa l'autobiografia di Roman Polanski?

....

2. Potrebbe dire alla sua collega che il nuovo libro di Laura Pariani mi è piaciuto tanto?

....

3. Potrebbe mandare la fattura[1] al mio ufficio in via XX Settembre?

....

¹ fattura: Rechnung

13 Frau Gallicchio nimmt ein Gespräch von Herrn Cadelli an. Übernehmen Sie dessen Redepart.

Sie grüßen, nennen Ihren Namen und sagen, dass Sie Herrn Bruni sprechen möchten.

● ....

....

○ Il signor Bruni? Sì un attimo, attenda in linea. Pronto, mi sente?

Sie bejahen.

● ....

○ Purtroppo il signor Bruni è in riunione. Vuol lasciar detto qualcosa?

Sie bestätigen und bitten, dass er später anrufen möge.

● ....

....

○ Mah, probabilmente la riunione finisce tardi. Adesso sono già le cinque. Se vuole Le passo la dottoressa Franchi.

Sie lehnen ab und sagen, dass Sie lieber mit Herrn Bruni sprechen möchten.

● ....

....

○ Allora, se per Lei va bene, La faccio richiamare lunedì mattina, quando torna in ufficio.

Sie bejahen und bitten, dass er nicht vor 9 Uhr anrufen möge.

● ....

....

○ Senz'altro, non si preoccupi. La faccio chiamare alle 9.30. Va bene?

Sie sind einverstanden und bedanken sich.

● ....

....

○ Di niente. Buonasera.

Sie verabschieden sich.

● ....

14 Wie heißen diese Geräte?

....

....

....

....

....

15 Schreiben Sie die Imperativformen in die richtige Spalte.

> non faccia ◆ ascolta ◆ di' ◆ va' ◆ abbia ◆ non partite ◆ aspetti ◆ prendete ◆ state
>
> non fare ◆ non dormire ◆ sia ◆ non vada ◆ uscite ◆ non credete

tu	Lei	voi
....	....	....
....	....	....
....	....	....
....	....	....
....	....	....

16 Nur nicht gleich in die Luft gehen! Vervollständigen Sie die Tipps zum Umgang mit Ärger mit dem Imperativ der 2. Person Plural.

Mai perdere la pazienza!

→ .... fino a sei prima di reagire.   contare

→ .... un linguaggio educato e cortese.   usare

→ .... le parolacce[1].   evitare

→ .... a esprimervi senza essere aggressivi.   imparare

→ .... quello che vi disturba e che cosa vi farebbe stare meglio.   dire

→ .... yoga, o sport in genere: rilassa il fisico e la mente.   fare

→ .... bene l'altro prima di «scattare»[2].   ascoltare

---

[1] parolaccia: Schimpfwort   [2] scattare: herausplatzen

8 Racconta un po'!

1 Ersetzen Sie die Zahlen durch Buchstaben (gleiche Zahl = gleicher Buchstabe).
Es ergeben sich Bezeichnungen für verschiedene Textsorten.

D	I	2	1	I	4				
T	1	2	M	2	D	I	U	5	L	I	B	1	4
L	I	B	1	E	6	6	4	D'	4	P	E	1	2
2	1	6	I	3	4	L	4	D	I	3	1	4	5	2	3	2
1	2	3	3	4	5	6	4

2 Welche Handlung und welche Hintergrundbeschreibung passen zusammen?
Ordnen Sie zu.

1. Rosa si è comprata il vestito da sera
2. Pino è andato a Londra per la prima volta
3. Sabato gli altri sono andati in discoteca,
4. Ho cercato di telefonarti ieri sera,

a) quando aveva appena 16 anni.
b) ma era sempre occupato.
c) che desiderava da tanto tempo.
d) ma io non avevo voglia di uscire.

3 *Imperfetto* oder *passato prossimo*?
Tragen Sie die passenden Formen der angegebenen Verben ein.

1. .... cominciare a cenare quando

.... mio fratello.

2. Dopo cena Lucia .... un film alla TV e poi verso

le undici .... a letto.

3. In Francia .... delle vacanze splendide: il cibo

.... eccezionale e la gente molto simpatica.

4. Sabato scorso Tiziana non .... voglia di uscire

perché non .... bene e così ....

a casa e .... un po'.

5. Lunedì Valerio e Lucia .... al cinema e all'entrata

.... degli amici.

volere (noi)
telefonare
guardare
andare
passare (io)
essere
avere
sentirsi ◆ rimanere
leggere
andare
incontrare

4 Lesen Sie sich den folgenden Tagebucheintrag einmal durch, um einen Überblick über den Inhalt zu gewinnen. Vervollständigen Sie den Text anschließend mit den passenden Formen des *imperfetto* und des *passato prossimo* der angegebenen Verben.

Caro diario,

da due giorni sono senza macchina. Si è rotta[1] in via Leopardi.

.... già fretta perché .... tardi e

non .... arrivare in ritardo al lavoro. E invece ecco

che improvvisamente la macchina .... a fare dei

rumori strani e dopo un po' .... completamente. Per

fortuna proprio lì vicino .... un'autofficina che

.... abbastanza affidabile[2].

.... lì la macchina e .... il tram.

E sai una cosa? Non .... affatto una brutta espe-

rienza. .... poca gente e .... un

posto a sedere vicino alla finestra. Insomma, la macchina è pronta

lunedì ma andare in tram adesso mi piace quasi di più ...

avere ◆ essere

volere

incominciare

fermarsi

esserci

sembrare

lasciare ◆ prendere

essere

esserci ◆ trovare

---
[1] rompersi: kaputtgehen [2] affidabile: vertauenswürdig

5 Luca und Daniele überlegen, heute Abend gemeinsam ins Kino zu gehen. Lesen Sie, was Daniele alles sagt, und ergänzen Sie Lucas Fragen.

● ....

○ Alla Multisala Corso danno My name is Tanino.

● ....

○ Mah, parla di un ragazzo nato in un paesino italiano che va prima a Roma e poi a Boston alla ricerca di una ragazza. E questo ragazzo parla praticamente un inglese da terza media[1] ...

● ....

○ No, non ancora, ma dev'essere molto divertente. Carla l'ha visto la settimana scorsa.

● ....

○ Sì, le è piaciuto molto. Ha detto che si è fatta un sacco di risate.

---
[1] terza media: achte Klasse

6 Kennen Sie diese italienischen Schauspieler und Filme? Wer hat in welchem Film mitgespielt? Ordnen Sie zu.

ROBERTO BENIGNI
MARCELLO MASTROIANNI
MASSIMO TROISI
CLAUDIA CARDINALE

Il postino
Il gattopardo
La dolce vita
La vita è bella

7 Sie unterhalten sich mit italienischen Freunden über Filme, die Sie in den letzten Jahren gesehen haben. Sagen Sie, dass...

1. ... der Film *Caro diario* Ihnen sehr gefallen hat und die Schauspieler sehr gut waren.

....

....

2. ... Sie von *Nuovo Cinema Paradiso* schon gehört haben.

....

3. ... Sie vor kurzem *La strada* wieder gesehen haben.

....

4. ... Sie letzte Woche *Il ciclone* im Fernsehen gesehen haben und etwas enttäuscht waren.

....

8 Sandro ist aus dem Urlaub auf Sardinien zurückgekehrt und schreibt einem Freund per E-Mail, was ihm gefallen hat und was nicht. Schreiben Sie anhand der angegebenen Elemente diese E-Mail.

☺	☹
la spiaggia dell'albergo il centro storico di Cagliari i ristoranti dei piccoli paesi	la camera il ristorante dell'albergo

Ciao Silvio, eccomi di ritorno dalla Sardegna. È stata proprio una bella vacanza, sai. La spiaggia dell'albergo era bellissima. Mi è piaciuta molto. E poi ...

....

....

....

....

....

9 Verbinden Sie jeweils zwei Sätze, indem Sie einen Relativsatz mit *che* bilden.

Questo libro è interessante. Paolo mi ha regalato il libro.
Il libro che mi ha regalato Paolo è interessante.

Questa cartolina è arrivata ieri. Mia zia mi ha scritto la cartolina da Roma.

....

Il computer funziona benissimo. Tu mi hai consigliato il computer.

....

Questa ragazza mi è molto simpatica. L'ho conosciuta al corso di yoga.

....

10 Auf seiner Examensparty erklärt Antonio seiner älteren Schwester, wer all die anderen Gäste sind. Formulieren Sie die Sätze wie im Beispiel um, und verwenden Sie dabei die Relativpronomen *che* und *cui*.

Con Mario vado spesso in palestra.

Mario è il ragazzo con cui vado spesso in palestra.

Ti ho parlato di Patrizia ieri al telefono.

Patrizia è la ragazza ....

Ho conosciuto Bruno in biblioteca.

....

Con Simonetta e Raffaele mi sono preparato agli esami.

....

Raffaele si è innamorato di Francesca.

....

Tommaso mi ha consigliato tanti buoni libri.

....

Fra un mese vado in vacanza con Giuliano e Tiziano.

....

11 Die Inhaltsangabe des Films „Brot und Tulpen" ist in Unordnung geraten. Nummerieren Sie die Sätze in der richtigen Reihenfolge.

Pane e tulipani.

1	Rosalba è una donna di circa 40 anni
	voleva visitare. A Venezia conosce alcune persone
	per un po' di tempo. Poi un giorno un detective
	dove non è mai stata e che da tempo
	e lì comincia una nuova vita.
	piace molto, trova lavoro da un fioraio e resta lì
	cui lei va spesso a mangiare. A Rosalba Venezia
	la rintraccia e Rosalba decide di tornare
	che partecipa con la famiglia ad un breve viaggio organizzato. Quando il pullman
	senza di lei. Rosalba decide di non tornare subito a casa e va a Venezia, una città
	figlio più giovane, vede i suoi amici di Venezia
	che a poco a poco cambiano la sua vita, in particolare il cameriere di una trattoria in
	dalla sua famiglia. Un giorno, mentre esce dal supermercato con il
	che sono venuti a prenderla. Torna a Venezia con loro e il figlio
	si ferma ad un autogrill[1] Rosalba va alla toilette e il pullman riparte

[1] autogrill: Autobahnraststätte

12   **Frau Santoni möchte eine Fahrkarte kaufen. Ergänzen Sie ihren Redepart.**

○ Dica.

Frau Santoni wünscht für Dienstag eine Fahrkarte nach Pescara Centrale.

● ....

....

○ Solo andata?

Sie braucht eine Fahrkarte für Hin- und Rückfahrt und erkundigt sich, ob Sie in Ancona umsteigen muss.

● ....

....

○ Sì esatto, bisogna cambiare ad Ancona.

Frau Santoni würde gerne einen Zug morgens nach 8 Uhr nehmen.

● ....

....

○ Vediamo … c'è un treno alle otto e ventinove, va bene?

Frau Santoni bejaht und fragt, wann es einen Anschlusszug in Ancona gibt.

● ....

....

○ La coincidenza … parte alle dieci e cinquanta-sette.

Sie erkundigt sich, wie lange der Zug nach Pescara braucht.

● ....

....

○ Ci mette 3 ore e tre quarti.

Frau Santoni vermutet, dass Sie eine Reservierung braucht.

● ....

....

○ Sì, perché è un *Eurostar*. Fumatori o non fumatori?

Frau Santoni wünscht einen Nichtraucherplatz.

● ....

13   **Was denken diese Personen? Tragen Sie den jeweils passenden Satz in die Gedankenblasen ein.**

Adesso avrei proprio bisogno di aiuto.
Allora, mi servono le uova, il caffè, …
Mi serve veramente un maglione nuovo.
Ho proprio bisogno di riposarmi.

14 Vervollständigen Sie die Sätze mit den angegebenen Verben.

1. Mentre Raffaella .... (prendere) il sole Guido le .... (leggere) i titoli del giornale.

2. Povera Francesca, ... (avere) un incidente con la macchina mentre .... (andare) a lavorare.

3. Mio nonno .... (fumare) sempre la pipa mentre .... (leggere).

4. Ieri sera .... (io – andare) al cinema, ma .... (essere) così stanca che .... (addormentarsi) mentre .... (guardare) il film.

5. Questa mattina mentre .... (io – andare) al mercato .... (incontrare) una ex compagna di scuola che non .... (vedere) da tanto.

6. Stamani mentre .... (io – fare) colazione .... (ascoltare) la radio e ad un certo punto .... (sentire) dell'incidente alla stazione.

15 Vervollständigen Sie die Sätze mit den passenden Formen von *avere bisogno* oder *servire*.

1. Noi .... ancora di un po' di tempo per finire questo lavoro.

2. Mia sorella non sa stare da sola. .... sempre di qualcuno con cui chiacchierare.

3. Ha telefonato tuo padre, ha detto che il portatile non gli .... più.

4. Per piacere, non prendere la macchina. Stasera .... a me.

5. Senti, io vado al mercato. .... di qualcosa?

6. Renato, se gli sci non ti .... li prendo io per questo fine settimana.

16 In diesen Sätzen fehlen einzelne Wörter rund ums Reisen mit dem Flugzeug. Suchen Sie sie im Buchstabenfeld und vervollständigen Sie die Sätze.

1. Per Natale quest'anno vado in California. Secondo te è meglio viaggiare con una .... aerea italiana o con una americana?

2. Dai Enrico, muoviti! Hanno già annunciato il nostro ....!

N	L	A	T	I	O	P	E	M	A	R	A
E	R	C	O	M	P	A	G	N	I	A	N
C	H	I	L	B	B	A	R	I	N	O	L
R	A	L	E	A	E	L	D	O	N	E	V
R	I	S	A	R	C	I	M	E	N	T	O
N	E	R	L	C	E	R	N	O	L	V	L
U	A	E	R	O	P	O	R	T	O	A	O

3. Senti, ti aspetto direttamente all'.., all'entrata del terminal.

4. Ma quando hanno cancellato il tuo volo ti hanno dato un ....?

5. Oddio, hanno già annunciato l'.. e io devo ancora fare il check-in!

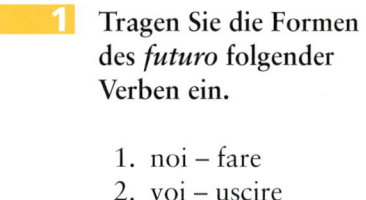

ESERCIZI 10 *Andrà tutto bene!*

1 Tragen Sie die Formen des *futuro* folgender Verben ein.

1. noi – fare
2. voi – uscire
3. io – dire
4. tu – essere
5. loro – discutere
6. loro – mettere
7. lui – andare
8. noi – riuscire
9. noi – essere
10. lei – ricordare
11. voi – vedere
12. voi – litigare
13. tu – avere
14. tu – rimanere
15. io – andare
16. lui – dare
17. io – potere

2 Renzo macht sich mit dem Rucksack auf eine Reise nach London. Im Flugzeug geht ihm einiges durch den Kopf. Formulieren Sie anhand der angegebenen Elemente Renzos Gedanken und benutzen Sie dabei das *futuro*.

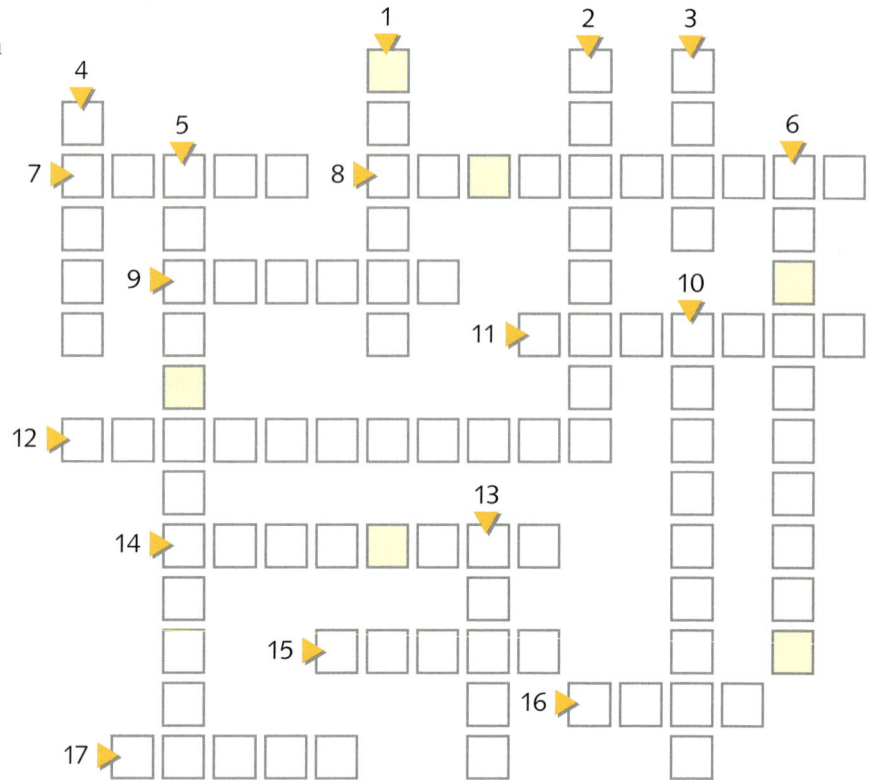

Chissà come ....

dove ....

E chissà se ....

e fino a quando ....

essere ◆ l'ostello

dormire stanotte

conoscere ◆ gente simpatica

bastare ◆ soldi

3 Wie heißt jeweils das passende Substantiv zu folgenden Verben beziehungsweise Adjektiven?

1. baciarsi ....

2. appassionato ....

3. triste ....

4. arrivare ....

5. coraggioso ....

6. abbracciarsi ....

7. piacevole ....

8. interessante ....

4 Vervollständigen Sie die Dialoge mit den angegebenen Wendungen.

| ti faccio tanti auguri | andrà tutto bene | Vedrà che | Si faccia |

1. ● È la prima volta che mio figlio non viene in vacanza con noi. Parte con gli amici.

    Sono un po' preoccupata …

   ○ Ma non si preoccupi. .... non succederà niente.

    Tornerà a casa contento e abbronzato!

2. ● Sai, finalmente mi sono decisa a prendere la patente. Mi sono già iscritta alla scuola guida.

    Ma ora ho quasi un po' di paura …

   ○ Ma no, fai bene! Non ti preoccupare, ...

3. ● Sai che ho un nuovo posto di lavoro? Da una parte sono contento, dall'altra mi dispiace

    perché con i colleghi mi trovavo bene …

   ○ Coraggio! Anche nella nuova ditta ci saranno persone simpatiche.

    Comunque ....

4. ● Ho una paura terribile di prendere l'aereo.

   ○ Ma non c'è da aver paura. .... coraggio.

5 Was können Sie noch sagen, um einem Freund
oder einer Freundin Mut zu machen?

.... *preoccupare!*

Su, coraggio!

Vedrai che ....

....

6 Bilden Sie den Imperativ der 2. Person Singular folgender Verben und kombinieren
Sie ihn jeweils mit dem angegeben Pronomen. Welche Formen ergeben sich?

1. chiedere – gli   *chiedigli* ....

2. dare – mi ....

3. ascoltare – mi ....

4. dire – le ....

5. telefonare – gli ....

6. fare – lo ....

7. aspettare – ci ....

8. chiamare – mi ....

7 Ergänzen Sie jeweils den Imperativ der 2. Person Singular
in Kombination mit dem angegeben Pronomen.

1. ● Maurizio, ..., com'è andato l'esame?

   ○ Mah, non so proprio. Ero molto nervoso.

   dire ◆ mi

2. ● Più tardi devo passare in biblioteca.

   ○ Guarda, ... adesso, tra mezz'ora chiudono.

   andare ◆ ci

3. ● E queste foto a chi le devo dare?

   ○ .... a Luisa perché le voleva vedere anche lei.

   dare ◆ le

4. ● Sai, Paolo ci ha invitato tutti alla sua festa.

   ○ Allora .... anche a tua sorella.

   dire ◆ lo

8 Können Sie den folgenden Ausdrücken jeweils ihre deutsche Entsprechung zuordnen?

1. Fatti vivo!

2. Fammi pensare!   a) Mach's gut!

3. Stammi bene!   b) Lass mal von dir hören!

4. Fammi sapere!   c) Hör mir zu!

5. Stammi a sentire!   d) Lass mich mal überlegen!

6. Dimmi un po'…!   e) Sag mal …!

                        f) Sag mir Bescheid!

9 Lino möchte am Telefon Federica sprechen. Ergänzen Sie seinen Redepart.

Lino sagt seinen Namen und fragt, ob Federica da ist.

● Pronto?

○ ....

....

● Ah ciao, Lino. No, non c'è. Perché? Avevi bisogno di qualcosa?

Er sagt, dass er Federica etwas fragen müsse und erkundigt sich, wann sie wieder erreichbar ist.

○ ....

....

● Eh, è andata al mare con un'amica. Ma torna domenica sera.

Lino sagt, dass er dann Montag anrufen werde.

○ ....

....

● Va bene, ma chiamala il pomeriggio, perché lunedì ha il turno di mattina.

Lino sagt, er wisse darüber Bescheid. Er bedankt und verabschiedet sich.

○ ....

....

● Ciao Lino, stammi bene.

10 Horoskope können unterhaltsam sein, auch wenn man nicht an sie glaubt.
Vervollständigen Sie die Texte mit den Formen des *futuro* der angegebenen Verben.

CANCRO 🦞

♡ *amore* ☆ *lavoro* ☼ *forma*

♡♡♡ Dedicate più tempo al partner e .... un periodo armonioso e

felice. ☆☆☆ Riflettete sugli errori del passato e .... la possibilità di

migliorare. ☼ Gli sportivi .... di dare il massimo. È importante però

non esagerare.

LEONE 🦁

♡ Chi desidera tutto e subito non .... mai ad averlo. ☆ Dopo un

periodo di stress tutto .... più facile. ☼☼ .... più

tempo di rilassarvi e ne .... presto gli effetti.

VERGINE 💃

♡♡ Dopo un'esperienza infelice .... iniziare un nuovo rapporto.

☆☆ Intelligenza, pazienza e un po' di coraggio vi ....

raggiungere nuovi traguardi[1] nel lavoro. ☼☼☼ Qualche passeggiata nel

verde vi .... a difendervi dallo stress.

vivere	
avere	
cercare	
riuscire	
essere ◆ avere	
sentire	
potere	
fare	
aiutare	

---
[1] traguardo: Ziel

11 Was wird jeden Moment geschehen?
Vervollständigen Sie die Sätze und benutzen Sie dabei *stare per*.

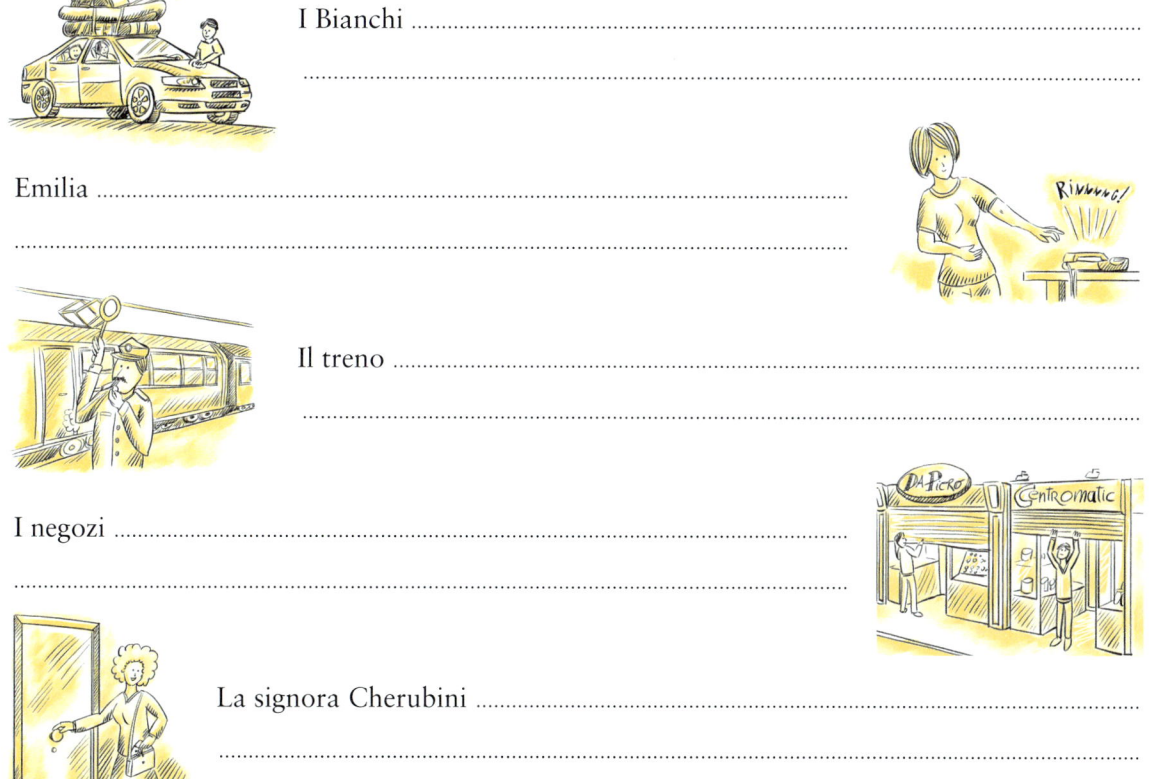

I Bianchi ....

....

Emilia ....

....

Il treno ....

....

I negozi ....

....

La signora Cherubini ....

....

12 *Buono* oder *bene*? *Migliore* oder *meglio*? Vervollständigen Sie die Dialoge.

1. ● Ti è piaciuto il concerto di ieri sera?

   ○ Sì, molto. Ma che brava questa cantante sarda. Ha cantato proprio ....

2. ● Ieri ho avuto una brutta discussione con Enzo. E mi dispiace tanto,

     è il mio .... amico.

   ○ Allora sarà .... che lo chiami.

3. ● Hmm, che .... queste tagliatelle!

   ○ Sì, in questo ristorante si mangia proprio ....

4. ● E allora, sei contenta della tua nuova macchina?

   ○ Come no? Quella vecchia andava ancora abbastanza .... ma la nuova è

     decisamente ....

5. ● Senti, secondo te come mi sta questa gonna?

   ○ Mmh, ..., però quella a righe ti sta ....

13 Vervollständigen Sie den Dialog in der Apotheke mit den angegebenen Sätzen.

No, quelle no. Gli metto sempre il latte ad alta protezione. ◆ Ha sei anni. ◆

No, va bene così. La ringrazio. ◆ L'altra sera. Probabilmente perché ha giocato tutto

il giorno in riva al mare sotto il sole. ◆ Buongiorno. Senta, mio figlio ha un po'

di febbre. Mi potrebbe dare qualcosa per farla scendere?

● Buongiorno, signora. Mi dica.

○ ....

● Certo, signora, quando gli è venuta la febbre?

○ ....

   ....

● Eh, ma signora, con il sole dovrebbe fare più attenzione. Soprattutto con i bambini.

   Ha anche scottature[1]?

○ ....

● Va bene. Allora per la febbre Le posso dare qualcosa. Quanti anni ha suo figlio?

○ ....

● Allora Le do queste gocce[2]. Ne deve prendere 10 con un po' d'acqua, un'ora prima dei pasti.

   Le serve altro?

○ ....

---

[1] scottature: Verbrennungen, Sonnenbrand
[2] gocce: Tropfen

14 Ersetzen Sie jeweils im zweiten Satz die hervorgehobenen Satzteile durch *ne*.

Come sono buoni questi gnocchi! Prendo ancora un po' di gnocchi .

Ne prendo ancora un po'.

1. A me il caffè piace. Però non bevo tanto caffè altrimenti la notte non dormo.

   ....

2. Com'è questo dolce? Vorrei assaggiare anch'io del dolce .

   ....

3. La verdura fa bene. Ma in genere mangio troppo poca verdura .

   ....

4. Ieri al mercato ho trovato delle fragole squisite. Oggi prendo ancora mezzo chilo di fragole .

   ....

15 Um welche Form des Imperativs handelt es sich jeweils? Kreuzen Sie an.

	tu	Lei	voi	noi
1. Quando vedi Rosaria dille che il regalo l'ho comprato io.	☐	☐	☐	☐
2. Al cinema andiamoci domani.	☐	☐	☐	☐
3. Il pane non prenderlo al supermercato!	☐	☐	☐	☐
4. Se andate al mercato comprate un melone. Anzi compratene due.	☐	☐	☐	☐
5. Mi dica a che ora devo chiamare il professore.	☐	☐	☐	☐
6. Ecco le compresse. Ne prenda una dopo i pasti.	☐	☐	☐	☐

16 Manchmal werden Träume wahr. Sebastiano erzählt von einer ganz besonderen Erfahrung. Vervollständigen Sie seine Erzählung mit folgenden Satzteilen.

> Adesso sto per ◆ Sognavo di ◆ guadagnavo bene ◆ un sogno nel cassetto ◆
> un' esperienza indimenticabile ◆ ho realizzato il mio sogno

《 Ho avuto .... per tanti anni. .... andare in Australia per un anno ma non avevo le idee molto chiare. Il problema era che quando studiavo mi mancavano i soldi e dopo mi mancava il tempo o forse solo il coraggio di abbandonare il posto di lavoro, perché .... Poi un giorno ho sentito della possibilità di fare un anno sabbatico e allora ho cominciato a rifletterci seriamente. Mi sono informato, ho cominciato a organizzarmi e dopo qualche anno .... È stata .... L'Australia per un europeo è tutto un altro mondo. .... tornarci, ma questa volta solo tre settimane per rivedere gli amici. 》

11 Quanto sei bella, Roma!

1 Welche dieser Institutionen und Bauwerke befinden sich in Rom? Unterstreichen Sie.

Cinecittà ◆ il Colosseo ◆ il Vaticano ◆ la Pinacoteca di Brera ◆ Piazza Navona ◆

la Scala ◆ il Palazzo Pubblico ◆ Ponte Vecchio ◆ la RAI ◆ il Castel Sant'Angelo ◆

la Mole Antonelliana ◆ Piazza San Marco ◆ Il Museo Egizio ◆ gli Uffizi

2 Vervollständigen Sie die E-Mail mit den angegebenen Ausdrücken zur doppelten Verneinung.

non ... nessuno

non ... niente

non ... più

non ... mai

Cara Rosalba,

scusa se non ti ho chiamato ma oggi è stata una giornata movimentata! Adesso è tardi e a quest'ora .... ti voglio .... disturbare, quindi ti scrivo due righe.
Questa mattina sono andata a quel famoso appuntamento a Roma. Ci sono andata in macchina ma dopo questa esperienza ti assicuro che .... lo farò mai ....!
Non ti puoi immaginare il caos sul raccordo anulare[1]. Tra l'altro[2] pioveva forte e ....
si vedeva ....! Morale della favola: quando sono arrivata all'appuntamento
.... c'era più .... ad aspettarmi! Allora sai cosa ho fatto? Sono andata a visitare i Musei Vaticani. .... c'ero .... stata prima e sono rimasta entusiasta! Ora però sono stanchissima. Ci sentiamo domani sera
Marcella

[1] anulare: Ring-; ringförmig [2] tra l'altro: außerdem

3 Sagen Sie's auf Italienisch!

1. Einmal volltanken, bitte.

....

2. Könnten Sie bitte das Öl und den Reifendruck kontrollieren?

....

3. Können Sie mir sagen, welche Ausfahrt ich nehmen muss, um an der Piazza della Libertà herauszukommen?

....

4 Tragen Sie die Begriffe rund ums Auto in das Rätsel ein.

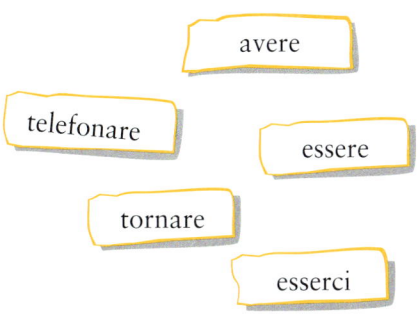

5 In den folgenden Gesprächen werden verschiedene Vermutungen geäußert. Vervollständigen Sie die Sätze und benutzen Sie dabei passende Verben im *futuro*.

1. ● Ma che ore sono adesso?

   ○ Non ho l'orologio, ma .... più o meno le quattro.

2. ● Secondo te quanti anni ha Evelina?

   ○ Mah, è ancora giovane. .... 30 anni, 35 al massimo.

3. ● Chissà quanto ci vuole ad attraversare il centro!

   ○ Eh, con questo traffico .... almeno tre quarti d'ora.

4. ● Mario ha una faccia ... sembra quasi ammalato.

   ○ Ma no, ... solo un po' stanco.

5. ● Li conosci quei signori che abbiamo incontrato per le scale?

   ○ Sì, li ho visti spesso entrare dal signor Luccini. .... i suoi genitori.

6. ● Ma se domani c'è lo sciopero dei treni, come fa tua madre a venire alla festa?

   ○ Bè, ... con la macchina.

7. ● I ragazzi ormai non fanno più in tempo[1] a venire a casa per pranzo.

   ○ Non ti preoccupare, ... sicuramente un panino al bar.

---

[1] fare in tempo: es rechtzeitig schaffen

6 Maria wollte am Telefon mit ihrem Sohn sprechen, aber er ist noch nicht von der Arbeit nach Hause gekommen. Sie spricht mit ihrer Schwiegertochter. Vervollständigen Sie den Text mit den angegebenen Verben im *futuro*.

● Come mai Maurizio non è ancora tornato?

○ Mah, ... ancora da lavorare ...

oppure .... al bar con qualche collega

o magari .... molto traffico. Vedrai

che tra poco .... per avvertire che

.... più tardi.

avere

telefonare

essere

tornare

esserci

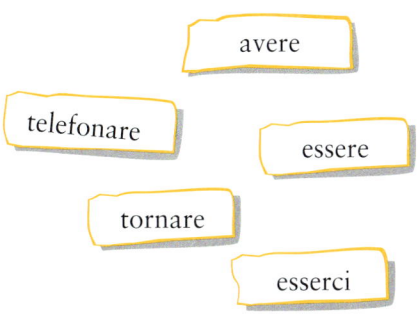

7 Unterstreichen Sie jeweils den passenden Ausdruck.

1. Ieri ho lavorato tutto il giorno / tutti i giorni .

2. Abbiamo fatto una settimana di vacanza, ma ha piovuto tutto il tempo / tutti i tempi .

3. Mia madre mi telefona tutto il giorno / tutti i giorni .

4. Ho perso il portafoglio con tutto il documento / tutti i documenti dentro.

5. Il gelato piace a tutto il bambino / tutti i bambini .

6. Non ho visto tutto il film / tutti i film perché dopo un'ora mi sono addormentata.

8 Daniela wohnt in Rom und wird von einer lokalen Zeitung zum Thema „Muoversi a Roma"
interviewt. Ergänzen Sie jeweils *tutto* in Kombination mit dem bestimmten Artikel oder *ogni*.

≪ Abito alla periferia nord di Roma e sono impiegata in una ditta che invece si trova alla periferia sud, così .... mattina e .... sera prendo l'autobus per attraversare .... città. Il traffico a Roma è molto intenso e chi va in macchina .... giorni rischia di restare bloccato per delle ore. Purtroppo anche se si viaggia con i mezzi pubblici la situazione non cambia molto. A .... ore della giornata gli autobus sono sempre affollati. La domenica mi piacerebbe andare con la famiglia ai Colli Albani ma in genere .... romano ha la stessa idea e così il traffico che blocca le strade cittadine durante i giorni feriali la domenica blocca regolarmente le strade intorno alla città. ≫

9 Am Wochenende kommt Carlas Bruder zu Besuch, mit dem sie unter anderem
in die Oper gehen möchte. Vorher will sie noch einige Dingen erledigen.
Vervollständigen Sie die Sätze nach dem Muster *far fare*.

1. Vuole .... le foto
   dell'ultima festa di famiglia.

   sviluppo e stampa foto in un'ora

2. Poi deve .... le sue scarpe.

   riparazioni scarpe in un giorno

3. Per l'opera vuole .... il suo
   vestito da sera.

   >>> lavaggio rapido <<<

4. E infine vorrebbe ....
   i capelli.

listino prezzi ✦ donna	
taglio	*€ 15.–*
piega + shampoo	*€ 12.–*
colore	*€ 20.–*

10 Verbinden Sie diese Sprichwörter und Ausdrücke mit ihrer deutschen Entsprechung.

1. Roma eterna
2. Roma non fu fatta in un giorno
3. Tutte le strade portano a Roma
4. promettere Roma e Toma

a) Alle Wege führen nach Rom
b) die Ewige Stadt
c) den Himmel auf Erden versprechen
d) Rom ist auch nicht an einem Tag erbaut worden

11 *Andare* oder *venire*? Vervollständigen Sie die Sätze.

1. Il fine settimana prossimo .... a trovarmi degli amici francesi.
2. Quest'anno (noi) .... in vacanza in Sicilia. Valerio e Angela .... con noi.
3. Giulio, perché non .... a prendere Giovanni e poi .... con noi in pizzeria?
4. Carla, ... da me stasera, così facciamo due chiacchiere.

5. Purtroppo stasera non posso .... da voi perché devo finire un lavoro.
6. Domani è la festa di Grazia, ... anche tu?
7. Ieri poi sei .... al cinema o hai cambiato idea?
8. Ah, signora Guarnieri! Come mai non è .... ieri sera? È stata una serata così divertente.

12 Vervollständigen Sie die Sätze mit dem *passato prossimo* von *potere*, *dovere* oder *volere*.

1. ● Siete andati alla Festa del Tartufo ieri sera?
   ○ No, purtroppo .... rimanere a casa perché il bambino aveva un po' di febbre.

2. ● Ciao, Armando. Ieri ti ho visto con tua figlia a Porta Portese.
   ○ Sì, io ci vado tutti i sabati e ieri ci .... venire anche lei.

3. ● Siete stati in Puglia anche quest'anno?
   ○ No, quest'anno .... cambiare un po' e abbiamo fatto un viaggio all'estero.

4. ● Mamma, puoi scrivere alla maestra che non .... fare i compiti perché stavo male?
   ○ Sì, non ti preoccupare.

5. ● Ieri Laura non .... partire in macchina perché la batteria era scarica.
   ○ Poverima, allora .... prendere il treno all'ultimo momento!

6. ● Tua sorella è sempre la solita. .... comprare per forza un vestito anche se le stava un po' stretto. Però poi al matrimonio di Lea non l'............................... mettere.
   ○ Lo so, però per fortuna l'............................... cambiare.

13 Vervollständigen Sie die Sätze mit den Formen des *trapassato prossimo* der angegebenen Verben.

1. Quest'anno la famiglia Rossi è andata in vacanza in Grecia.

   L'anno prima .... in Inghilterra.

2. Luca e Giulia si sono sposati l'anno scorso.

   .... tre anni prima all'isola d'Elba.

3. Ieri Tommaso era proprio stanco.

   La sera precedente .... a una festa.

4. Una settimana fa Silvana ha venduto la sua macchina.

   Era quasi nuova, l' .... solo due anni prima.

14 Lucia dachte schon, sie hätte ihren Ring verloren. Sie erzählt ihrer Freundin von dem Vorfall. Vervollständigen Sie den Text anhand der Zeichnungen und benutzen Sie dabei das *trapassato prossimo*.

● Allora, venerdì mi sono accorta che mi mancava l'anello che mi aveva regalato mia madre. Che spavento[1]! Allora ho cominciato a riflettere:

   il giorno prima ....

   ....

   mercoledì..

   ....

   e il fine settimana precedente..

   ....

   ma gli altri giorni sono solo andata al lavoro senza fare niente di particolare.

○ Ma dove l'avevi perso?

● In casa, alla fine l'ho ritrovato nel bagno. Che sollievo[2]!

   [1] spavento: Schreck
   [2] sollievo: Erleichterung

15 Vervollständigen Sie mit den Verben in der Vergangenheit.

1. Dopo tanto tempo .... (io ◆ incontrare) per caso Anna, quella

   ragazza carina che .... (conoscere) a casa di Milena.

2. Due settimane fa il mio ragazzo ed io .... (ricominciare) a fare

   jogging. .... (smettere) da diverso tempo.

3. Gina .... (lasciare) il corso d'inglese che ....

   (frequentare) per diversi anni perché non ha più tempo.

4. Ultimamente .... (leggere) il nuovo libro di Andrea De Carlo. Non

   .... mai .... (leggere) un suo libro prima.

5. Sono proprio contenta. Aurelia .... (andare) nell'albergo che le

   .... (consigliare) io e si è trovata bene.

6. Che strano, i Frattini ieri sera non .... (esserci). Eppure ....

.... (invitare) anche loro.

7. Ho sentito che Aisha .... (tornare) in Marocco. Ma quando ....

.... (venire) a vivere in Italia?

8. I miei genitori .... (andare) una settimana a Roma. La prima volta

.... (esserci) in viaggio di nozze.

16 Vervollständigen Sie die Sätze mit *molto, poco* oder *tanto*.
Achten Sie darauf, ob ein Adjektiv oder ein Adverb gefragt ist.

1. Carla è fortunata: ha .... soldi anche se lavora ....

2. Alcuni dicono che per dimagrire bisogna mangiare .... pasta, ... pane e

.... insalata.

3. A me piace .... ballare, ma non ho .... occasioni per farlo.

4. Ieri sera siamo andati a letto .... tardi e abbiamo dormito .... ore.

5. A scuola con mio figlio ci sono .... bambini stranieri che parlano ....

bene l'italiano.

6. Ho viaggiato .... e ho conosciuto .... gente di tutto il mondo.

7. In Svezia ci sono .... italiani, mentre in Germania ce ne sono ....

17 Paula war zum ersten Mal in Rom. Was erzählt sie ihrer italienischen Kollegin?
Vervollständigen Sie die Namen der Sehenswürdigkeiten mit den angegebenen Wörtern.

Pietro ◆ Monti ◆ Verità ◆ Navona ◆ Piazza ◆ Foro ◆ Fontana

Roma è davvero fantastica. Ho fatto proprio la turista. Sono
andata in .... di Spagna e mi sono seduta
sulla gradinata di Trinità dei ...., in mezzo
alle azalee. Ho messo la mano nella Bocca della
.... e per fortuna l'ho ritirata intatta.
Ho girato tra gli scavi del .... Romano.
Mi sono seduta sulle scalinate del Colosseo imma-
ginando di vedere i gladiatori combattere contro i
leoni. Ho fotografato le Guardie[1] svizzere davanti a San
.... Ho preso un caffè in via Veneto come gli
attori negli anni '60. Ho fatto una foto davanti a tutte e tre le
fontane di Piazza .... Ho mangiato in una trattoria del Testaccio. Alla fine prima di
partire, ho gettato una monetina[2] nella .... di Trevi, così sono sicura di tornarci!

_____
[1]guardia: Wache [2]moneta: Münze

Systematische Grammatik

Inhalt

Das Adjektiv

→ 1 Das Adjektiv bello

Singular	Plural
un **bel** tappeto	dei **bei** mobili
un **bell'**armadio	dei **begli** alberghi
un **bello** studio	dei **begli** specchi
una **bella** cucina	delle **belle** tende

Das Adjektiv *bello* schön hat vor einem männlichen Substantiv die gleichen Endungen wie der bestimmte Artikel (vgl. Allegro 1, S. 155). Vor einem weiblichen Substantiv, das mit Vokal beginnt, kann das Adjektiv apostrophiert werden: *una bella idea/una bell'idea.*

→ 2 Steigerung des Adjektivs

Das Adjektiv kann in verschiedenen Stufen gesteigert werden: Der Komparativ bezeichnet den höheren Grad einer Eigenschaft (*größer, ein größeres Haus*) und dient zum Vergleich (*größer als du*); der relative Superlativ bezeichnet den höchsten Grad (*das größte Haus*).

Ti piace il jogging? – No, preferisco il fitwalking.
È **più semplice** e **meno faticoso**.
Es ist einfacher und weniger anstrengend.

Sono meno sportivo **di** mio padre.
Ich bin weniger sportlich als mein Vater.
Lo sci è più costoso **del** nuoto.
Schifahren ist kostspieliger als Schwimmen.

Il Monte Solaro è **il** punto **più alto** di Capri.
Der Monte Solaro ist der höchste Punkt von Capri.

Beim Komparativ wird der höhere Grad durch *più* + Adjektiv und ein niedrigerer Grad durch *meno* + Adjektiv ausgedrückt: *più caro* teurer, *meno caro* billiger.
Dem deutschen „als" im Vergleichssatz entspricht *di* (+ Artikel), wenn zwei Personen oder Sachen miteinander verglichen werden.
Der relative Superlativ wird mit dem Komparativ und dem bestimmten Artikel gebildet.

Beachten Sie:
- Das Adjektiv *buono* gut hat unregelmäßige Steigerungsformen:
  migliore besser, *il/la migliore* der/die beste.
  Vorrei trovare un lavoro migliore. *Ich möchte eine bessere Arbeit finden.*
  Il Danieli è l'albergo migliore di Venezia. *Das Danieli ist das beste Hotel von Venedig.*
  Die regelmäßigen Steigerungsformen *più buono* und *il più buono* werden im Allgemeinen nur zur Charakterisierung von Personen sowie von Speisen und Getränken verwendet:
  un amico più buono ein besserer Freund, *la pizza più buona* die beste Pizza.
- Auch Adverbien können gesteigert werden: ***Vengo più tardi***. *Ich komme später.*
  Der Komparativ von *bene* gut ist unregelmäßig: ***Oggi sto meglio***. *Heute geht es mir besser.*

→ 3 Der absolute Superlativ

Der absolute Superlativ bezeichnet einen sehr hohen Grad einer Eigenschaft. Er dient nicht zum Vergleich.

Sondrio è una città **sicurissima**.
Sondrio ist eine sehr sichere Stadt.
In Calabria ci sono delle spiagge **bellissime**.
In Kalabrien gibt es wunderschöne Strände.

Der absolute Superlativ wird gebildet, indem man das Adjektiv um den Endvokal kürzt und die Endung **-issimo/-a/-i/-e** anhängt.

- Bei Adjektiven auf **-co** oder **-go** wird vor der Endung **-issimo/-a/-i/-e** ein **-h-** eingeschoben:
  ricco → *ricchissimo* sehr reich, *lungo* → *lunghissimo* sehr lang.
- Der absolute Superlativ kann wie im Deutschen auch durch *molto* + Adjektiv ausgedrückt werden: *molto importante* sehr wichtig.

Das Pronomen

Personalpronomen im Überblick

Personalpronomen sind persönliche Fürwörter, die die Position eines Subjekts oder Objekts einnehmen können, z.B. *ich, du, er* (Subjektpronomen), *mich, dich, ihn* (direkte Objektpronomen) oder *mir, dir, ihm* (indirekte Objektpronomen).
Anders als im Deutschen unterscheidet man im Italienischen zwischen betonten und unbetonten Objektpronomen.
Die Subjektpronomen hingegen sind immer betont.

Betonte Formen			Unbetonte Formen	
Subjekt	Dir. Objekt	Indir. Objekt	Dir. Objekt	Indir. Objekt
io *ich*	me *mich*	a me *mir*	mi *mich*	mi *mir*
tu *du*	te *dich*	a te *dir*	ti *dich*	ti *dir*
lui *er*	lui *ihn/es*	a lui *ihm*	lo *ihn/es*	gli *ihm*
lei *sie*	lei *sie*	a lei *ihr*	la *sie*	le *ihr*
Lei *Sie*	Lei *Sie*	a Lei *Ihnen*	La *Sie*	Le *Ihnen*
noi *wir*	noi *uns*	a noi *uns*	ci *uns*	ci *uns*
voi *ihr/Sie*	voi *euch/Sie*	a voi *euch/Ihnen*	vi *euch*	vi *euch/Ihnen*
loro *sie*	loro *sie*	a loro *ihnen*	li *sie (mask.)*	gli *ihnen*
			le *sie (fem.)*	

- Bei den betonten Formen unterscheiden sich nur *me* und *te* von den entsprechenden Subjektpronomen *io* und *tu*. Alle anderen Formen sind gleich. Die betonten direkten und indirekten Objektpronomen unterscheiden sich nur durch die Präposition *a*.
- Die Höflichkeitsform *Lei* kann auch klein geschrieben werden: *È lei il signor Bianchi?*
- Die unbetonten direkten und indirekten Objektpronomen unterscheiden jeweils in der 3. Person Singular und Plural.

→ 4 Betonte Objektpronomen

Perché non vieni con **noi**?
Questo è un regalo per **loro**.
Mario è venuto dopo di **te**.

Hai visto Paolo? – No, non ho visto **lui**, ma suo fratello.

Carla ha chiamato anche **te**?
Non mi ha scritto. – Neanche **a me**.

Mi piace la pizza. – **A me** no.

Man verwendet die betonten Objektpronomen
- nach Präpositionen, z.B. *con me* mit mir, *per te* für dich. Nach den Präpositionen *senza, prima, dopo* und *su* folgt *di* und dann das betonte Objektpronomen: *senza di me* ohne mich, *prima di voi* vor euch/Ihnen
- zur Hervorhebung der Person. Das Pronomen steht dann nach dem Verb.

- nach *anche* auch und *neanche* auch nicht

- in Sätzen ohne Verb

Zum Gebrauch der Subjektpronomen s. Allegro 1, S.159.

→ 5 Unbetonte Objektpronomen

Die unbetonten Objektpronomen werden in Verbindung mit einem Verb gebraucht. Das Pronomen steht in der Regel vor dem konjugierten Verb (s. jedoch unten).

Prendi tu i biglietti? – Sì, **li** prendo io. Chi accompagna Ornella? – Non **la** accompagni tu?	Direkte Objektpronomen stehen für ein Objekt im Akkusativ. (Hilfsfrage: *Wen?/Was?*)
Hai scritto a Mario? – No, non **gli** ho scritto. Hai telefonato a Pia? – Sì, **le** ho telefonato.	Indirekte Objektpronomen stehen für ein Objekt im Dativ. (Hilfsfrage: *Wem?*)

- *Lo* und *la* können vor einem Vokal apostrophiert werden, *li* und *le* hingegen nicht: *L'accompagno. Ich begleite sie/ihn. Li/Le accompagno. Ich begleite sie.*
- Beim *passato prossimo* mit *avere* wird das Partizip Perfekt in Geschlecht und Zahl an das direkte Pronomen angeglichen. *Lo* und *la* werden vor den Formen von *avere* meist apostrophiert: *Dove avete incontrato Luigi? – L'abbiamo incontrato a Pisa. Wir haben ihn in Pisa getroffen. Quando hai visto Sara? – L'ho vista due giorni fa. Ich habe sie vor zwei Tagen gesehen. Avete preso i biglietti? – Sì, li abbiamo presi ieri. Ja, wir haben sie gestern besorgt. Hai comprato le tende? – Sì, le ho comprate ieri. Ja, ich habe sie gestern gekauft.*
- In der gesprochenen Sprache steht das direkte Objekt oft am Satzanfang. In diesem Fall muss es durch das entsprechende Pronomen wieder aufgegriffen werden (vgl. S. 166): *Le tende le ho comprate ieri. Die Vorhänge habe ich gestern gekauft.*

→ 6 Stellung der unbetonten Objektpronomen

Für die unbetonten Objektpronomen, die Reflexivpronomen sowie *ci* und *ne* (vgl. unten) gelten die folgenden Stellungsregeln:

Ti piacciono gli gnocchi? Non **ci** siamo divertiti.	Sie stehen vor dem konjugierten Verb.
Mi piacerebbe conoscer**lo**. Scriv**ici** presto! Da**mmi** il libro! Di**llo** subito. Di**gli** che arriviamo domani. *Aber:* **Gli** dica che arriviamo domani. L'indirizzo di Sara? – Ecco**lo**. *Hier.* Ecco**ti**! *Da bist du ja!*	Sie werden angehängt ■ an einen Infinitiv, wobei das Endungs -e entfällt ■ an einen Imperativ *Beachten Sie:* Bei den Formen *da', di', fa', sta'* und *va'* verdoppelt sich der Anfangskonsonant des Pronomens, außer bei *gli* (vgl. S. 164). Beim Imperativ der Höflichkeitsform stehen die Pronomen vor dem Verb. ■ an *ecco;* dies betrifft nur die direkten Pronomen (*mi, ti, lo, la* usw.)
Potresti aiutar**ci**?/**Ci** potresti aiutare? Non chiamar**mi** prima delle nove!/ Non **mi** chiamare prima delle nove!	Beide Konstruktionen sind möglich ■ bei den Modalverben *dovere, potere* und *volere* ■ beim verneinten Imperativ der 2. Person Singular (Du-Form)

→ 7 Ci und ne

Abiti ancora **in centro**? – No, non **ci** abito più. *Nein, ich wohne nicht mehr dort/da.* Vai spesso **a Roma/sul lago di Gardo**? – Sì, **ci** vado due, tre volte alla settimana. *Ja, ich fahre zwei-, dreimal in der Woche (dort)hin.* **Al cinema ci** vado spesso. *Ins Kino gehe ich oft.*	*Ci* bezieht sich auf zuvor genannte Orts- oder Richtungsangaben mit der Präposition *a, in* oder *su* und bedeutet *dort, dorthin.* Steht die Ortsangabe am Satzanfang, so wird sie mit *ci* wieder aufgegriffen.

Le posso dare queste **pastiglie**. **Ne** prenda due.
Ich kann Ihnen diese Tabletten geben. Nehmen Sie zwei (davon).
Che buono questo **dolce**. **Ne** prendo ancora.
Dieser Nachtisch ist wirklich lecker. Ich nehme noch mehr (davon).

Ne bezieht sich auf ein zuvor genanntes Substantiv und bezeichnet eine Teilmenge davon. *Ne* bedeutet *davon*, bleibt im Deutschen aber oft unübersetzt.

Für *ci* und *ne* gelten dieselben Stellungsregeln wie für die unbetonten Pronomen (vgl. S. 155):
Non ci vado mai. *Ich gehe/fahre nie dorthin.* **Prendine due!** *Nimm zwei!*

→ 8 Die Relativpronomen che und cui

Die Relativpronomen *che* und *cui* sind unveränderlich und können sich sowohl auf Personen als auch auf Sachen im Singular und Plural beziehen.

La ragazza **che** abita qui si chiama Rosa. *Das Mädchen, das ...*
Il ragazzo **che** abita qui si chiama Aldo. *Der Junge, der ...*
Il film **che** ho visto ieri è interessante. *Der Film, den ...*
Ecco i libri **che** mi hai prestato. *Hier sind die Bücher, die ...*

Che kann Subjekt oder direktes Objekt des Nebensatzes sein.

La casa **in cui** abito è molto vecchia. *Das Haus, in dem ...*
Il film **di cui** mi hai parlato è proprio bello. *Der Film, von dem ...*
Le ragazze **con cui** esce sono di Roma. *Die Mädchen, mit denen ...*

Cui wird nach Präpositionen verwendet.

■ Die Präposition *a* kann vor *cui* entfallen: **Chi è la ragazza cui sta scrivendo?**

→ 9 Die Demonstrativa

Die Demonstrativa *questo dieser/der (hier)* und *quello jener/der (dort)* richten sich in Geschlecht und Zahl nach dem Bezugswort. *Questo* bezieht sich auf Personen oder Sachen, die sich in unmittelbarer Nähe des Sprechers befinden, *quello* verweist auf Personen oder Sachen, die räumlich, zeitlich oder gedanklich etwas weiter vom Sprecher entfernt sind.
Questo und *quello* können als Pronomen und als Adjektive verwendet werden:

questo	questi	quello	quelli
questa	queste	quella	quelle

Als Demonstrativpronomen stehen sie für ein Substantiv:
Qual è la tua bici? Questa? – No, è quella (lì).

Als Demonstrativadjektive stehen sie direkt vor dem Substantiv. *Quello* endet dabei wie der bestimmte Artikel (vgl. Allegro 1, S. 155): **Mi piace questa bici/quel motorino.**

Singular		Plural		Singular		Plural	
questo	vestito	questi	vestiti	quel	vestito	quei	vestiti
	zaino		zaini	quello	zaino	quegli	zaini
quest'	orologio		orologi	quell'	orologio		orologi
questa	sciarpa	queste	sciarpe	quella	sciarpa	quelle	sciarpe
quest'	agenzia		agenzie	quell'	agenzia		agenzie

■ Bei Gegenüberstellungen verwendet man zuerst *questo*, dann *quello*:
Quale sciarpa ti piace? – Mi piace questa qui, ma anche quella rossa è carina.
Welcher Schal gefällt dir? Mir gefällt dieser hier, aber auch der rote dort ist hübsch.

Die Indefinita

Unter „Indefinita" fasst man unbestimmte Pronomen (vgl. *niemand, etwas*), unbestimmte Adjektive (vgl. *einige Freunde*) und unbestimmte Adverbien (vgl. *wenig/viel essen*) zusammen.

→ 10 Molto, tanto, troppo, poco

Poco wenig, *molto viel*, *tanto (so) viel/sehr* und *troppo zu viel* können als Adjektive, als Pronomen oder als Adverbien gebraucht werden:

Adjektiv	Pronomen	Adverb
Ho **poco** tempo.	C'è ancora del pane? – Sì, ma **poco**.	Ho dormito **poco**.
Hanno **molti** problemi.	Quanti amici hai? – **Molti**.	Luigi viaggia **molto**.
Mangio **tanta** frutta.	Quanta frutta hai mangiato? – **Tanta**.	Si amano **tanto**.
Ho **troppe** cose da fare.	Quante persone ci sono? – **Troppe!**	Ho mangiato **troppo**.

- Als Adjektive und Pronomen richten sich *poco*, *molto*, *tanto* und *troppo* in Geschlecht und Zahl nach ihrem Bezugswort: *poco tempo*, *poca gente* usw.
- Als Adverbien sind sie unveränderlich und enden immer auf **-o**.

→ 11 Qualche und alcuni/-e

Die unbestimmten Adjektive *qualche* und *alcuni/-e* sind gleichbedeutend (*einige, ein paar*).

| Compro **qualche** libro. | *einige Bücher* |
| | **qualche** cartolina. | *einige Postkarten* |

| Compro **alcuni** libri. | *einige Bücher* |
| | **alcune** cartoline. | *einige Postkarten* |

Das häufiger gebrauchte *qualche* ist unveränderlich und wird stets in Verbindung mit einem Substantiv im Singular verwendet. *Alcuni/-e* hingegen wird mit einem Substantiv im Plural verwendet und an dieses angeglichen.

- *Qualche* kann auch *irgendein* bedeuten: *in qualche ufficio qui vicino* in irgendeinem Büro. Feststehende Ausdrücke mit *qualche* sind: *da qualche parte irgendwo*, *qualche volta manchmal*.
- *Alcuni/-e* kann auch als Pronomen gebraucht werden:
  Ho molti amici. Alcuni vivono a Roma. Ich habe viele Freunde. Einige leben in Rom.

→ 12 Tutto/-a und ogni

Lavoro	**tutto il** giorno.	*den ganzen Tag*
	tutta la notte.	*die ganze Nacht*
	tutti i giorni.	*jeden Tag*
	tutte le notti.	*jede Nacht*
	ogni giorno.	*jeden Tag*
	ogni notte.	*jede Nacht*

Tutto/-a steht mit dem bestimmten Artikel und richtet sich in Geschlecht und Zahl nach dem Bezugswort. Im Singular bedeutet *tutto/-a der/die ganze*, im Plural *jede/r, alle*.

Ogni jede/r ist unveränderlich und steht vor einem Substantiv im Singular.

- *Beachten Sie*: Anders als im Deutschen steht der Artikel zwischen *tutto/-a* und dem Substantiv.
- *Tutto/-a* kann – ohne Artikel – auch als Pronomen vorkommen:
  Sono venuti tutti. Alle sind gekommen.

→ 13 Qualcuno, nessuno, qualcosa, niente

Hai visto **qualcuno**? –	*Hast du jemanden gesehen? –*
No, **nessuno**./No, non ho visto **nessuno**.	*Nein, niemanden./Nein, ich habe niemanden gesehen.*
Posso fare **qualcosa** per te? –	*Kann ich etwas für dich tun? –*
No, **niente**./No, non puoi fare **niente**.	*Nein, nichts./Nein, du kannst nichts tun.*

- Die unbestimmten Pronomen *qualcuno*, *nessuno*, *qualcosa* und *niente* sind wie im Deutschen unveränderlich.
- Bei der mehrteiligen Verneinung (vgl. Allegro 1, S. 164) steht *non* vor dem konjugierten Verb und *nessuno* oder *niente* dahinter: *Qui non c'è nessuno* .
  Stehen *nessuno/niente* allein oder am Satzanfang, entfällt *non*: Nessuno è perfetto.
- Ein Adjektiv, das auf *qualcosa* oder *niente* folgt, wird mit *di* angeschlossen, ein Verb mit *da*:
  Hai visto qualcosa di interessante? Hast du etwas Interessantes gesehen?
  Non ho niente da fare. Ich habe nichts zu tun.

Das Verb

Besondere Verben und Konstruktionen

→ 14 Stare + gerundio

Che cosa **stai facendo**? *Was machst du (gerade)?*	*Stare + gerundio* beschreibt ein Geschehen, das sich gerade im Verlauf befindet.
Sto mangiando. *Ich esse./Ich bin beim Essen.*	

Das *gerundio* ist eine unveränderliche Verbform, die sich vom Infinitiv ableitet:

Infinitiv:	cantare	leggere	partire
Gerundio:	cant**ando**	legg**endo**	part**endo**

Die Verben auf **-are** erhalten die Endung **-ando**, die Verben auf **-ere** und **-ire** die Endung **-endo**.

Nur wenige Verben haben Sonderformen, z.B. *bere* → *bevendo*, *dire* → *dicendo*, *fare* → *facendo* (s. S. 170).

→ 15 Stare per + Infinitiv

Sta per piovere. *Es wird gleich regnen.*	*Stare per* + Infinitiv beschreibt ein Geschehen, das in unmittelbarer Zukunft eintreten wird.
Stiamo per andare a letto.	
Wir sind gerade dabei, ins Bett zu gehen.	

→ 16 Die si-Konstruktion

Che cosa **si mangia** a Pasqua? *Was isst man zu Ostern?*	
Si mangia l'agnello. *Man isst Lamm(braten).*	mit Bezugswort im Singular
Si mangiano molti dolci. *Man isst viele Süßigkeiten.*	mit Bezugswort im Plural

Die deutsche *man*-Konstruktion wird durch *si* + Verb in der 3. Person wiedergegeben.
Das Verb steht im Plural, wenn ein Bezugswort im Plural folgt.
Die Verneinung *non* steht vor der *si*-Konstruktion: *Qui non si fuma. Rauchen verboten.*

→ 17 Die Wiedergabe von *brauchen*

Für die Wiedergabe von *brauchen* kennt das Italienische verschiedenene Verben und Wendungen:

Ho bisogno di un'informazione.
Ich brauche eine Auskunft.
Hai bisogno della macchina?
Brauchst du das Auto?

Auf *avere bisogno di* folgt ein Substantiv im Singular oder Plural. Folgt ein Substantiv mit dem bestimmten Artikel, so verschmelzen *di* und der Artikel zu einem Wort.

Per fare la pizza ci vuole la mozzarella.
Um Pizza zu machen, braucht man Mozzarella.
Ci vogliono anche i pomodori.
Man braucht auch Tomaten.

Ci vuole / ci vogliono bedeutet: *man braucht.* Je nachdem, ob ein Substantiv im Singular oder im Plural folgt, verwendet man *ci vuole* bzw. *ci vogliono.*

Ti serve una mano?
Brauchst du Hilfe?
Mi servono gli orari dei treni.
Ich brauche die Abfahrtszeiten der Züge.

Serve / Servono steht in Verbindung mit einem indirekten Objekt *(mi, ti, gli; a Gigi).* Die Verwendung von Singular oder Plural richtet sich nach dem Bezugwort.

Il treno ci mette un'ora.
Der Zug braucht eine Stunde.
In macchina **ci metto** mezz'ora.
Mit dem Auto brauche ich eine halbe Stunde.

Das Verb *metterci* wird verwendet, um die Zeitdauer anzugeben, die ein Verkehrsmittel oder eine Person benötigt.

→ 18 *Basta* und *bisogna*

Basta così?
Reicht das?
Bastano pochi minuti.
Es genügen wenige Minuten.

Basta / bastano bedeutet: *es genügt / es genügen. Basta* wird verwendet, wenn ein Verb im Infinitiv oder ein Substantiv im Singular folgen; bei einem Substantiv im Plural verwendet man *bastano.*

Bisogna risparmiare.
Man muss sparen.

Auf *bisogna es ist nötig / man muss* folgt immer ein Verb im Infinitiv.

→ 19 *Fare* + Infinitiv

Quando **fai riparare** la macchina?
Wann lässt du das Auto reparieren?

Um auszudrücken, dass man eine Handlung veranlasst, verwendet man *fare* + Infinitiv.

Devo **far controllare** i freni.
Ich muss die Bremsen kontrollieren lassen.

Steht *fare* im Infinitiv, so entfällt der Endvokal -e.

Mi **fai vedere** le foto del matrimonio?
Zeigst du mir die Hochzeitsfotos?

Feste Wendungen mit *fare* + Infinitiv sind z. B. *far vedere zeigen, far conoscere bekannt machen (mit).*

Das passato prossimo

→ 20 Das *passato prossimo* von *piacere*

Questo film mi è proprio **piaciuto**.
La storia ti è **piaciuta**?
Alcuni attori non mi **sono piaciuti**.
Le canzoni ci **sono piaciute** tanto.

Das Verb *piacere gefallen, mögen, etwas gern tun* bildet das *passato prossimo* mit *essere.* Das Partizip Perfekt richtet sich in Geschlecht und Zahl nach seinem Bezugswort.

→ 21 Das *passato prossimo* der reflexiven Verben

	innamorarsi		
io	mi	sono	} innamorato
tu	ti	sei	innamorata
lui, lei, Lei	si	è	
noi	ci	siamo	} innamorati
voi	vi	siete	innamorate
loro	si	sono	

Reflexive Verben bilden das *passato prossimo* immer mit dem Hilfsverb *essere*. Das Reflexivpronomen steht vor dem Hilfsverb. Das Partizip richtet sich in Geschlecht und Zahl nach dem Subjekt: *Chiara si è innamorata*. *Chiara hat sich verliebt.* Die Verneinung *non* steht vor dem Reflexivpronomen: *Non mi sono divertito.* *Ich habe mich nicht amüsiert.*

→ 22 Das *passato prossimo* der Modalverben

Anna **ha dovuto** lavorare. (ha lavorato)
Anna musste arbeiten.

Anna è **voluta** partire. (è partita)
Anna wollte abreisen.

Als Hilfsverb verwendet man beim *passato prossimo* der Modalverben *dovere, potere* und *volere*
- *avere*, wenn das Hauptverb mit *avere* konjugiert wird;
- *essere*, wenn das Hauptverb mit *essere* konjugiert wird. In diesem Fall richtet sich das Partizip in Geschlecht und Zahl nach dem Subjekt.

→ 23 **Das imperfetto**

Das *imperfetto* ist neben dem *passato prossimo* eine weitere Zeitform der Vergangenheit.

Bildung

	-are lavorare	-ere avere	-ire partire	*Sonderfall:* essere
io	lavor**avo**	av**evo**	part**ivo**	ero
tu	lavor**avi**	av**evi**	part**ivi**	eri
lui, lei, Lei	lavor**ava**	av**eva**	part**iva**	era
noi	lavor**avamo**	av**evamo**	part**ivamo**	eravamo
voi	lavor**avate**	av**evate**	part**ivate**	eravate
loro	lavor**avano**	av**evano**	part**ivano**	erano

Die meisten Verben bilden das *imperfetto* regelmäßig. Einige Verben haben Sonderformen, z.B. *bere* → *bevevo*; *fare* → *facevo, dire* → *dicevo* (s. S. 168).

Gebrauch

Das *imperfetto* ist eine Zeitform der Vergangenheit, mit der die vergangenen Geschehnisse, Zustände oder Handlungen als zeitlich nicht begrenzt dargestellt werden.

Ieri **faceva** freddo e **pioveva**.
Mio nonno **era** magro e alto.

Da bambino mi **piaceva** giocare a carte.
La domenica **andavamo** sempre al mare.

Mentre **preparavo** la cena **ascoltavo** la radio.

Man verwendet das *imperfetto*
- bei Beschreibungen von Situationen, Zuständen, Personen oder Sachen
- bei Gewohnheiten und wiederholten Handlungen
- bei zwei oder mehreren Handlungen, die gleichzeitig verlaufen

Beachten Sie:

- Die Konjunktion **mentre** *während* leitet einen Nebensatz ein. Wenn die Geschehnisse im Haupt- und Nebensatz gleichzeitig verlaufen, steht jeweils das *imperfetto*.
  Das *passato prossimo* wird verwendet, wenn im Hauptsatz eine Handlung neu einsetzt und das Geschehen im **mentre**-Satz unterbricht: *Mentre preparavo la cena* ha squillato *il cellulare.*

→ 24 Imperfetto und passato prossimo

Sowohl das *imperfetto* als auch das *passato prossimo* werden verwendet, um von Begebenheiten in der Vergangenheit schriftlich oder mündlich zu erzählen. Der Gebrauch der beiden Vergangenheitszeiten unterscheidet sich deutlich voneinander:

Ieri **faceva** bel tempo e **volevo** passeggiare un po' nel parco. *Gestern war schönes Wetter und ich wollte ein wenig im Park spazieren gehen.*	Im *imperfetto* stehen der Handlungshintergrund oder die Begleitumstände wie z. B. Gewohnheiten, Zustände oder Merkmale von Personen und Sachen („Was war? Wie war es?").
Ma poi **ho incontrato** Paolo. **Siamo andati** al bar e **abbiamo preso** un caffè. *Aber dann traf ich Paolo. Wir gingen in eine Bar und tranken einen Kaffee.*	Im *passato prossimo* stehen die eigentliche Handlung oder mehrere aufeinanderfolgende Ereignisse („Was ist passiert?").

→ 25 Das trapassato prossimo

Bildung

Das *trapassato prossimo* wird – wie das deutsche Plusquamperfekt – aus dem *imperfetto* der Hilfsverben **avere** oder **essere** und dem Partizip Perfekt des jeweiligen Verbs gebildet:

	Imperfetto von avere + Partizip		Imperfetto von essere + Partizip	
io	avevo		ero	andato
tu	avevi		eri	andata
lui, lei, Lei	aveva	lavorato	era	
noi	avevamo		eravamo	andati
voi	avevate		eravate	andate
loro	avevano		erano	

Für die Wahl des Hilfsverbs und die Angleichung des Partizips gelten die gleichen Regeln wie für das *passato prossimo* (vgl. Allegro 1, S. 163).

Gebrauch

Ieri ho incontrato dei ragazzi che **avevo conosciuto** a Napoli. *Gestern habe ich die Jungs getroffen, die ich in Neapel kennen gelernt hatte.*	Das *trapassato prossimo* wird wie das deutsche Plusquamperfekt zur Darstellung einer Handlung in der Vergangenheit gebraucht, die vor einer anderen, ebenfalls vergangenen Handlung stattgefunden hat. Die andere Handlung steht entweder im *passato prossimo* oder im *imperfetto*.
Domenica sono andata a letto prestissimo perché la mattina **mi ero alzata** alle cinque. *Am Sonntag bin ich sehr früh zu Bett gegangen, weil ich morgens um fünf Uhr aufgestanden war.*	

Bildung

	-are lavorare	-ere scrivere	-ire partire	*Sonderfall:* ẹssere
io	lavorerò	scriverò	partirò	sarò
tu	lavorerai	scriverai	partirai	sarai
lui, lei, Lei	lavorerà	scriverà	partirà	sarà
noi	lavoreremo	scriveremo	partiremo	saremo
voi	lavorerete	scriverete	partirete	sarete
loro	lavoreranno	scriveranno	partiranno	saranno

- Bei den Verben auf **-are** wird das **a** der Infinitivendung zu **e**: *comprare → comprerò*.
- Bei den Verben auf **-care** und **-gare** wird vor der Endung ein **h** eingefügt: *cercare → cercherò*, *spiegare → spiegherò*.
- Bei den Verben auf **-iare** entfällt das **i**: *cominciare → comincerò*, *mangiare → mangerò*.

Verben mit Sonderformen

Bei den Verben mit Sonderformen gibt es drei Gruppen:
- Der Vokal **a** oder **e** der Infinitivendung entfällt: *andare → andrò*, *avere → avrò*, *dovere → dovrò*, *potere → potrò*, *sapere → saprò*, *vedere → vedrò*, *vivere → vivrò*.
- Futurformen mit doppeltem **r**: *bere → berrò*, *rimanere → rimarrò*, *tenere → terrò*, *venire → verrò*, *volere → vorrò*.
- Das **a** der Infinitivendung bleibt erhalten: *dare → darò*, *fare → farò*, *stare → starò*.

Gebrauch

Der Gebrauch des *futuro* entspricht weitgehend dem des deutschen Futurs:

Dopo le vacanze **cercherò** un lavoro. *Nach dem Urlaub werde ich Arbeit suchen.* Ci **incontreremo** in marzo? *Werden wir uns im März treffen?*	■ Das *futuro* dient zur Beschreibung von Ereignissen, die in der (meist ferneren) Zukunft liegen oder deren Realisierung noch ungewiss scheint.

Che ore sono? – **Saranno** le 8.
Wie spät ist es? – Es wird/dürfte 8 Uhr sein.
Sergio non c'è ancora.
  Forse **arriverà** con l'ultimo treno.
Sergio ist noch nicht da.
  Vielleicht wird er mit dem letzten Zug kommen.
	■ Das *futuro* wird verwendet, um Annahmen oder Vermutungen auszudrücken, die in der Gegenwart oder Zukunft liegen.

Für Ereignisse der nahen Zukunft wird wie im Deutschen meist das Präsens verwendet:
Domani non lavoro. *Morgen arbeite ich nicht.*

→ 27 Das condizionale

Bildung

	-are lavorare	-ere scrivere	-ire partire	*Sonderfall:* essere
io	lavorerei	scriverei	partirei	sarei
tu	lavoreresti	scriveresti	partiresti	saresti
lui, lei, Lei	lavorerebbe	scriverebbe	partirebbe	sarebbe
noi	lavoreremmo	scriveremmo	partiremmo	saremmo
voi	lavorereste	scrivereste	partireste	sareste
loro	lavorerebbero	scriverebbero	partirebbero	sarebbero

Das *condizionale* wird analog zum *futuro* (vgl. S. 162) gebildet:

- Bei den Verben auf -are wird das a der Infinitivendung zu e: *comprare* → *comprerei*.
- Bei den Verben auf -care und -gare wird vor der Endung ein h eingefügt: *cercare* → *cercherei*, *spiegare* → *spiegherei*.
- Bei den Verben auf -iare entfällt das i: *cominciare* → *comincerei*, *mangiare* → *mangerei*.

Verben mit Sonderformen

- Der Vokal a oder e der Infinitivendung entfällt bei folgenden Verben: *andare* → *andrei*, *avere* → *avrei*, *dovere* → *dovrei*, *potere* → *potrei*, *sapere* → *saprei*, *vedere* → *vedrei*, *vivere* → *vivrei*.
- Konditionalformen mit doppeltem r: *bere* → *berrei*, *rimanere* → *rimarrei*, *tenere* → *terrei*, *venire* → *verrei*, *volere* → *vorrei*.
- Das a der Infinitivendung bleibt erhalten: *dare* → *darei*, *far* → *farei*, *stare* → *starei*.

Gebrauch

Mi **piacerebbe** abitare in campagna. *Ich würde gern auf dem Land leben.* Ti **compreresti** una Ferrari? *Würdest du dir einen Ferrari kaufen?*	■ Das *condizionale* drückt aus, was sein oder geschehen könnte.
Potreste aiutarmi? *Könntet ihr mir helfen?* **Vorremmo** rimanere ancora un po'. *Wir möchten noch etwas bleiben.* Secondo me **sarebbe** meglio partire subito. *Meiner Meinung nach wäre es besser, sofort abzureisen.*	■ Es dient außerdem dazu, Fragen, Vorschläge, Wünsche und Meinungen höflicher und vorsichtiger zu formulieren: *Potresti venire? Könntest du kommen?* statt *Puoi venire? Kannst du kommen?*

→ 28 Der Imperativ

Bildung

Regelmäßige Verben

	-are guardare		-ere scrivere	-ire sentire	-ire finire
(tu)	guarda!	*schau!*	scrivi!	senti!	finisci!
(Lei)	guardi!	*schauen Sie!*	scriva!	senta!	finisca!
(noi)	guardiamo!	*schauen wir!*	scriviamo!	sentiamo!	finiamo!
(voi)	guardate!	*schaut!/schauen Sie!*	scrivete!	sentite!	finite!

- Der verneinte Imperativ der Du-Form wird mit **non** + Infinitiv gebildet:
  Non lavorare troppo! Arbeite nicht zu viel!
  Aber: **Non lavori troppo!** *Arbeiten Sie nicht zu viel!*
     Non partite! *Reist nicht ab!/Reisen Sie nicht ab!*
- Unbetonte Personalpronomen, Reflexivpronomen sowie **ci** und **ne** werden an den Imperativ angehängt (vgl. S. 155): **Ascoltami!** *Hör mir zu!* **Riposatevi!** *Ruht euch aus!/Ruhen Sie sich aus!*
  Andiamoci! *Fahren wir hin!*
  Diese Regel gilt jedoch nicht für die Höflichkeitsform im Singular: **Mi ascolti!** *Hören Sie mir zu!*

Unregelmäßige Verben

	andare	dare	fare	stare	dire	avere	essere
(tu)	va'/vai	da'/dai	fa'/fai	sta'/stai	di'	abbi	sii
(Lei)	vada	dia	faccia	stia	dica	abbia	sia
(noi)	andiamo	diamo	facciamo	stiamo	diciamo	abbiamo	siamo
(voi)	andate	date	fate	state	dite	abbiate	siate

- Werden unbetonte Personalpronomen oder **ci/ne** an die Imperativformen **va'**, **da'**, **fa'**, **sta'** oder **di'** angehängt, so verdoppelt sich der Anfangskonsonant des Pronomens (außer bei **gli**):
  Vacci! *Geh hin!* **Dammi del pane!** *Gib mir etwas Brot!* **Facci vedere le foto!** *Zeig uns die Fotos!*
  Stammi a sentire! *Hör mir mal zu!* **Dillo a tuo padre!** *Sag es deinem Vater!*
  Aber: **Digli la verità!** *Sag ihm die Wahrheit!*
  Weitere unregelmäßige Verben s. S. 168ff.

Gebrauch

Der Imperativ (Befehlsform) wird wie im Deutschen verwendet, um eine Aufforderung, eine Bitte oder eine Empfehlung auszusprechen.

→ 29 **Präpositionen**

Örtliche Beziehungen

dietro	**dietro** la tenda bianca	*hinter dem/den weißen Vorhang*
in mezzo a	**in mezzo al** mare	*mitten im Meer*
lungo	**lungo** la strada	*die Straße entlang*
sopra	**sopra** il tavolo	*über dem/den Tisch*
su	**sul** tappeto	*auf dem/den Teppich*
tra	**tra** i libri	*zwischen den Büchern/die Bücher*

Als Ortsangaben können auch die folgenden Adverbien und adverbialen Ausdrücke dienen:
al centro *in der Mitte,* **a destra** *rechts,* **a sinistra** *links,* **accanto** *daneben,* **fuori** *draußen,*
laggiù *dort unten/hinten,* **lassù** *dort oben,* **lì** *dort,* **sopra** *oben,* **sotto** *unten,* **qui** *hier.*

Zeitliche Beziehungen

tra	**tra** due anni	*in zwei Jahren*
a partire da	**a partire dal** 1998	*ab 1998*
durante	**durante** il viaggio	*während der Reise*

Die Ordnungszahlen

1º	primo	8º	ottavo	20º	ventesimo	27º	ventisettesimo
2º	secondo	9º	nono	21º	ventunesimo	28º	ventottesimo
3º	terzo	10º	decimo	22º	ventiduesimo	29º	ventinovesimo
4º	quarto	11º	undicesimo	23º	ventitreesimo	...	
5º	quinto	12º	dodicesimo	24º	ventiquattresimo	100º	centesimo
6º	sesto	13º	tredicesimo	25º	venticinquesimo	1000º	millesimo
7º	settimo	...		26º	ventiseiesimo		

■ Die Ordnungszahlen von 1–10 haben Sonderformen. Ab der Zahl 11 wird an die jeweilige Grundzahl die Endung -esimo angehängt, wobei der Endvokal der Grundzahl entfällt:
undici → *undicesimo*.
Bei den Zahlen auf -tré bleibt er jedoch erhalten: *ventitré* → *ventitreesimo*,
trentatré → *trentatreesimo*. Ebenso bei -sei: *trentasei* → *trentaseiesimo*.

■ Ordnungszahlen sind Adjektive und richten sich daher in Geschlecht und Zahl nach dem Substantiv, auf das sie sich beziehen: *il primo momento, la prima volta, i primi momenti, le prime volte*.

■ Wird die Ordnungszahl als Ziffer geschrieben, steht im Italienischen kein Punkt, sondern der
– meist hochgestellte – letzte Buchstabe des Zahladjektivs: *il 1º posto, la 2ª classe*.

Die Wortstellung

Aussage- und Fragesatz

Im Aussagesatz gilt in der Regel folgende Wortstellung:

Subjekt	Verb	Ergänzung/Objekt	
Sandro	ha comprato	dei fiori.	*Sandro hat Blumen gekauft.*
Marta	telefonerà	domani.	*Marta wird morgen anrufen.*

Der Fragesatz ohne Fragewort hat oft dieselbe Wortstellung wie der Aussagesatz. Der Unterschied wird nur durch die Satzmelodie deutlich: Beim Fragesatz geht die Stimme am Satzende nach oben (vgl. Allegro 1, S. 153):

Subjekt	Verb	Ergänzung/Objekt	
Sandro	ha comprato	dei fiori?	*Hat Sandro Blumen gekauft?*
Marta	telefonerà	domani?	*Wird Marta morgen anrufen?*

Der Fragesatz mit Fragewort hat meist folgende Wortstellung:

Fragewort	Verb	Subjekt	
Che cosa	ha comprato	Sandro?	*Was hat Sandro gekauft?*
Quando	telefonerà	Marta?	*Wann wird Marta anrufen?*

→ 31 Direktes und indirektes Objekt

Ho visto	**Silvia.** **tuo fratello.**	Wen?/Was?	direktes Objekt (Akkusativobjekt)
Scrivo	**a Paolo.** **alla mia amica.**	Wem?	indirektes Objekt (Dativobjekt) Das indirekte Objekt wird durch die Präposition *a* ausgedrückt.

Beachten Sie:

- Einige Verben ziehen ein anderes Objekt nach sich als im Deutschen.
  Mit direktem Objekt im Italienischen, aber mit Dativobjekt im Deutschen werden z.B. konstruiert:
  aiutare: Aiuto mio padre. Ich helfe meinem Vater.
  ringraziare: Ringrazio il mio professore. Ich danke meinem Professor.
  Mit indirektem Objekt im Italienischen, aber mit Akkusativobjekt im Deutschen werden z.B. konstruiert:
  telefonare: Telefono a Mario. Ich rufe Mario an.
  rispondere: Perché non rispondi alla mia lettera? Warum beantwortest du meinen Brief nicht?
- Kommen im Satz ein direktes und ein indirektes Objekt vor, so steht – anders als im Deutschen – zuerst das direkte Objekt:
  Scrivo una lettera a mio fratello. Ich schreibe meinem Bruder einen Brief.
- Wird das direkte oder indirekte Objekt durch ein unbetontes Pronomen ausgedrückt, so steht dieses vor dem konjugierten Verb (vgl. S.155):
  L' ho visto. Ich habe ihn gesehen. Le scrivo. Ich schreibe ihr.

→ 32 Hervorhebung eines Satzteils

Ohne Hervorhebung	*Mit Hervorhebung*	
Paola arriva stasera. Sandro ha comprato dei fiori. Che cosa mangiano i bambini?	Stasera arriva **Paola.** Ha comprato dei fiori **Sandro?** **I bambini** che cosa mangiano?	Betonung des Subjekts
Domani faccio il minestrone. Fabio ha montato la cucina.	**Il minestrone lo** faccio domani. **La cucina l'**ha montata Fabio.	Betonung des Objekts
Non vado mai al cinema.	**Al cinema** non ci vado mai.	Betonung der Ortsangabe

- Die Hervorhebung des Subjekts erfolgt für gewöhnlich durch Nachstellung. Soll das Subjekt im Fragesatz mit Fragewort betont werden, wird es vorangestellt.
- Die Hervorhebung eines direkten Objekts erfolgt durch Voranstellung und Wiederaufnahme durch das entsprechende Pronomen. Zur Angleichung des Partizips beim *passato prossimo* s. S.155 und 159f.
- Die Hervorhebung einer Ortsangabe erfolgt ebenfalls durch Voranstellung und Wiederaufnahme durch *ci* (vgl. S.155).

Anhang 1: Konjugation der Verben

Regelmäßige Verben

Infinitiv	Präsens	Imperativ	*Futuro*	*Condizionale*	*Imperfetto*	Partizip / *Gerundio*
lavorare	lavoro		lavorerò	lavorerei	lavoravo	lavorato
	lavori	lavora!	lavorerai	lavoreresti	lavoravi	
	lavora	lavori!	lavorerà	lavorerebbe	lavorava	
	lavoriamo	lavoriamo!	lavoreremo	lavoreremmo	lavoravamo	lavorando
	lavorate	lavorate!	lavorerete	lavorereste	lavoravate	
	lavorano		lavoreranno	lavorerebbero	lavoravano	
vendere	vendo		venderò	venderei	vendevo	venduto
	vendi	vendi!	venderai	venderesti	vendevi	
	vende	venda!	venderà	venderebbe	vendeva	
	vendiamo	vendiamo!	venderemo	venderemmo	vendevamo	vendendo
	vendete	vendete!	venderete	vendereste	vendevate	
	vendono		venderanno	venderebbero	vendevano	
sentire	sento		sentirò	sentirei	sentivo	sentito
	senti	senti!	sentirai	sentiresti	sentivi	
	sente	senta!	sentirà	sentirebbe	sentiva	
	sentiamo	sentiamo!	sentiremo	sentiremmo	sentivamo	sentendo
	sentite	sentite!	sentirete	sentireste	sentivate	
	sentono		sentiranno	sentirebbero	sentivano	
finire	finisco		finirò	finirei	finivo	finito
	finisci	finisci!	finirai	finiresti	finivi	
	finisce	finisca!	finirà	finirebbe	finiva	
	finiamo	finiamo!	finiremo	finiremmo	finivamo	finendo
	finite	finite!	finirete	finireste	finivate	
	finiscono		finiranno	finirebbero	finivano	

Regelmäßige Verben mit Besonderheiten

Infinitiv	Präsens	Imperativ	*Futuro*	*Condizionale*	*Imperfetto*	Partizip / *Gerundio*
cercare	cerco		cercherò	cercherei	cercavo	cercato
	cerchi	cerca!	cercherai	cercheresti	cercavi	
	cerca	cerchi!	cercherà	cercherebbe	cercava	
	cerchiamo	cerchiamo!	...	...	...	cercando
	cercate	cercate!				
	cercano					
spiegare	spiego		spiegherò	spiegherei	spiegavo	spiegato
	spieghi	spiega!	spiegherai	spiegheresti	spiegavi	
	spiega	spieghi!	spiegherà	spiegherebbe	spiegava	
	spieghiamo	spieghiamo!	...	...	...	spiegando
	spiegate	spiegate!				
	spiegano					

Wenn das **i** des Verbstamms auf ein **i** der Endung trifft, bleibt nur ein **i** erhalten: *cambiare* → *cambi*. Bei Verben wie *mangiare* und *cominciare* entfällt das **i** des Verbstamms im *futuro* bzw. *condizionale*: *mangiare* → **mangerò, mangerei**, *cominciare* → **comincerò, comincerei**.

Verben mit Präfix werden wie das Grundverb konjugiert. Sie finden in der Übersicht z. B. *disdire* unter *dire*, *ottenere* unter *tenere*, *riuscire* unter *uscire* usw.

Infinitiv	Präsens		Imperativ	*Futuro* / *Condizionale*	*Imperfetto*	Partizip
andare	vado	andiamo	va'/vai	andrò	andavo	andato
	vai	andate	vada	———		
	va	vanno	andate	andrei		
apparire	appaio	appariamo	appari	apparirò	apparivo	apparso
Ebenso:	appari	apparite	appaia	———		
scomparire	appare	appaiono	apparite	apparirei		
attrarre	attraggo	attraiamo	attrai	attrarrò	attraevo	attratto
Ebenso:	attrai	attraete	attragga	———		
ritrarre	attrae	attraggono	attraete	attrarrei		
avere	ho	abbiamo	abbi	avrò	avevo	avuto
	hai	avete	abbia	———		
	ha	hanno	abbiate	avrei		
bere	bevo	beviamo	bevi	berrò	bevevo	bevuto
	bevi	bevete	beva	———		
	beve	bevono	bevete	berrei		
cadere	cado	cadiamo	cadi	cadrò	cadevo	caduto
Ebenso:	cadi	cadete	cada	———		
accadere	cade	cadono	cadete	cadrei		
cogliere	colgo	cogliamo	cogli	coglierò	coglievo	colto
Ebenso:	cogli	cogliete	colga	———		
accogliere,	coglie	colgono	cogliete	coglierei		
raccogliere						
compiere	compio	compiamo	compi	compierò	compievo	compiuto
	compi	compite	compia	———		
	compie	compiono	compite	compierei		
condurre	conduco	conduciamo	conduci	condurrò	conducevo	condotto
	conduci	conducete	conduca	———		
	conduce	conducono	conducete	condurrei		
dare	do	diamo	da'/dai	darò	davo	dato
	dai	date	dia	———		
	dà	danno	date	darei		
dire	dico	diciamo	di'	dirò	dicevo	detto
Ebenso:	dici	dite	dica	———		
disdire	dice	dicono	dite	direi		
dovere	devo	dobbiamo		dovrò	dovevo	dovuto
	devi	dovete		———		
	deve	devono		dovrei		
essere	sono	siamo	sii	sarò	ero eravamo	stato
	sei	siete	sia	———	eri eravate	
	è	sono	siate	sarei	era erano	

fare	faccio fai fa	facciamo fate fanno	fa'/fai faccia fate	farò ———— farei	facevo	fatto
introdurre	introduco introduci introduce	introduciamo introducete introducono	introduci introduca introducete	introdurrò ———— introdurrei	introducevo	introdotto
morire	muoio muori muore	moriamo morite muoiono		morirò ———— morirei	morivo	morto
parere	paio pari pare	paiamo parete paiono		parrò ———— parrei	parevo	parso
piacere *Ebenso:* dispiacere	piaccio piaci piace	piacciamo piacete piacciono		piacerò ———— piacerei	piacevo	piaciuto
porre *Ebenso:* deporre disporre esporre proporre	pongo poni pone	poniamo ponete pongono	poni ponga ponete	porrò ———— porrei	ponevo	posto
possedere	possiedo possiedi possiede	possediamo possedete possiedono	possiedi possieda possedete	possederò ———— possederei	possedevo	posseduto
potere	posso puoi può	possiamo potete possono		potrò ———— potrei	potevo	potuto
prevalere	prevalgo prevali prevale	prevaliamo prevalete prevalgono	prevali prevalga prevalete	prevarrò ———— prevarrei	prevalevo	prevalso
produrre	produco produci produce	produciamo producete producono	produci produca producete	produrrò ———— produrrei	producevo	prodotto
rimanere	rimango rimani rimane	rimaniamo rimanete rimangono	rimani rimanga rimanete	rimarrò ———— rimarrei	rimanevo	rimasto
rimuovere	rimuovo rimuovi rimuove	rim(u)oviamo rim(u)ovete rimuovono	rimuovi rimuova rim(u)ovete	rimuoverò ———— rimuoverei	rimuovevo	rimosso
salire	salgo sali sale	saliamo salite salgono	sali salga salite	salirò ———— salirei	salivo	salito
sapere	so sai sa	sappiamo sapete sanno	sappi sappia sapete	saprò ———— saprei	sapevo	saputo

scegliere	scelgo scegli sceglie	scegliamo scegliete scelgono	scegli scelga scegliete	sceglierò ——— sceglierei	sceglievo	scelto
sciogliere	sciolgo sciogli scioglie	sciogliamo sciogliete sciolgono	sciogli sciolga sciogliete	scioglierò ——— scioglierei	scioglievo	sciolto
spegnere	spengo spegni spegne	spegniamo spegnete spengono	spegni spenga spegnete	spegnerò ——— spegnerei	spegnevo	spento
stare	sto stai sta	stiamo state stanno	sta'/stai stia state	starò ——— starei	stavo	stato
tenere *Ebenso:* contenere mantenere ottenere sostenere	tengo tieni tiene	teniamo tenete tengono	tieni tenga tenete	terrò ——— terrei	tenevo	tenuto
togliere	tolgo togli toglie	togliamo togliete tolgono	togli tolga togliete	toglierò ——— toglierei	toglievo	tolto
tradurre	traduco traduci traduce	traduciamo traducete traducono	traduci traduca traducete	tradurrò ——— tradurrei	traducevo	tradotto
uscire *Ebenso:* riuscire	esco esci esce	usciamo uscite escono	esci esca uscite	uscirò ——— uscirei	uscivo	uscito
vedere *Ebenso:* prevedere rivedere	vedo vedi vede	vediamo vedete vedono	vedi veda vedete	vedrò ——— vedrei	vedevo	visto
venire *Ebenso:* avvenire convenire divenire prevenire provenire	vengo vieni viene	veniamo venite vengono	vieni venga venite	verrò ——— verrei	venivo	venuto
vivere *Ebenso:* soprav-vivere	vivo vivi vive	viviamo vivete vivono	vivi viva vivete	vivrò ——— vivrei	vivevo	vissuto
volere	voglio vuoi vuole	vogliamo volete vogliono		vorrò ——— vorrei	volevo	voluto

Das *gerundio* ist bei den meisten Verben regelmäßig.
Ausnahmen: *attrarre* → **attraendo**, *bere* → **bevendo**, *fare* → **facendo**, *dire* → **dicendo**, *porre* → **ponendo**, *produrre* → **producendo**, *proporre* → **proponendo**, *ritrarre* → **ritraendo**.

Verben mit unregelmäßigem Partizip Perfekt

accendere	acceso	disporre	disposto	rileggere	riletto
accogliere	accolto	divenire	divenuto	rimanere	rimasto
aggiungere	aggiunto	emergere	emerso	rimuovere	rimosso
apparire	apparso	escludere	escluso	riprendere	ripreso
appendere	appeso	esistere	esistito	riscoprire	riscoperto
apprendere	appreso	esporre	esposto	risolvere	risolto
aprire	aperto	esprimere	espresso	ritrarre	ritratto
assumere	assunto	essere	stato	rivedere	rivisto
attendere	atteso	fare	fatto	scegliere	scelto
attrarre	attratto	fondere	fuso	sciogliere	sciolto
avvenire	avvenuto	giungere	giunto	scomparire	scomparso
bere	bevuto	interrompere	interrotto	scoprire	scoperto
chiedere	chiesto	introdurre	introdotto	scrivere	scritto
cogliere	colto	mettere	messo	smettere	smesso
comprendere	compreso	morire	morto	soffrire	sofferto
condividere	condiviso	nascondere	nascosto	sopravvivere	sopravissuto
condurre	condotto	offrire	offerto	sorridere	sorriso
convenire	convenuto	parere	parso	spegnere	spento
convincere	convinto	perdere	perso	stendere	steso
convivere	convissuto	piangere	pianto	stravincere	stravinto
correre	corso	porre	posto	stringere	stretto
corrispondere	corrisposto	prendere	preso	succedere	successo
crescere	cresciuto	prevalere	prevalso	svolgere	svolto
decidere	deciso	prevedere	previsto	togliere	tolto
deludere	deluso	prevenire	prevenuto	tradurre	tradotto
deporre	deposto	produrre	prodotto	trascorrere	trascorso
descrivere	descritto	proporre	proposto	trascrivere	trascritto
diffondere	diffuso	provenire	provenuto	vedere	visto
dipendere	dipeso	raccogliere	raccolto	venire	venuto
dire	detto	reggere	retto	vincere	vinto
discutere	discusso	rendere	reso	vivere	vissuto
disdire	disdetto	richiedere	richiesto		
disperdere	disperso	riflettere	riflesso/ riflettuto		

Anhang 2: Liste der grammatischen Bezeichnungen

Adjektiv	Eigenschaftswort: *schön, gesund*	aggettivo
Adverb	Umstandswort: *oft, normalerweise*	avverbio
Akkusativ	4. Fall (Wenfall): *den Mann, ihn*	accusativo
Artikel	Geschlechtswort: *der, eine*	articolo
Dativ	3. Fall (Wemfall): *dem Mann, ihm*	dativo
Demonstrativa	hinweisende Fürwörter oder Eigen-schaftswörter: *Der dort* gefällt mir; *dieser* Pullover	pronomi e aggettivi dimostrativi
feminin	weiblich	femminile
Futur	Zukunft: Ich *werde* ans Meer *fahren*.	futuro
Hilfsverb	Hilfszeitwort: Ich *habe* gegessen. Ich *bin* gekommen.	verbo ausiliare
Imperativ	Befehlsform: *Komm*! *Geht* nach Hause!	imperativo
Imperfekt	einfache Vergangenheit: ich *sah;* wir *hatten*	imperfetto
Indefinita	unbestimmte Fürwörter, Eigenschafts-wörter oder Umstandswörter: *jemand, jeden* Tag, *nichts* essen	pronomi e aggettivi indefiniti
Infinitiv	Nennform des Zeitwortes: *machen, gehen*	infinito
Komparativ	höhere Steigerungsstufe: *teurer,* ein *größeres* Haus	comparativo
Konditional	Ich *möchte* ein Bier. Er *würde* gern nach Sizilien *fahren*.	condizionale
Konjunktion	Bindewort: *und, oder;* Einleitewort bei Nebensätzen: *falls, weil*	congiunzione
maskulin	männlich	maschile
Modalverb	Er *muss* arbeiten. Wir *können* nicht kommen.	verbo modale
Objekt, direktes	Satzergänzung im 4. Fall (Akkusativ): Ich suche *den Brief.*	complemento oggetto
Objekt, indirektes	Satzergänzung im 3. Fall (Dativ): Ich helfe *dem Kollegen.*	complemento di termine
Objektpronomen, direktes	Stellvertreter einer Satzergänzung im 4. Fall: Ich suche *ihn.* Ich weiß *es* nicht.	pronome complemento diretto
Objektpronomen, indirektes	Stellvertreter einer Satzergänzung im 3. Fall: Ich helfe *ihm.*	pronome complemento indiretto
Partizip Perfekt	Mittelwort der Vergangenheit: Ich habe *gearbeitet.*	participio passato
Perfekt	zusammengesetzte Vergangenheit: Ich *bin* ans Meer *gefahren.* Er *hat* lange *geschlafen.*	passato prossimo

Personalpronomen	persönliches Fürwort: *ich*, *du*	pronome personale
Plural	Mehrzahl: *Kinder*	plurale
Plusquamperfekt	zusammengesetzte Vorvergangenheit: Ich *war* ans Meer *gefahren*. Er *hatte* lange *geschlafen*.	trapassato prossimo
Präposition	Verhältniswort: *in*, *nach*, *mit*	preposizione
Präsens	Gegenwart: Ich *fahre* ans Meer.	presente
Pronominaladverb	Umstandsfürwort: *dorthin*, *davon*	avverbio pronominale
Reflexivpronomen	rückbezügliches Fürwort: Sie zieht *sich* an.	pronome riflessivo
Relativpronomen	bezügliches Fürwort: der Mann, *der*; die Frau, *die*	pronome relativo
Singular	Einzahl: *Kind*	singolare
Subjekt	Satzgegenstand: *Hans* ist Arzt.	soggetto
Subjektpronomen	Stellvertreter des Satzgegenstandes: *Er* ist Arzt.	pronome soggetto
Substantiv	Hauptwort: *Haus*, *Problem*	sostantivo
Superlativ, absoluter	hoher Grad einer Eigenschaft: ein *sehr großes* Haus	superlativo assoluto
Superlativ, relativer	höchste Steigerungsstufe: das *größte* Haus	superlativo relativo
Verb	Zeitwort, Tätigkeitswort: Er *kommt*. Er *ist gekommen*.	verbo
Verb, reflexives	rückbezügliches Zeitwort: *sich ausruhen*	verbo riflessivo

Vokabular nach Lektionen

Hier finden Sie die italienischen Wörter jeder Lektion mit deutscher Übersetzung. Die Wörter sind in der Reihenfolge aufgeführt, in der sie innerhalb des Buches auftauchen.

Die durch **Fettdruck** hervorgehobenen Wörter gehören zum verbindlichen Lernwortschatz.

Für die reinen Lesetexte *(Letture)*, die Hörtexte *(Ascolti)* und die Landeskunde-Seiten *(Italia & italiani)* sind nicht alle unbekannten Wörter aufgeführt, sondern bei den *Letture* und *Italia & italiani* nur die wichtigsten und bei den *Ascolti* nur die, die in den Übungen abgedruckt sind.

Der Wortakzent liegt im Italienischen meistens auf der vorletzten Silbe. Bei Wörtern, auf die diese Regel nicht zutrifft, ist der betonte Vokal mit einem Punkt gekennzeichnet: *essere*.

Für Verben mit Stammerweiterung wird die erste Person Singular Präsens angegeben, ebenso für Verben mit unregelmäßigen Präsens-Formen. Für neue Verben mit unregelmäßigem Partizip Perfekt wird dieses ebenfalls angegeben.

Die Abkürzung *ess* weist darauf hin, dass das *passato prossimo* eines Verbs mit *essere* gebildet wird.

Abkürzungen

ess	*essere*
etw	*etwas*
f	*femminile* – feminin
fam	*familiare* – familiär
inf	*infinito* – Infinitiv
jdm/jdn/jds	*jemandem/jemanden/jemandes*
m	*maschile* – maskulin
pl	*plurale* – Plural
pp	*participio passato* – Partizip Perfekt
qc	*qualcosa*
qn	*qualcuno*
sg	*singolare* – Singular

LEZIONE 1 *Che piacere rivederti!*

Che piacere rivederti!	Wie schön dich wiederzusehen!
il piacere	Vergnügen
rivedere qc/qu *pp* rivisto	etw/jdn wiedersehen
scegliere qc/qu, scelgo *pp* scelto	etw/jdn (aus)wählen
ogni	jede/r
la situazione	Situation

la frase più adatta	der passendste/ treffendste Satz
adatto/-a	geeignet, passend
possibile	möglich
Ma chi si rivede!	*etwa:* Dass wir uns mal wieder über den Weg laufen!
la sorpresa	Überraschung
i capelli *pl*	Haare
Ci conosciamo?	Kennen wir uns (nicht)?
conoscersi	sich kennen
Lei non è il professor Grassi?	Sind Sie nicht Herr (Professor) Grassi?
Non sei cambiato molto.	Du hast dich nicht sehr verändert.
cambiare *ess*	sich verändern
la risposta	Antwort
il dialogo registrato	der aufgezeichnete Dialog
registrare	aufzeichnen, aufnehmen
la relazione	*hier:* Beziehung
esistere *pp* esistito *ess*	bestehen, existieren

A1

Quand'è che ...?	Wann (genau) ...?
l'ultima volta	das letzte Mal
ultimo/-a	letze/r
la volta	Mal
vedersi *pp* visto	sich sehen
Come passa il tempo!	Wie die Zeit vergeht!
passare *ess*	vorübergehen, vorbeigehen
(non ...) per niente	überhaupt nicht
Hai sempre i capelli lunghi.	Du hast immer noch lange Haare.
sempre	immer (noch)
magro/-a	mager; schlank
Sembri ancora una ragazzina.	Du wirkst noch wie ein junges Mädchen.
sembrare *ess*	scheinen; aussehen
il complimento	Kompliment
E poi non ho neanche più la barba.	Und außerdem habe ich keinen Bart mehr.
non ... neanche	auch nicht
non ... più	nicht mehr
la barba	Bart
Però stai bene anche così.	Aber auch so siehst du gut aus.
i baffi *pl*	Schnurrbart

A2

rileggere *pp* riletto	noch einmal lesen
aggiungere *pp* aggiunto	hinzufügen, ergänzen
mancante	fehlend
mancare	fehlen
Quali differenze notate rispetto al tedesco?	Welche Unterschiede stellen Sie im Vergleich zum Deutschen fest?
la differenza	Unterschied
notare qc	etw bemerken
rispetto a	in Bezug auf; im Vergleich zu

A3

identificare qc/qu	etw/jdn identifizieren
la descrizione	Beschreibung
calvo/-a	kahl; glatzköpfig
gli occhi *pl*	Augen
alto/-a	*hier:* groß *(bezogen auf Personen)*
Non è né grasso né magro.	Er ist weder dick noch dünn.
né ... né ...	weder ... noch ...
grasso/-a	dick; fett
liscio/-a	glatt
il viso	Gesicht
riccio/-a	lockig; kraus
scuro/-a	dunkel
la fronte	Stirn

A4

descrivere qc/qu *pp* descritto	etw/jdn beschreiben
l'aspetto	*hier:* Aussehen

A5

mostrare	zeigen
il documento (di riconoscimento)	Ausweis
la patente	Führerschein
la carta d'identità	Personalausweis
vecchio/-a	alt
da allora	seit damals

B

Ci siamo un po' persi di vista.	Wir haben uns etwas aus den Augen verloren.
perdersi di vista *pp* perso	sich aus den Augen verlieren

B1

continuare	weitergehen; weitermachen
trasferirsi	umziehen; übersiedeln

Adesso sono venuto a trovare i miei.	Jetzt bin ich hier, um meine Eltern zu besuchen.
i miei	meine Eltern
Mi fermo per un po'.	Ich bleibe für kurze Zeit hier.
sposarsi	heiraten
lasciarsi	sich trennen
da un pezzo	seit einer Weile
qualcuno	jemand
alcuni/-e	einige
ora che ci penso	wenn ich darüber nachdenke
proprio la settimana scorsa	gerade letzte Woche
il liceo	Gymnasium (9.–13. Schuljahr)
Ti ricordi di lei, no?	Du erinnerst dich an sie, oder?
ricordarsi di qu/qc	sich an jdn/etw erinnern
incontrarsi	sich treffen, sich begegnen
Feltrinelli	*ital. Verlag und Buchhandelskette*
da poco	seit kurzem
mettersi in proprio *pp* messo	sich selbständig machen
Sono contento per lei!	Ich freue mich für sie!

B2

il verbo riflessivo	reflexives Verb

B3

dall'ultimo incontro ad oggi	seit dem letzten Treffen bis heute

B4

la storia	Geschichte
essere molto amici	eng befreundet sein
per un certo periodo	eine Zeit lang
lo stesso, la stessa	der-/die-/dasselbe
immaginare qc	sich etw vorstellen/ausdenken

Lettura 1

Chi è raffigurato nei due ritratti?	Wer ist auf den beiden Porträts dargestellt?
raffigurare	darstellen
Francesco Mazzola	*ital. Maler*
detto il Parmigianino	genannt Parmigianino (*wörtlich:* der Kleine aus Parma)
dovere qc a qu	jdm etw verdanken
lo pseudonimo con cui diventa famoso	das Pseudonym, mit dem er berühmt wird
il pittore	Maler
l'amante della poesia *m/f*	Liebhaber der Dichtung

concepito /-a	gedacht; konzipiert
(in modo) statico	statisch
in continuo movimento	in ständiger Bewegung
raffinato/-a	fein(sinnig)
alla ricerca di	auf der Suche nach
il Cinquecento	das 16. Jahrhundert
frequenta gli ambienti del potere	er bewegt sich im Dunstkreis der Mächtigen
sperimentare qc	etw ausprobieren
rovinare qu	jdn ruinieren
l'ossessione f	Besessenheit
lo specchio	Spiegel
dalla faccia segnata	mit gezeichnetem Gesicht
incolto/-a	ungepflegt
dimostrare qc a qu	jdm etw zeigen
la trasformazione	Verwandlung, Wandel
l'autoritratto	Selbstporträt
il berretto	Mütze
ammalarsi	erkranken
Muore a soli 37 anni.	Er stirbt im Alter von nur 37 Jahren.

▬▬ Lettura 2

l'aggettivo	Adjektiv
riferirsi a, mi riferisco	sich beziehen auf
illustrare	illustrieren, bebildern

▬ C

Ho fatto amicizia con Paola.	Ich habe mich mit Paola befreundet.
fare amicizia con qu	mit jdm Freundschaft schließen

▬ C1

trovarsi	sich befinden; sich fühlen
dare le ultime notizie a qu	jdm das Neueste berichten
sentirsi	sich fühlen
qualche volta sg	manchmal, einige Male
di buon umore	gut gelaunt
andare in giro per la città	in der Stadt herumlaufen, durch die Stadt streifen
soprattutto	vor allem
il caffè	Café
la scorpacciata	Völlerei
il gianduiotto	*Nougatpraline*
la passione per	Leidenschaft für
il teatro	Theater
il corso di recitazione	Theaterkurs
scoprire qc pp scoperto	etw entdecken
recitare	(Theater) spielen
la compagnia di attori dilettanti	Laientheatergruppe
chiedere a qu di fare qc pp chiesto	jdn bitten, etw zu tun
la prova	Probe

alla mano	umgänglich
Mi sono sentita subito a mio agio.	Ich habe mich sofort wohlgefühlt.
sentirsi a proprio agio	sich wohl fühlen
in particolare	im Besonderen
timido/-a	schüchtern
disponibile	hilfsbereit
come me	wie ich
avere qc in comune	etw gemeinsam haben
comune	gemeinsam
proporre qc a qu, propongo pp proposto	jdm etw vorschlagen
la crisi	Krise
scrivere qc a qu pp scritto	jdm etw schreiben
l'interesse m	Interesse

▬ C2

raccogliere, raccolgo pp raccolto	sammeln
l'espressione f	Ausdruck
il carattere	Charakter
quello che c'è nel testo	das, was im Text steht

▬ C3

il personaggio	Persönlichkeit; Figur
a coppie	paarweise
attribuire, attribuisco	zuordnen, zuschreiben
ognuno	jeder
seguente	folgend
arrogante	arrogant
affascinante	faszinierend
antipatico/-a	unsympatisch
estroverso/-a	extrovertiert
introverso/-a	introvertiert
sensibile	sensibel
energico/-a	energiegeladen, energisch

▬ C4

ricercare qc	etw suchen
il pronome	Pronomen

▬ C5

indiretto/-a	indirekt
chiarire qc, chiarisco	etw klären

▬ C6

Come fate a creare un contatto?	Wie stellen Sie einen (ersten) Kontakt her?
migliorare	(sich/etw) verbessern
il rapporto	Beziehung, Verhältnis
difficile	schwierig
riprendere qc pp ripreso	etw wieder aufnehmen
la discussione	Diskussion, Gespräch; Streit
utile	nützlich

telefonare a qu	jdn anrufen
portare qc a qu	jdm etw (mit)bringen
dare qc a qu	jdm etw geben
chiedere scusa a qu	jdn um Entschuldigung bitten

Ascolto
l'ascolto	Hörtext

Ascolto 1
lo spettacolo	Vorstellung, Aufführung
acquistare i biglietti	Eintrittskarten kaufen
richiedere il programma	um das Programm bitten
la galleria	*hier:* Rang
la balconata	*hier:* Rang
il palco	*hier:* Loge, Tribüne
la fila	Reihe
la platea	Parkett *(im Theater)*

Ascolto 2
il computer	Computer
stampare	drucken
l'opera	Oper
il balletto	Ballett
la matinée	Matinee
pomeridiano/-a	nachmittäglich, am Nachmittag
serale	abendlich, Abend-
il biglietto omaggio	*hier:* Freikarte
ridotto/-a	ermäßigt; reduziert
normale	normal
il pagamento	Zahlung, Zahlungsweise
in contanti	Barzahlung
i contanti	Bargeld
la carta Bancomat	Scheckkarte
la carta di credito	Kreditkarte

Ascolto 3
tracciare (una linea)	(eine Linie) ziehen
esaurito/-a	ausverkauft
la rappresentazione	Vorstellung
la riduzione	Ermäßigung
Ah, che rabbia.	Wie ärgerlich!

D
Vi vengo a prendere?	Soll ich euch abholen?

D1
Vi va di andare a bere qualcosa?	Habt ihr Lust, etwas trinken zu gehen?
appena	gerade eben
decidere di fare qc	beschließen, etw zu tun
pp deciso	
All'Alfieri danno ...	Im Alfieri zeigen sie ...
Perché non vieni anche tu?	Komm doch auch/mit!

Mah, in fondo ... perché no?	Ach, im Grunde ... warum nicht?
incominciare	anfangen
magari	(meinetwegen) gerne; vielleicht
accompagnare qu a casa	jdn nach Hause bringen
accompagnare	begleiten
Dove siete di preciso?	Wo genau seid ihr?
da qualche parte	irgendwo
No, non c'è bisogno.	Nein, das ist nicht nötig.
aspettare qu	auf jdn warten
A dopo.	Bis nachher.
la serata	Abend (in seinem Verlauf)

D3
la proposta	Vorschlag
accettare	annehmen, akzeptieren
rifiutare	ablehnen

D4
seguire	folgen
ricevere	erhalten

D5
il programma delle manifestazioni	Veranstaltungsprogramm, -kalender
torinese	Turiner/in; turiner, aus Turin
mettersi d'accordo con qc	sich mit jdm einigen
fissare	festlegen
il luogo dell'incontro	Treffpunkt
danzare	tanzen
lo spettacolo	Schauspiel, Theaterstück
il capoluogo	Hauptstadt (einer Region)
piemontese	Piemonteser/in; piemonteser, aus dem Piemont
l'artista *m/f*	Künstler/in
ciascuno/-a	jede/r
il proprio/la propria	der/die eigene
lo stile	der Stil
contemporaneo/-a	zeitgenössisch
neoclassico/-a	neoklassisch
il brano	(Musik-) Stück
Antico in musica	Antiquitäten und musikalische Darbietungen
il mercato di antichità	Antiquitätenmarkt
l'intermezzo musicale	musikalisches Zwischenspiel
Il mercato si tiene la domenica.	Der Markt wird sonntags abgehalten.
tenere, tengo	(ab)halten, veranstalten
intero/-a	ganze/r
l'orchestra *m*	Orchester
ispirarsi a qc	von etwas inspiriert sein; sich an etw anlehnen

la vicenda biblica	biblische Szene
andare in scena	aufgeführt werden
la scena	Bühne; Szene
strabiliante	erstaunlich, verblüffend
il frutto della collabora-zione	Frucht der Zusammen-arbeit
l'autore, l'autrice	Autor/in
il capolavoro	Meisterwerk
l'interno	Innere/s
la Mole Antonelliana	*berühmtes Bauwerk und Wahrzeichen von Turin*
Il museo è articolato su cinque livelli.	Das Museum erstreckt sich über fünf Ebenen.
il livello	Ebene; Niveau
la macchina del cinema	*etwa:* Filmmaschinerie, die Welt des Kino
la collezione	Sammlung
il manifesto	*hier:* Plakat
la videoinstallazione	Videoinstallation
la sala del Tempio	Tempelsaal
il Bicerin	*berühmtes Café in Turin*
il locale	Lokal; Räumlichkeit
il valore	Wert
conservarsi	sich (er)halten
il momento	Moment
la bevanda	Getränk
la bevanda più consumata	das meistgetrunkene Getränk
consumare	*hier:* verzehren
la mattinata	Vormittag (in seinem Verlauf)
il segreto	Geheimnis
il successo	Erfolg
sapiente	weise, klug
il dosaggio	Dosierung
mescolare	mischen, (ver)rühren

Ricapitoliamo!

prendere l'identità di qu	jds Identität annehmen

LEZIONE 2 *Che bella casa!*

Che bella casa!	Was für ein schönes Zuhause!
l'illustrazione *f*	Illustration; Bebilderung
A cosa vi fanno pensare le immagini?	Woran lassen die Bilder Sie denken?
l'immagine *f*	Bild
cambiare la moquette	den Teppichboden aus-tauschen
mettere la carta da parati	tapezieren
mettere *pp* messo	setzen, stellen, legen
la carta da parati	Tapete

appendere qc *pp* appeso	etw aufhängen
la lampada	Lampe
imbiancare le pareti	die Wände (an)streichen
la parete	Wand
montare un mobile	ein Möbelstück zusam-menbauen
da solo/-a	selbst; allein
l'imbianchino	Maler(meister)/in
l'elettricista	Elektriker/in
l'idraulico	Installateur/in
il falegname	Schreiner

Abbiamo cambiato casa.	Wir sind umgezogen.
cambiare casa	umziehen

l'annuncio	(Klein-) Anzeige
l'appartamento	Wohnung
affittasi	zu (ver)mieten
la zona	Gegend
zona Mazzini	*Name eines Stadtteils*
mq	m²
il piano	Stockwerk, Etage
il vano	Raum
il soggiorno	Wohnzimmer
luminoso/-a	hell, lichtdurchflutet
l'angolo cottura *m*	Kochnische
il balcone	Balkon
la cantina	Keller
il riscaldamento centra-lizzato	Zentralheizung
lo stabile (di buon livello)	Gebäude (in gehobener Ausstattung)
vicino/-a a	nahe bei
i servizi	*hier:* öffentl. Einrich-tungen
arredato/-a	möbliert
il pianoterra	Erdgeschoß
il terrazzo	Terrasse
il riscaldamento autonomo	*Heizkosten werden individuell abgerechnet*
PAM	*italienische Supermarktkette*
la cucina abitabile	Wohnküche
panoramico/-a	mit (schöner) Aussicht
l'immobile *m*	Gebäude
situato/-a	gelegen
tranquillo/-a	ruhig
ottimamente	bestens
servito da mezzi pubblici	an öffentliche Verkehrs-mittel angebunden
i mezzi pubblici	öffentliche Verkehrsmittel
i servizi commerciali	Geschäfte

A2

la caratterịstica	Merkmal
scusa se ...	entschuldige, wenn/ dass ...
farsi sentire *pp* fatto	von sich hören lassen
un sacco da fare *fam*	viel zu tun
più grande	größer
la luce	Licht
lo studio	*hier:* Arbeitszimmer
spazioso/-a	geräumig
in parte	zum Teil
saper fare	können
in casa	zu Hause
mẹttere le piastrelle	Fliesen legen
risparmiare	sparen
un bel po'	eine ganze Menge
mẹttere il parquẹt	Parkett verlegen
tutto a posto	alles in Ordnung
più o meno	mehr oder weniger
il trasloco	Umzug
la tenda	*hier:* Vorhang
dare una mano a qu	jdm helfen
cucire	nähen

A3

il talento	Talent
fondare un'impresa	ein Unternehmen gründen

A4

succẹdere *pp* successo *ess*	geschehen
diretto/-a	direkt
venire usato/-a	benutzt werden

A5

il lampadario	(Kron-) Leuchter

A6

lo specchio	Spiegel

A7

la coppia	(Ehe-) Paar
mẹttere su casa	sich (eine Wohnung) einrichten
per la prima volta	zum ersten Mal
prẹndere spunto da qc	etw als Anregung nehmen
la cornice	(Bilder-) Rahmen
il servizio di bicchieri	Satz Gläser
il set di pẹntole	Topf-Set
il tappeto	Teppich
il televisore	Fernsehgerät
la padella	Pfanne
il forno a microonde	Mikrowellenherd

A8

il proprietario, la proprietaria	Besitzer/in
eventuale	eventuell
l'inquilino/-a	Mieter/in

A9

scambiare casa	die Wohnung tauschen
affittare	(ver)mieten

B

Una casa tutta da vịvere	*etwa:* Ein Zuhause zum Wohlfühlen

B1

l'oggetto	Gegenstand
corrispondente	entsprechend
la ruota	Rad
Gae Aulenti	*ital. Architektin und Designerin*
il divano	Sofa
la poltroncina	Stuhl mit Armlehnen; kleiner Sessel
in legno	aus Holz
il legno	Holz
il ripiano	Regalbrett
la librerịa	Bücherregal
lo spazio	(freier) Platz
la TV (tivù)	Fernseher
funzionale	funktional
moderno/-a	modern
al centro	in der Mitte
il lavello	Spüle
il forno	Backofen; Herd
il fornello	Herdplatte, *bei Gas:* Flamme
la sedia	Stuhl
l'ingresso	Eingang
illuminare	be-/erleuchten
la lạmpada a soffitto	Decken-, Hängelampe
il soffitto	Zimmerdecke
sopra	über *(räumlich)*
la panca	Sitzbank
l'800/l'Ottocento	19. Jahrhundert
originale	*hier:* originell
la camera matrimoniale	Schlafzimmer
tutto/-a bianco/-a	ganz in weiß
il tavolino	Tischchen
al posto di	anstelle von
il comodino	Nachttisch
l'armadio	Schrank, Kleiderschrank
a tutta altezza	*hier:* zimmerhoch
tradizionale	traditionell
il bidẹt	Bidet
il lavandino	Waschbecken

senza	ohne
la vasca da bagno	Badewanne
la doccia	Dusche
nascondere *pp* nascosto	verstecken
dietro	hinter
l'ambiente *m*	*hier:* Zimmer, Raum

B2

Ne conoscete altri?	Kennen Sie andere/weitere?

B3

riguardare	noch einmal ansehen
precedente	vorig
lo specchietto	*hier:* Strukturkästchen
ricordare qc	sich an etw erinnern
la posizione	Position, Stellung

B4

fare dei progetti	Pläne machen
la piantina	Grundriss; (Stadt-) Plan
disporre, dispongo *pp* disposto	anordnen
il tavolo da pranzo	Esstisch

B6

la stanza	Zimmer

C

la periferia	Stadtrand, Peripherie

C1

nella zona in cui abita	in der Gegend, in der er wohnt
Che bel fresco che c'è qui da te.	Wie angenehm frisch es hier bei dir ist.
il motivo per cui	der Grund, weshalb
avere ragione	recht haben
non so se (mi piacerebbe)	ich weiß nicht, ob (es mir gefallen würde)
avere l'impressione	den Eindruck haben
l'impressione *f*	Eindruck
essere tagliato fuori	abgeschnitten sein
non ... per tutto l'oro del mondo	nicht für alles Geld der Welt, um nichts in der Welt
il mondo	Welt
Assolutamente no.	Ganz und gar nicht.
a pochi passi	wenige Schritte entfernt
il distaccamento della biblioteca comunale	Zweigstelle der Gemeindebücherei
se ti viene voglia di ...	wenn du Lust bekommst
la voglia	Lust
fare due passi in centro	im Zentrum eine Runde drehen

a cento metri da casa	100 m vom Haus entfernt
contento tu ...	wenn du damit zufrieden bist ...
Sono troppo abituato ai ritmi cittadini.	Ich bin zu sehr an den städtischen Rhythmus gewöhnt.
abituato/-a a	gewöhnt an, gewohnt zu
convincere *pp* convinto	überzeugen
il garage	*hier:* Garage
per venti minuti	20 Minuten lang
Sta' zitto.	Hör auf! (*wörtlich:* Sei still.)
zitto/-a	still, leise (*Person*)
C'è da diventar matti!	Es ist zum verrückt werden!
il vantaggio	Vorteil

C2

esprimere *pp* espresso	ausdrücken

C3

la forma	Form
il condizionale	Konditional

C4

la lacuna	Lücke
la forma verbale appropriata	passende Verbform
cambiare (ritmo di vita)	(den Lebensrhythmus) ändern
stare all'aria aperta	sich im Freien aufhalten
a contatto con la natura	in Kontakt mit der Natur
essere d'accordo	einverstanden sein
il cane	Hund
il rumore	Lärm; Geräusch

C6

fare un elenco di qc	etw auflisten
offrire qc a qu *pp* offerto	jdm etw (an)bieten
utilizzare qc	etw (be)nutzen
spostarsi	sich fortbewegen

C7

il casolare	abgelegenes Landhaus
ristrutturare	umbauen; renovieren
vendere qc a qu	jdm etw verkaufen

D1

valutare	(be)werten
la classifica	Rangliste
la qualità della vita	Lebensqualität
Sondrio	*Stadt in der Lombardei*
Foggia	*Stadt in Apulien*
l'indagine *f*	Studie
annuale	jährlich

realizzare qc	etw verwirklichen
Sole-24 Ore	*ital. Tageszeitung*
analizzare qc	etw analysieren, untersuchen
la provincia	Provinz
occupare	besetzen, einnehmen
passare da … a	von … zu … übergehen
diventare	werden
il campione	Gewinner
bisogna ottenere la miglior media	man muss den besten Durchschnitt erreichen
ottenere qc, ottengo	etw erlangen; etw erhalten
l'area di valutazione	Wertungsbereich
il tenore di vita	Lebensstandard
l'ambiente	*hier:* Umwelt
la sicurezza	Sicherheit
la popolazione	Bevölkerung
stravincere *pp* stravinto	hoch gewinnen
la categoria	Kategorie
l'ingrediente *m*	Zutat
l'occupazione *f*	Beschäftigung
sicuro/-a	sicher
ben retribuito/-a	gut bezahlt
infatti	in der Tat
la disoccupazione	Arbeitslosigkeit
limitato/-a a	beschränkt auf
il reddito pro capite	Pro-Kopf-Einkommen
alto/-a	hoch
la criminalità	Kriminalität
l'aria	Luft
bocciare qu	jdn durchfallen lassen
il campo	Feld, Gebiet
economico/-a	wirtschaftlich
escludere *pp* escluso	ausschließen
Lecce	*Stadt in Apulien*
il Sud	Süden
la graduatoria	Rangfolge
L'Aquila	*Hauptstadt der Region Abruzzen*
perdere punti *pp* perso	Punkte verlieren
il settore	Sektor

D3

riformulare	umformulieren
sostituire, sostituisco	ersetzen
su Milano	über Mailand
evidenziare	hervorheben
il superlativo assoluto	absoluter Superlativ
ricco/-a	reich
l'aspetto	*hier:* Aspekt
negativo/-a	negativ
il tasso d'inquinamento	Grad der Umweltverschmutzung
estremamente	extrem
elevato/-a	erhöht

D5

assegnare	zuordnen
il punteggio	Punktzahl, Wertung
in relazione a	in Bezug auf

D6

il risultato	Ergebnis

Ascolto 2

la casella opportuna	passendes Kästchen
il divano letto	Schlafcouch
a pochi minuti dal centro	wenige Minuten vom Zentrum entfernt
per tutto il periodo	für den gesamten Zeitraum
tutto compreso	alles inbegriffen

Ricapitoliamo!

arredare	einrichten

Si dice così

condividere *pp* condiviso	teilen
l'opinione *f*	Meinung
scusarsi	sich entschuldigen
motivare	*hier:* begründen
il silenzio	Schweigen; Ruhe
la posizione	Standpunkt
la sensazione	Gefühl, Eindruck
la supposizione	Annahme
l'aiuto	Hilfe
il dubbio	Zweifel
la capacità	Fähigkeit
l'abilità *f*	Fähigkeit; Geschicklichkeit

LEZIONE 3 *Ripasso*

A

su e giù	auf und ab

A1

il dado	Würfel
la pedina	Spielfigur
la scalata	Klettertour
la tappa	Etappe
bilingue	zweisprachig
confortevole	komfortabel
la regina delle Dolomiti	die Königin der Dolomiten
la finestra	Fenster
il confine tra	Grenze zwischen
la foresta di Tarvisio	Wald von Tarvisio
intatto/-a	intakt, unversehrt

il rifugio	*hier:* (Berg-)Hütte
il Ghiacciaio (della Marmolada)	(Marmolada-) Gletscher
rinascimentale	Renaissance-
il vigneto	Weinberg
la Franciacorta	*Weingebiet in der Lombardei*
la collina	Hügel
noto/-a	bekannt
comprendere *pp* compreso	umfassen
il comune	Gemeinde(verwaltung)
la cantina	*hier:* Weinkeller
civico/-a	städtisch
rimanere fermi un giro, rimango *pp* rimasto *ess*	eine Runde aussetzen
la Brianza	*Gebiet in der Lombardei*
cinquecentesco/-a	des 16. Jahrhunderts
la facciata	Fassade
barocco/-a	barock
l'altezza	Höhe
la cima	Gipfel
la funivia	Seilbahn
l'origine *f*	Herkunft, Ursprung
l'altitudine *f*	Höhe
l'abitante *f/m*	Bewohner
circondare	umgeben
pittoresco/-a	malerisch
«Quel ramo del Lago di Como ...»	„Jener Arm des Comer Sees ...“
I promessi sposi di Alessandro Manzoni	Der Roman *Die Verlobten* von Alessandro Manzoni
in vendita	zum Verkauf
medioevale	mittelalterlich

B1

l'esigenza	Bedürfnis; Notwendigkeit
avere bisogno di qc	etw brauchen
il pianoforte	Klavier
guidare (la macchina)	(Auto) fahren
la scelta	Wahl

C1

vivere qc (insieme) *pp* vissuto	(gemeinsam) etw erleben
per la gioia di	zur Freude von

C2

il volo	Flug
smontare (il palco)	(die Bühne) abbauen
la chiusura	*hier:* Sperrung
esibirsi	auftreten
l'incidente *m*	Unfall

provocare la semi-paralisi del traffico	den Verkehr fast vollständig zum Erliegen bringen
cancellare	streichen, löschen

Italia & italiani

il giorno feriale	Werktag
determinare	bestimmen, prägen
la vivacità	Lebendigkeit; Lebhaftigkeit
fuori	draußen
l'adulto	Erwachsener
avvenimento (cittadino)	(städtisches) Ereignis
a seconda della zona	je nach Gegend
trascurare qc/qu	etw/jdn vernachlässigen
nel complesso	insgesamt
legare	verbinden
l'architettura	Architektur
millenario/-a	jahrtausendealt
paragonare qc con qc	etw mit etw vergleichen
prestigioso/-a	*hier:* angesehen
la scacchiera	Schachbrett
Federico II la dà in feudo ai Savoia.	Friedrich II. gibt sie als Lehen an die Savoyer.
il destino	Schicksal
il Regno d'Italia	italienisches Königreich
lo sviluppo	Entwicklung
richiamare forti flussi di migrazione	starke Migrationsströme verursachen
varcare	überschreiten, passieren
la fama	Ruf, Ruhm
immortalare	verewigen, unsterblich machen
il Museo Egizio	Ägyptisches Museum
fare parte di	zählen zu, gehören zu

LEZIONE 4 *Come sto bene!*

Come sto bene!	Was geht es mir gut!
Questa Italia. Difficile non amarla.	(Dieses) Italien. Schwierig, es nicht zu lieben.
terre d'Italia	*etwa:* Landstriche Italiens
associare	zuordnen
piccante	pikant, scharf
secco/-a	trocken
salato/-a	gesalzen, salzig
usare	verwenden, benutzen
abitualmente	(für) gewöhnlich, gewohnheitsgemäß
il prodotto alimentare	Lebensmittel

A

Non si fabbrica, si fa. — *etwa:* Man produziert ihn nicht, man macht ihn.

A1

Parmigiano-Reggiano — *original Parmesankäse aus der Region Reggio Emilia*

il sęcolo — Jahrhundert
gran — groß *(Kurzform von grande)*
(il formaggio italiano) per eccellenza — (der italienische Käse) schlechthin
citare qc/qu — etw/jdn zitieren
Boccaccio — *ital. Schriftsteller 1313–1375*
Decamerone — *Werk von Boccaccio*
il modo — Art, Weise
la denominazione di origine protetta — geschützte Herkunftsbezeichnung
si produce *inf* produrre — man stellt ... her
produrre, produco *pp* prodotto — produzieren
il caseificio — Käserei
artigianale — handwerklich
Mantova — Mantua
la ręgola — Regel
la produzione — Produktion
rigoroso/-a — streng
fare a mano — von Hand machen
crudo/-a — roh
il siero — Molke
il caglio — Lab
impiegare — *hier:* verwenden
il conservante — Konservierungsmittel
il colorante — Farbstoff
stagionare — reifen
il perįodo — Periode, Zeitraum
bisogna girarle — man muss sie wenden
girare — drehen, wenden
controllare — kontrollieren
giorno per giorno — Tag für Tag
l'alimento — Nahrungsmittel
completo/-a — vollständig; *hier:* nahrhaft
sano/-a — gesund
genuino/-a — echt, unverfälscht, natürlich
ricco/-a di proteine — eiweißreich
la vitamina — Vitamin
il calcio — *hier:* Kalzium
il fosforo — Phosphor
altamente — in hohem Maße
digerįbile — bekömmlich

A2

il luogo di provenienza — Herkunftsort

A3

Come si fa ...? — Wie macht man ...?

A4

l'oliva — Olive
macinare — mahlen
spremere — auspressen
filtrare — filtern
imbottigliare — abfüllen, in Flaschen füllen
il frantoio — Ölmühle
una specie di pasta — eine Art Brei
la pressa — Presse

A5

consumare — *hier:* verzehren
il pasto — Mahlzeit

B

Cosa stai facendo di buono? — Was machst du gerade Gutes?

B1

Cosa c'è per cena? — Was gibt es zum Abendessen?
Hmm che profumino. — Hmm, was für ein Duft.
È una vita che non li mangio. — Es ist eine Ewigkeit her, dass ich sie/welche gegessen habe.
siccome — da, weil *(am Satzanfang)*
riempire — *hier:* satt machen; füllen
accęndere *pp* acceso — anmachen
Quanto tempo ci vuole ancora? — Wie viel Zeit braucht es noch?
è quasi pronto — es ist fast fertig
apparecchiare (la tạvola) — (den Tisch) decken
chiamare qu — jdn (an)rufen
qui sotto — *hier:* vor dem Haus
meno male — Gott sei dank!
Sto morendo dalla fame. — Ich komme um vor Hunger.
morire, muoio *pp* morto — sterben
la fame — Hunger

B2

Cosa stanno facendo Riccardo e Stefania? — Was tun Riccardo und Stefania gerade?
esprįmersi *pp* espresso — sich ausdrücken

B3

fare la doccia — duschen
suonare il pianoforte — Klavier spielen

l'ospite *m/f*	Gast
il tovagliolo	Serviette
piegare	falten
la forchetta	Gabel
il sottopiatto	Platzteller
il piatto	Teller
il piattino	Kuchenteller; Untertasse
il coltello	Messer
il cucchiaio	Löffel
il brodo	Brühe
il bicchiere da vino	Weinglas
un bicchiere di vino	Glas Wein
il coltellino	Obstmesser, kleines Messer
la forchettina da frutta	Obstgabel
il cucchiaino da dolce	Dessertlöffel

C

gli gnocchi alla romana	Gnocchi nach römischer Art

C1

difficile da preparare	schwer zuzubereiten
ci vuole	man braucht *(mit Substantiven im Singular)*
l'impasto	Teig
tagliare	schneiden
la preparazione	Zubereitung
ci vogliono	man braucht *(mit Substantiven im Plural)*
l'uovo *pl* le uova	Ei
il semolino	(Hartweizen-) Gries

C2

in corsivo	kursiv gedruckt
la dose	Menge, Dosis
grattugiare	(Käse) reiben
il tuorlo (d'uovo)	Eigelb
il pizzico (di)	Prise
la noce moscata	Muskatnuss
condire, condisco	anrichten
il burro	Butter
far bollire	zum Kochen bringen; kochen lassen
togliere, tolgo *pp* tolto	wegnehmen
il composto	Teig, Masse
il fuoco	Feuer
aggiungere	hinzufügen; ergänzen
rimescolare	erneut/weiter umrühren
versare	gießen
il piano di marmo	Marmorplatte
stendere *pp* steso	ausrollen
lo spessore	*hier:* Dicke; Dichte
tagliare in tondini	kleine Kreise ausstechen

lo stampo	Ausstechform
del diametro ... di	mit einem Durchmesser von ...
la pirofila	feuerfeste Form
fondere *pp* fuso	schmelzen
la temperatura	Temperatur

C4

necessario/-a	notwendig
la pizza	Pizza
il risotto ai funghi	Risotto mit Pilzen
l'arrosto di vitello	Kalbsbraten
il tiramisù	*ital. Nachspeise*

C5

l'occasione *f*	Gelegenheit
il picnic	Picknick
estivo/-a	Sommer-, sommerlich
il cenone di Capodanno	*festliches Abendessen zu Silvester*

Ascolto 1

un fisico bestiale	*etwa:* ein Wahnsinns-Körper
il titolo	Titel, Überschrift

Ascolto 3

l'allenamento	Training
siam	wir sind *(Kurzform von siamo)*
in mezzo al mare	mitten auf dem Meer
stare dritti controvento	aufrecht gegen den Wind stehen
fumare	rauchen
resistere agli urti della vita	die Schläge des Lebens aushalten
fare quello che ti pare	das tun, was du magst

D1

praticare	ausüben
tenere le spalle rilassate	die Schultern entspannt halten
tenere, tengo	halten
la spalla	Schulter
piegare le braccia	die Arme anwinkeln
il braccio *pl* le braccia	Arm
il gomito	Ellbogen
il dito *pl* le dita	Finger
la mano *pl* le mani	Hand
semichiuso/-a	halb geschlossen
scaricare il peso del corpo in avanti	das Körpergewicht nach vorn verlagern
scaricare	entlasten; entladen
il peso	Gewicht
il corpo	Körper

D2

l'intervista	Interview
responsabile	verantwortlich
il gruppo sportivo	Sportgruppe
la disciplina sportiva	sportliche Disziplin
il fitwalking	Fitwalking
introdurre, introduco *pp* introdotto	einführen
numeroso /-a	zahlreich
Di cosa si tratta (precisamente)?	Worum handelt es sich (genau)?
trattarsi di	sich handeln um
preciso /-a	genau
Il fitwalking è più semplice dalla marcia.	Fitwalking ist einfacher als marschieren.
più ... di	mehr ... als
tecnicamente	aus technischer Sicht
la marcia	(sportl.) Gehen, Marsch(ieren)
complesso /-a	komplex
camminare	gehen, laufen
in fondo è tutto lì	im Grunde ist das alles
la preparazione atletica	athletische Vorbereitung
all'inizio	am Anfang, zu Beginn
l'inizio	Anfang
basta + *inf*	es reicht, zu
l'andatura	Gang, Schritt
veloce	schnell
bisogna + *inf*	man muss
aumentare	erhöhen
l'intensità	Intensität, Stärke
la durata	Dauer
mezz'ora al giorno	eine halbe Stunde täglich
Il fitwalking è meno faticoso del jogging.	Fitwalking ist weniger anstrengend als joggen.
meno ... di	weniger ... als
il percorso	Strecke
particolarmente	besonders
consigliabile	empfehlenswert
la pianura	Ebene
eseguire	ausführen
la camminata	Gang
corretto /-a	korrekt
il beneficio	Nutzen; Gewinn
costante	beständig
fa bene	es tut gut
la circolazione	*hier:* Kreislauf
l'umore *f*	Stimmung
dimagrire *ess*	abnehmen

D3

A che cosa fa bene?	Wofür ist es gut?
il calcio	Fußball
la pallacanestro	Basketball
il body-building	Bodybuilding

il nuoto	Schwimmen
il ciclismo	Radsport
il jogging	Jogging
lo sci	Schifahren

D5

uno sport a vostra scelta	ein Sport Ihrer Wahl
la scelta	(Aus-) Wahl
la condizione generale	allgemeine Verfassung/ Kondition
l'attrezzatura	Ausrüstung

D7

il paragone	Vergleich
costoso /-a	kostspielig
divertente	unterhaltsam, vergnüglich
pericoloso /-a	gefährlich
completo /-a	*hier:* ganzheitlich

E1

venire in mente a qu	jdm in den Sinn kommen

E3

la manifestazione che fa per voi	das Angebot, das etwas für Sie ist
l'appassionato del fitness	Fitness-Fan
appassionato /-a	begeistert, leidenschaftlich
eccitante	auf-/ erregend
partecipare a qc	an etw teilnehmen
l'aerobica	Aerobic
in più	außerdem
la Valle dei Templi	Tal der Tempel *(in Sizilien)*
a tema	Themen-
l'animazione *f*	Animation
la discoteca	Diskothek
l'amante *m/f*	Liebhaber
il trekking	Trekking
CAI (Club Alpino Italiano)	*ital.* Alpenverein
l'itinerario	(Reise-) Route
il monte	Berg
la Costiera Amalfitana	Amalfi-Küste
la costiera	Küste
oltre a	über ... hinaus
il Monte S. Angelo	*Berg in der Region Kampanien*
i Tre Pizzi nei Monti Lattari	*Gebirge in Kampanien*
il Monte Solaro	*Berg auf Capri*
prevedere qc *pp* previsto	etw vorsehen; etw vorhersehen
la traversata	Durchquerung
la Penisola Sorrentina	Halbinsel von Sorrent
essere in forma	in Form sein
sicuramente	sicherlich

l'alimentazione *f*	Ernährung
Bolzano	Bozen
la Festa dello Speck	Fest des Specks
mangiar sano	sich gesund ernähren
assaggiare qc	(von) etw kosten, probieren
il prodotto locale	regionales Produkt
ottimo/-a	beste/r
lavorato secondo la tradizione	traditionell hergestellt
accompagnato/-a da	begleitet von
il gioco	Spiel

E4

il superlativo relativo	relativer Superlativ

E5

formulare	formulieren
fare pubblicità	Reklame machen
il prodotto gastronomico	gastronomisches Produkt
la zona turistica	Fremdenverkehrsgebiet
una manifestazione da non perdere	eine Veranstaltung, die man sich nicht entgehen lassen sollte
da non perdere	*etwa:* sehenswert
perdere *pp* **perso**	verpassen; verlieren

E6

il fumetto	Sprechblase
in compagnia	in Gesellschaft

Ricapitoliamo!

all'insegna di	im Zeichen von
portare qc in tavola	etw auftischen, servieren

Si dice così

ciò che	das, was
riflettere	nachdenken
la necessità	Notwendigkeit
il parere	Meinung
giungere ad una conclusione *pp* giunto	zu einem Schluß kommen
il sollievo	Erleichterung

LEZIONE 5 *Qui prima c'era ...*

Qui prima c'era ...	Hier war früher ...
i pantaloni a zampa di elefante	Schlaghose(n)
il pattino a rotelle	Rollschuh
la stufa a legna	Holzofen
il disco a 45 giri	Schallplatte (45 Umdrehungen)

la Cinquecento	Fiat 500
il telefono a disco	Telefon mit Wählscheibe
il telegramma	Telegramm
la videocamera	Videokamera
il cubo di Rubik	Rubik-Würfel
il passato	Vergangenheit

A

Sei un tipo nostalgico?	Hast du einen Hang zur Nostalgie?

A1

il mercatino delle pulci	Flohmarkt
conservare qc	etw aufheben
il pelouche	Stofftier
il giocattolo	Spielzeug
l'infanzia	Kindheit
con piacere	gern, mit Vergnügen
te stesso	du/dich selbst
entusiasmare	begeistern
il mezzo di comunicazione	Kommunikationsmittel
portare con sé	bei sich tragen
un vecchio amore	verflossene Liebe
il viaggio premio	gewonnene Reise
lo spazio	*hier:* Weltall
la conchiglia	Muschel
capitare (a qu) *ess*	vorkommen (, jdm widerfahren)
il rimpianto	*hier:* Wehmut, Bedauern

A2

sommare	zusammenzählen
il totale	Gesamtsumme
la casella	Kästchen
la nostalgia	Nostalgie; Sehnsucht

A3

il disco usato	gebrauchte Schallplatte
adorare	*hier:* lieben; anbeten
la posata	Besteck
neanche a me	mir (/mich) auch nicht
sopportare	ertragen
la pazienza	Geduld
stare lì a cercare	da herumzusuchen
tra la roba vecchia	zwischen dem (ganzen) alten Zeug

A4

Io sì.	Ich schon.
Io no.	Ich nicht.
Anch'io.	Ich auch.
Neanch'io.	Ich auch nicht.

A5

essere della stessa opinione	gleicher Meinung sein
avere opinioni diverse	unterschiedlicher Meinung sein

A6

sognare	träumen
l'oggetto ricordo	Souvenir

B

I Navigli milanesi	Die Kanäle von Mailand

B1

eppure	aber dennoch
gli anni Trenta	die 30er Jahre
la Darsena (di Porta Ticinese)	*ehem. Binnenhafen in Mailand*
fitto/-a	dicht
la rete	Netz
il canale	Kanal
navigabile	schiffbar
l'Adriatico	Adria
partire da	ausgehen von
il fiume	Fluss
l'Adda	*Fluss in Norditalien*
il Lambro	*Fluss in der Lombardei*
il Ticino	*Fluss in Norditalien*
interno/-a	innere/r
la Cerchia dei Navigli	der Kreis der Kanäle
la navigazione	Schifffahrt
il barcone	Lastkahn
trasportare	transportieren
il Lago Maggiore	*See in Oberitalien*
il marmo	Marmor
Candoglia	*Oberital. Ort, bekannt für seinen Marmorbruch*
servire per *ess*	dienen zu
la costruzione	Bau; Konstruktion
la compagnia (per il trasporto di ...)	(Transport-) Gesellschaft
passeggero/-a	Passagier/in
il trasporto delle merci	Warentransport
la merce	Ware
lungo i navigli	entlang der Kanäle
il magazzino	Lager
i primi anni del 1900	die ersten Jahre des 20. Jahrhunderts
la lavandaia	Wäscherin
(fare) il bucato	Wäsche (waschen)
a partire da	ab (einem Zeitpunkt)
la copertura	Abdeckung
rendere possibile	ermöglichen
l'allargamento	Erweiterung
l'edificio	Gebäude

B3

corrispondere a qc *pp* corrisposto	etw entsprechen
l'infinito	*hier:* Infinitiv
Com'era Milano agli inizi del 1900?	Wie war Mailand Anfang des 20. Jahrhunderts?

B4

Piazza Navona	*berühmter Platz in Rom*
svolgersi *pp* svolto *ess*	sich abspielen; stattfinden
aver luogo	stattfinden
odierno/-a	heutig
la fontana	Brunnen
circondare qc	etw umgeben, einkreisen
risalire a, risalgo *ess*	zurückgehen auf
ai tempi dei Romani	zu Zeiten der Römer
il circo	*hier:* Kampfbahn
la (finta) battaglia	(Schau-) Kampf
finto/-a	fingiert, vorgetäuscht
navale	Schiff-
il medioevo	Mittelalter
popolare	Volks-
il popolo	Volk
rinfrescarsi	sich erfrischen

B5

il paese	*hier:* Ort, Dorf

C

Da bambina ci venivi spesso?	Kamst du als Kind oft hierher?
da bambino/-a	als Kind

C1

il nonno, la nonna	Opa, Oma
l'erboristeria	Bioladen; Kräuterladen
proprio lì	genau dort
lo zio, la zia	Onkel, Tante
saltare alla corda *ess*	Seil hüpfen
giocare a palla	Ball spielen
il cugino, la cugina	Cousin/e
giocare a nascondino	Verstecken spielen
insomma	also, alles in allem
da ragazzo/-a	als junger Mann/junges Mädchen

C3

l'espressione di tempo	Zeitausdruck

C5

essere caro a qu	jdm viel bedeuten
il ricordo	Erinnerung
ogni volta (che)	jedes Mal (, wenn)

Lettura 2

mandare qc a qu	jdm etw schicken
quotidiano	Tageszeitung
concentrarsi su qc	sich auf etw konzentrieren
l'abitudine *f*	Gewohnheit
portare rispetto a qu	jdm mit Respekt begegnen
la catapecchia	Hütte
chi ne possedeva una	wer eine (solche) besaß
possedere qc, possiedo	etw besitzen
avere un tetto sulla testa	ein Dach über dem Kopf haben
sia pure	sei es (auch)
bucato/-a	löcherig
non era da tutti	es war nicht allen gegeben
disponibile	*hier:* verfügbar
odiare	hassen
uscire fuori al freddo	hinaus in die Kälte gehen
mezzo addormentato/-a	im Halbschlaf
lavarsi (il viso)	sich (das Gesicht) waschen
gelido/-a	eisig
la polenta	Maisgries(brei)
avanzi della sera precedente	Reste des Vorabends
il viottolo	(Feld-) Weg
misero/-a	ärmlich
la merenda	Zwischenmahlzeit, Vesper(brot)
recarsi a	sich hinbegeben
l'orto	Gemüsegarten
mietere	mähen
zappare	hacken
sgranare le pannocchie	Mais auskörnen
considerare una festa	als Fest ansehen
l'organetto	kleine Orgel
pubblicare	veröffentlichen
riportare alla memoria	in Erinnerung rufen
rimuovere *pp* rimosso	entfernen, beseitigen
in fretta	in Eile, schnell
dimenticare	vergessen

Lettura 3

di seguito	*hier:* folgend; ohne Unterbrechung

Lettura 4

esperienza	Erfahrung

D

l'auto	Auto

D1

Ruote per aria	*etwa:* Räder in die Höh'
Milano che pedala	*etwa:* Mailand tritt in die Pedale
lombardo/-a	lombardisch

il chilometro	Kilometer
lungo i Bastioni	entlang den Bastionen *(das ist der Wall rund um Mailand mit Resten der alten Stadtmauer)*
finire in bellezza	einen schönen Abschluss schaffen
il parco	Park
l'iniziativa	*hier:* Programmpunkt; Initiative
grandi e piccini	groß und klein
europeo/-a	europäisch
festeggiare	feiern
dedicare qc a qu	jdm etw widmen
il pedone	Fußgänger
la pedalata	Fahrt mit dem Rad
ecologico/-a	ökologisch
le Terme di Caracalla	*hist. Stätte in Rom*
l'avanguardia	Avantgarde, Vorreiter
presentare al pubblico	dem Publikum vorstellen
il veicolo ecologico	umweltschonendes Fahrzeug

D2

il giro in bicicletta	Fahrradtour
la regione	Region

D3

noleggiare	mieten (Auto, Rad usw.)
convenire a qu *ess*	(jdm) passen, (für jdn) günstig sein
la richiesta	Anfrage; Nachfrage
economico/-a	*hier:* preiswert
l'accessorio	Zubehör
la marcia	*hier:* Gang
la mountain bike	Mountainbike
laggiù	dort drüben; dort unten
la bici da città	Stadtfahrrad
Che ne dici?	Was meinst du (dazu)?
senz'altro	ohne weiteres, bestimmt
regolare	*hier:* einstellen
il sellino	Sattel
la curiosità	*hier:* Nachfrage; Neugier
il monopattino	Roller
elettrico/-a	elektrisch

D5

basarsi su qc	sich auf etw stützen
gli occhiali *pl*	Brille
il guanto	Handschuh

D7

appropriato/-a	passend, geeignet
l'agenzia	Agentur
l'automobile *f*	Auto

la motocicletta	Motorrad
il motorino	Moped
lo zaino	Rucksack

D8

gentile	freundlich

Ricapitoliamo!

Tutti i gusti son gusti …	*etwa:* Geschmäcker sind verschieden …
col tempo	mit der Zeit
rispetto a	in Bezug auf
il cibo	Essen

Si dice così

il consiglio	Rat, Empfehlung

LEZIONE 6 *Ripasso*

A1

il compito	Aufgabe
mettere alla prova	auf die Probe stellen
i cantanti di maggior successo	die erfolgreichsten Sänger
cambiarsi (d'abito)	sich umziehen
Come siete vestiti?	Wie sind Sie gekleidet?
comporre *pp* composto	zusammensetzen
l'avvenimento	Ereignis
il decennio	Jahrzehnt
accadere	geschehen
diffondersi *pp* diffuso	sich verbreiten
il passatempo	Hobby, Zeitvertreib
probabile	wahrscheinlich

B1

la varietà di	Vielfalt an
riguardare qc	etw betreffen
trascrivere qc	etw schriftlich übertragen

C2

la diffusione	Verbreitung
quotidiano/-a	alltäglich
strane figure	seltsame Gestalten
aggirarsi per	sich herumtreiben
la piovra	Krake
il polipo	Polyp, Krake
stringere *pp* stretto	umklammern, drücken
l'orecchio	Ohr
reggere la borsetta	die Handtasche halten
il mento	Kinn
la portiera	Autotür
segnalare a qn	jdm ein Zeichen geben

la gamba	Bein
l'ascella	Achsel

Italia & italiani

a base di	auf der Grundlage von
la melanzana	Aubergine
agrodolce	süß-sauer
il provolone	*ital. Hartkäse*
la scamorza	*ital. Käse*
la bresaola	*Wurstsorte aus dem Veltlin*
la Valtellina	*Gegend in der nördl. Lombardei*
il capocollo	*ital. Wurstsorte*
meridionale	süditalienisch; südlich
precedere	vorangehen
tirare fuori	herausziehen
buttare giù	*hier:* ins kochende Wasser werfen
fertile	fruchtbar
avanzare	voranschreiten
la crescita economica	Wirtschaftswachstum
il dopoguerra	Nachkriegszeit
il triangolo industriale	Industrie-Dreieck
soffocare	ersticken
limitarsi a	sich beschränken auf
tappe d'obbligo	*etwa:* Pflichtprogramm
un centinaio di *pl* centinaia	etwa hundert
il quadrilatero della moda	Mode-Viereck
gettare uno sguardo	einen Blick werfen
il cortile	(Innen-) Hof
signorile	herrschaftlich
la casa di ringhiera	*Wohnhaus mit durchgehendem Balkon im Innenhof*
il riuscito equilibrio	gelungenes Gleichgewicht
Quelli della domenica	*Titel einer ital. Sportsendung*
la partita di pallone	Fußballspiel
il ritornello	Refrain
correre dietro al pallone *ess*	hinter dem Ball herlaufen
il campionato del mondo	Weltmeisterschaft
tuttavia	dennoch, trotzdem
sulla bocca di tutti	in aller Munde
stare dietro	hinter etw her sein
cosiddetto/-a	sogenannt

LEZIONE 7 *Perché non ti informi?*

Perché non ti informi?	Schau doch mal, ob du Informationen findest!
informarsi	sich informieren
la schermata	Bildschirmoberfläche
il computer	Computer
collegarsi a un sito Internet	eine Internetseite anwählen
lo scopo	Absicht, Ziel
procurarsi qc	sich etw beschaffen

A

il servizio civile	Zivildienst

A1

salvare	*hier:* speichern
cancellare	löschen
stampare	drucken
copiare	kopieren

A2

l'organizzazione (ambientalista) *f*	(Umwelt-) Organisation
la Lega Ambiente	*ital. Umweltschutzverband*
Ti dispiace se ...	Stört es dich, wenn ...
Ma no, fa' pure ...	Aber nein, mach ruhig/ nur zu ...
Virgilio	*ital. Suchmaschine*
cliccare (su)	(an)klicken
il volontariato	Ehrenamt, freiwilliger Dienst; Volontariat
compilare	(Formular) ausfüllen
il modulo	Formular, Vordruck
la domanda	*hier:* Bewerbung
il motore di ricerca	Suchmaschine

A4

la valigia	Koffer
il passaporto	Reisepass

A5

l'imperativo	Imperativ, Befehlsform
spedire qc a qu, spedisco	senden
la forma affermativa	bejahte Form
la forma negativa	verneinende Form

A6

vuoto/-a	leer
disturbare qu	jdn stören

A7

assumere un ruolo	in eine Rolle schlüpfen
essere d'aiuto	hilfreich sein, behilflich sein

B

a tutela di	im Dienste von
la tutela	Schutz, Interessenswahrnehmung
il cittadino/-a	Bürger/in

B1

la professione	Beruf
no profit	Sektor, in dem kein Profit gemacht wird
la missione	Mission
il lavoratore, la lavoratrice	Arbeiter/in
richiedere *pp* richiesto	begehren, (nach)fragen
il/la fisioterapista	Physiotherapeut/in, Krankengymnast/in
l'impiegato/-a amministrativo/-a	Verwaltungsangestellte/r
l'esperto/-a	Experte
il marketing	Marketing
la comunicazione	Kommunikation
nonché	sowie
il/la fiscalista	Steuerberater/in
il segretario (generale)	(General-) Sekretär/in
Cittadinanzattiva	*ital. Bürgerinitiative*
l'impegno civico	soziales/gesellschaftliches Engagement
nato/-a	*hier:* gegründet, entstanden
l'associazione *f*	Verein, Gesellschaft
in campo sanitario	im Bereich Gesundheit
legale	gesetzlich
sociale	sozial
educativo/-a	Erziehungs-, erzieherisch
informare qu su qc	jdn über etw informieren
il diritto	Recht
il consumatore, la consumatrice	Verbraucher/in
il convegno	Tagung, Kongress
il seminario	Seminar
la campagna di informazione	Aufklärungskampagne
l'ecologia	Ökologie
la laurea in lettere	*etwa:* Magister in Philologie
la laurea	Hochschulabschluss
il Ministero degli Esteri	Außenministerium
imparare molto in materia di leggi e diritti	viele Einblicke in Gesetze und Rechte gewinnen
la materia	Fach; Materie
la legge	Gesetz
a tempo pieno	Vollzeit
contare	zählen
consentire	erlauben, gestatten
dignitoso/-a	würdevoll

la gratificazione	Anerkennung
personale	persönlich

B2

occuparsi di	sich beschäftigen mit; sich kümmern um
la difesa	*hier:* Schutz
il bene culturale	Kulturgut
l'esperienza lavorativa	Berufserfahrung
lo stipendio	Gehalt

B4

l'informatica	Informatik
la casa di riposo	Seniorenheim

B5

la società	Gesellschaft

Ascolto 3

il curriculum vitae	Lebenslauf
l'architettura	Architektur
il corso di formazione professionale	Aus-, Weiterbildungskurs
il diploma di maturità	Abitur(zeugnis)
ingegneria	Ingenieurwissenschaften, Ingenieurwesen
lo studio di progettazione	Planungsbüro
i dati personali *pl*	persönliche Daten / Angaben
la data di nascita	Geburtsdatum
lo stato civile	Familienstand
il reparto	Abteilung
presso	bei
gli studi compiuti *pl*	abgeschlossene Studien
la lingua (straniera)	(Fremd-) Sprache
la conoscenza	Kenntnis
discreto / -a	*hier:* leidlich, ziemlich gut

C

Attenda in linea.	Bitte warten Sie. *(am Telefon)*

C1

il monitor	Monitor
la tastiera	Tastatur
il mouse	Computermaus
la stampante	Drucker

C2

Sono Gianluca Ferri della Picam.	Hier spricht Gianluca Ferri von der Firma Picam.
Guardi, ...	Sehen Sie, ...
Vuol lasciar detto qualcosa?	Soll ich etwas ausrichten?

per cortesia	bitte
la cortesia	Höflichkeit
richiamare qu	jdn zurückrufen
È stato lui a installare il sistema.	Er war es, der das System eingerichtet hat.
installare	aufstellen; einrichten
il sistema	System
rintracciare qu	jdn erreichen, ausfindig machen
in giornata	noch heute; im Laufe des Tages
altrimenti	sonst, andernfalls
La faccio richiamare domani.	Ich lasse Sie morgen zurückrufen.
Sì, faccia così.	Ja, tun Sie das.
sia gentile	seien Sie so nett
domattina	morgen früh
Non si preoccupi.	Machen Sie sich keine Sorgen.
preoccuparsi	sich Sorgen machen
ringraziare qu	jdm danken
Di niente.	Gern geschehen. / Keine Ursache.

C4

il collaboratore, la collaboratrice	Mitarbeiter / in
la lista	Liste
la riunione	Besprechung, Versammlung
fare la contabilità	Abrechungen machen; Buchführung machen
la traduzione	Übersetzung
il contratto	Vertrag

C6

l'apparecchio	Apparat
il centro di assistenza	Servicecenter
fare presente	auf etw hinweisen
la fotocopiatrice	Fotokopierer
il fax	Fax(gerät)
il portatile / il laptop	Laptop
la lavatrice	Waschmaschine
rotto / -a	kaputt
difettoso / -a	defekt
accendersi *pp* acceso	angehen
strano / -a	seltsam

C7

la registrazione	Aufnahme
l'annuncio	*hier:* Ansage
la segreteria telefonica	Anrufbeantworter
opportuno / -a	passend, angebracht, zweckmäßig

l'operatore, l'operatrice	*hier:* Mitarbeiter/-in
digitare	eintippen

■ D

Messaggio ricevuto	Kurzmitteilung erhalten

■ D1

l'SMS *m*	SMS, Kurzmitteilung
comunicare (qc)	kommunizieren (; etw mitteilen)
Xché non rispondi?! (x = per)	Warum antwortest du nicht?!
indietro	zurück
Sono in coda, arrivo + tardi (+ = più)	Stecke im Stau, komme später an
essere in coda	im Stau stecken
6 un mito! (6 = sei)	Du bist wundervoll!

■ D2

importante	wichtig
il galateo	Benimmbuch
le buone maniere	gute Manieren
evitare	vermeiden
mandare al diavolo	zum Teufel jagen
essere di pessimo umore	äußerst schlecht gelaunt sein
stare attenti a qc	auf etw achtgeben
alla guida	beim Autofahren/am Steuer
la faccina	*hier:* Smiley
l'abbreviazione *f*	Abkürzung
il/la teenager	Teenager
il superiore	Vorgesetzte/r
tenere presente qc	sich etw vor Augen halten
l'anonimato	Anonymität
garantito/-a	garantiert
aver bisogno di	brauchen
immediato/-a	umgehend, unmittelbar
l'eternità	Ewigkeit
ogni tanto	gelegentlich
spegnere, spengo *pp* spento	ausschalten
premere	drücken
il tasto	Taste

■ D5

rispettare	respektieren
all'interno di	innerhalb von
avvertire	benachrichtigen
il/la corsista	Kursteilnehmer/in
interrompere *pp* interrotto	unterbrechen

■ D6

consigliare qc a qu	jdm etw raten
crescere *pp* cresciuto	(auf)wachsen

Ricapitoliamo!

dettagliato/-a	genau, detailliert
dividere *pp* diviso	(auf-/unter-) teilen
Scatena la tua passione …	Lass deiner Leidenschaft freien Lauf …

Si dice così

il permesso	Erlaubnis
formale	formell, förmlich
esortare qu a fare qc	jdn zu etw ermuntern
cortese	höflich

LEZIONE 8 *Racconta un po'!*

il fatto di cronaca	Tagesereignis
la trama (di un film)	(Film-) Handlung
il sogno	Traum
il vicinato	Nachbarschaft
il contenuto	Inhalt
la barzelletta	Witz
la favola	Märchen
il postino	Postbote
la regia	Regie
Massimo Troisi	*ital. Schauspieler und Regisseur*
drammatico	dramatisch, Dramen-
Pablo Neruda	*chilen. Dichter*
l'esilio	Exil
la poesia	Poesie, Lyrik
conquistare	erobern
il cuore	Herz
il felino	wildes Tier
la caccia	Jagd
la tigre	Tiger
il vicentino	Umgebung von Vicenza
la guardia forestale	Forstwache
l'elicottero	Helikopter
la lince	Luchs

■ A

il fiocco	Schleife

■ A1

logico/-a	logisch
suonare	klingeln
il campanello	(Tür-) Glocke, Klingel
il solaio	Dachboden
cadere *ess*	(herab)fallen, (um)stürzen
la terra	Erde; Boden
abbracciarsi	sich umarmen
sciogliere, sciolgo *pp* sciolto	auflösen, *hier:* aufbinden
sbattere la porta	die Tür schlagen

la porta	Tür
piangere *pp* pianto	weinen

A2

la lettera	*hier:* Buchstabe
la punteggiatura	Interpunktion, Zeichensetzung
il padre	Vater
sorridere *pp* sorriso	lächeln
lo scotch	Tesafilm
la carta da pacchi	Packpapier
smettere di *pp* smesso	aufhören
rimanere, rimango *pp* rimasto	bleiben
iniziare a	anfangen
la voce	Stimme
tremare	zittern
buttare (per terra)	(zu Boden) werfen
la Pizzamatic	*Pizzabackautomat*
Antenna Tre Lombardia	*priv. Fernsehsender*
il cappello da cuoco	Kochmütze
gridare	schreien
impastare	Teig zubereiten, kneten
se n'è andato/-a	er/sie ist weggegangen
picchiare qu	jdn schlagen
la confezione	Verpackung, Schachtel
infinito/-a	unendlich

A3

ad un certo punto	an/ab einem gewissen Punkt
il comportamento	Verhalten, Benehmen

A4

il regalo	Geschenk
aspettarsi qc	mit etw rechnen, etw erwarten
reagire, reagisco	reagieren

A5

l'azione *f*	Handlung
il contesto	Zusammenhang, Kontext
lo svolgimento	Entwicklung, Ablauf
il limite	Grenze
l'intenzione *f*	Absicht
il progetto	Vorhaben

A6

lo scrittore, la scrittrice	Verfasser/in, Schriftsteller/in
dal punto di vista di	aus der Sicht von

A7

compiere 50 anni	50 Jahre alt werden
soltanto	nur

fare un brindisi	anstoßen, einen Toast sprechen
senza tante storie	ohne großes Aufheben
un paio di	ein paar
piovere	regnen
prima del previsto	früher als vorgesehen
spostare	verrücken, umstellen
nessuno/-a	niemand
improvvisamente	plötzlich
cantare	singen
Tanti auguri a te …	Zum Geburtstag viel Glück …
lo stesso	trotzdem
emozionante	aufregend

B

A te è piaciuto?	Hat es/er dir (denn) gefallen?

B1

il giornale	Zeitung
la televisione	Fernsehen
Rai Tre	*staatl. Fernsehsender*
Gabriele Salvatores	*ital. Regisseur*
mi sembra di no	ich glaube nicht
Di che parla?	Wovon handelt er/es?
finire in prigione	im Gefängnis landen
la prigione	Gefängnis
la droga	Droge
il Marocco	Marokko
Diego Abatantuono	*ital. Schauspieler*
Fabrizio Bentivoglio	*ital. Schauspieler*
serio/-a	ernst
anzi	im Gegenteil
l'attore, l'attrice	Schauspieler/in
le musiche	Film-/Hintergrundmusik
di recente	vor Kurzem, kürzlich
Johnny Stecchino	*Filmtitel*
Roberto Benigni	*ital. Schauspieler u. Regisseur*
la verità	Wahrheit
deludere *pp* deluso	enttäuschen
fare effetto	Wirkung erzielen

B2

il giudizio	Urteil

B3

il criterio	Kriterium
in ordine di importanza	nach Wichtigkeit geordnet
l'importanza	Wichtigkeit
la preferenza	Vorliebe
il/la regista	Regisseur/in
l'interprete *m/f*	*hier:* Darsteller/in

l'argomento	*hier:* Thema; Argument
avvincente	spannend

B6

a vicenda	gegenseitig
la sala cinematografica	Kinosaal

Ascolto 2

esatto/-a	zutreffend
la fiera	Messe
il pullman	Autobus
la gondola	Gondel
la metropolitana	U-Bahn

Ascolto 3

lo psicologo	Psychologe
il significato	Bedeutung
l'elemento	Element, Bestandteil
l'anziano/-a	ältere/r Dame/Herr; Alte/r
il tunnel	Tunnel

C1

il biglietto di seconda classe per	Fahrkarte zweiter Klasse nach
andata e ritorno	Hin- und Rückfahrt
esatto/-a	genau
la coincidenza	Anschlusszug
Eurostar	*italienischer Schnellzug*
il posto non fumatori	Platz im Nichtraucher- abteil
il fumatore, la fumatrice	Raucher/in
mi servirebbe/ mi servirebbero	ich bräuchte
l'orario dei treni	Zugfahrplan
Termini	*Name des Hauptbahnhofs von Rom*
Fiumicino	*Name des Flughafens von Rom*
Quanto ci mette?	Wie lange braucht er?

C2

il biglietto ferroviario	Zugfahrkarte

C5

il collegamento ferroviario	Zugverbindung
mettere a disposizione	zur Verfügung stellen

C6

la cuccetta	Liegewagen
il vagone letto	Schlafwagen
in ritardo	verspätet
il ritardo	Verspätung
il binario	Gleis; Bahnsteig

D

Come è andato il viaggio?	Wie war die Reise?

D1

il contrattempo	Zwischenfall
pratico/-a	praktisch
in piena notte	mitten in der Nacht
il check-in	Check-in
la fila	Warteschlange
pazzesco/-a	verrückt
aspettare il proprio turno	darauf warten, dran zu kommen
Ma come?	Wie denn das?
la compagnia aerea	Fluggesellschaft
disdire, disdico *pp* disdetto	absagen
protestare	protestieren
niente da fare	nichts zu machen
il risarcimento	Entschädigung
il buono pasto	Essensgutschein
prima di tutto	zunächst, zuerst
fare un giro (per i negozi)	eine Runde (durch die Geschäfte) drehen
Non è andata poi così male!	Dann ist es also gar nicht so schlecht gelaufen/ ausgegangen.
annunciare	ankündigen, bekannt geben
annunciare l'imbarco di un volo	einen Flug aufrufen
prendere l'aereo per un pelo	das Flugzeug gerade noch erwischen
per un pelo	um ein Haar

D2

contemporaneamente	gleichzeitig

D3

il tabellone	Anzeigetafel
chiacchierare	ein Schwätzchen halten
sedersi, mi siedo	sich setzen

D4

l'avventura	Abenteuer
manifestare	*hier:* bekunden, zeigen

Ricapitoliamo!

porre delle domande, pongo *pp* posto	Fragen stellen
il maggior numero possibile	größtmögliche Anzahl
il dettaglio	Detail, Einzelheit

Si dice così

motivare qu a fare qc	jdn ermuntern, etw zu tun

LEZIONE 9 *Ripasso*

A

giocare a filetto	Mühle spielen
nel più breve tempo possibile	schnellstmöglich
il biglietto d'auguri	Glückwunschkarte
attuale	derzeitig; aktuell
il volo successivo	Anschlussflug
successivo/-a	nachfolgend

A1

il segnaposto	Platzhalter
il pezzetto di carta	Stückchen Papier
la riga	Zeile; Linie
a piacere	nach Belieben
l'indicazione *f*	Anweisung
in base a	auf der Grundlage von
cercare di + *inf*	versuchen zu
avversario/-a	gegnerisch

B

fondare	gründen

B1

il paesaggio	Landschaft
diffondere *pp* diffuso	verbreiten
riscoprire *pp* riscoperto	wiederentdecken
sostenere, sostengo	annehmen
invernale	Winter-
il concorso	Wettbewerb
lo scambio	Austausch
la partecipazione	Teilnahme

C1

lo slogan	Slogan
pubblicitario/-a	Werbe-, Reklame-
Non lasciarti circondare dalle crepe!	Laß dich nicht von Rissen umgeben!
l'evoluzione *f*	Entwicklung, Evolution
l'assicurazione *f*	Versicherung
la convenienza	Entgegenkommen; Vorteil
il preventivo	Kostenvoranschlag
senza impegno	unverbindlich
affidarsi a	sich jdm anvertrauen
la libertà	Freiheit
meritare	verdienen, wert sein
la fiducia	Vertrauen
tuffarsi in	(ein)tauchen
respirare a fondo	tief durchatmen
abbandonarsi a	sich hingeben
la dolcezza	Süße
il bagnoschiuma	Schaumbad
il docciaschiuma	Duschgel

C2

essere presenti	dabei sein; anwesend sein

C3

buffo/-a	lustig
fantasioso/-a	einfallsreich, phantasievoll

Italia & italiani

I magnifici set	Die wunderbaren Drehorte des Kinos
la scenografia	Bühnenbild
lo sfondo	Hintergrund
omonimo/-a	gleichnamig
entrare	eintreten
il Vangelo	Evangelium
la pellicola	Film(streifen)
accogliere, accolgo *pp* accolto	aufnehmen, empfangen
Cinecittà	*Areal der Filmstudios in Rom*
ritrarre, ritraggo *pp* ritratto	wiedergeben, darstellen
la sfumatura	Unterton, Abtönung
deserto/-a	verlassen, leer
indimenticabile	unvergesslich
attraverso	(quer) durch
oltre a	außer
la riserva marina	Meeresschutzgebiet, Naturschutzgebiet an der Küste
il tratto di mare e costa	Küstenabschnitt
la salvaguardia	Schutz (einer Sache)
la Goletta Verde	*Auszeichnung für saubere Strände*
al termine di	am Ende von
costiero/-a	Küsten-
limpido/-a	klar, rein
pulito/-a	sauber
la bandiera	Fahne
la sporcizia	Verschmutzung
la scuola dell'obbligo	Pflichtschule
l'apprendistato	Lehrzeit, Einarbeitungszeit
durare	dauern
le superiori	*hier:* weiterführende Schulen
l'accesso	Zugang
avviare	anleiten, einführen
il/la quindicenne	15jährige/r
neolaureato/-a	Hochschulabgänger/in
aspirare a qc	etw anstreben
impiegato/-a statale	Beamter/-in
la prova scritta	schriftliche Prüfung
il servizio militare	Wehrdienst

LEZIONE 10 *Andrà tutto bene!*

Andrà tutto bene!	Es wird schon alles gut gehen!
la vignetta	*hier:* Karikatur
l'atteggiamento	(Geistes-) Haltung
positivo /-a	positiv
verso il futuro	mit Blick auf die Zukunft
il futuro	Zukunft
preoccupato /-a	besorgt
pessimista	pessimistisch
innamorarsi di qu	sich in jdn verlieben
la memoria	Gedächtnis
andare storto /-a	schief gehen
l'occasione mancata	verpasste Gelegenheit

A

Mi basterà?	Wird mir das reichen?

A1

dare l'addio a qu	sich von jdm verabschieden
di una vita	eines (ganzen) Lebens
la lacrima	Träne
la tristezza	Traurigkeit
schiacciante	erdrückend
desiderare	wünschen; *hier:* herbeisehnen
litigare	streiten
i fatti della giornata	Ereignisse des Tages
programmare	planen, programmieren
splendido /-a	prachtvoll
inutile	nutzlos
dipendere da *pp* dipeso	abhängen von
unicamente	einzig und allein
essere capace di	fähig sein zu
tenere vivo /-a	am Leben erhalten
dentro di sé	in sich selbst
accadere *ess*	geschehen, passieren
finora	bisher
coltivare	pflegen
umano /-a	menschlich
cioè	das heißt
applicarsi in qc	sich mit etw Mühe geben
sopravvivere *pp* sopravvissuto	überleben
l'età della pensione	das Rentenalter
Si faccia coraggio!	Nur Mut!
farsi coraggio	Mut fassen
fare gli auguri a qu	jdm Glück wünschen

A2

provare	*hier:* empfinden
il /la giornalista	Journalist /in

A4

la vita in comune	Zusammenleben

A5

incoraggiare qu	jdn ermutigen

A6

alla ricerca di	auf der Suche nach
il rapporto (sentimentale) stabile	feste Beziehung
avere difficoltà a + *inf*	Schwierigkeiten haben, zu
la difficoltà	Schwierigkeit

A7

il /la chiromante	Wahrsager /in
il mago, la maga	Zauber /-in

B

Vado a vivere con Carla.	Ich ziehe mit Carla zusammen.

B1

avere intenzione di fare qc	die Absicht haben, etw zu tun
prossimamente	in Kürze, demnächst
Sono Emilio.	Hier ist Emilio.
C'è Tommaso?	Ist Tommaso da?
Quando lo posso trovare?	Wann kann ich ihn erreichen?
essere fuori	weg sein
Dimmi un po' …	Sag mal …
A che ti riferisci?	Worauf beziehst du dich?
riferirsi a qc	sich auf etw beziehen
niente di concreto	nichts Konkretes
decidersi *pp* deciso	sich entschließen
non c'è motivo	es gibt keinen Grund
qualsiasi	jede /r beliebige /r
fammi sapere	sag mir Bescheid
Ma figurati!	*hier:* Keine Ursache! *(nur gegenüber Personen, die man duzt)*
giocare a calcetto	mit ein paar Leuten Fußball spielen
Stammi bene.	Mach's gut.
a presto	bis bald
Per quale motivo …?	Aus welchem Grund …?

B3

organizzarsi	planen, die eigenen Angelegenheiten regeln

B5

in combinazione con	in Verbindung mit
la particolarità	Besonderheit

B6

liberarsi	frei werden
com'è andata	wie es gelaufen ist

B7

comportarsi	sich verhalten, benehmen

B8

la battuta	Bemerkung, Antwort

B9

dato che	da, weil

Lettura 1

il cielo	Himmel
ritrovare qc/qu	etw/jdn wiederfinden
la regina	Königin
l'istante *m*	Augenblick
rapire, rapisco	entführen, rauben
sparire, sparisco *ess*	verschwinden

Lettura 2

la strofa	Strophe
subentrare a	an die Stelle treten von
l'incertezza	Unsicherheit
la paura	Angst

Lettura 3

riutilizzare	wieder verwenden

C

Il sogno nel cassetto	Der noch unerfüllte/ unverwirklichte Traum
il cassetto	Schublade

C1

intervistare	befragen, interviewen
mettere su un'attività in proprio	sich selbständig machen
fare il giro del mondo	eine Weltreise machen
emergere *pp* emerso *ess*	hervorgehen aus; auftauchen
un sondaggio su un campione di ... persone	eine repräsentative Umfrage mit ... Befragten
il sondaggio	Umfrage
l'Atlantico	Atlantik
in solitario	allein
indimenticabile	unvergeßlich
vero/-a e proprio/-a	wirklich und wahrhaftig
ripartire	wieder fortgehen, -fahren
la maturità	Abitur
guadagnare	(Geld) verdienen
la Ferrari	*ital. Automarke*
rosso fiamma	feuerrot
migliore	besser
il bed & breakfast	*Zimmer mit Frühstück*

il suocero, la suocera	Schwiegervater, -mutter
insicuro/-a	unsicher
la cosa migliore sarebbe ...	das Beste wäre ...
anche se	auch wenn
buttarsi	sich (in eine Unternehmung) stürzen

C3

alla rinfusa	durcheinander (gewürfelt)
il motto	Motto
finire male, finisco *ess*	schlecht ausgehen

D

Ne prenda due prima di partire.	Nehmen Sie zwei davon vor der Abfahrt.

D1

il mal di mare	Seekrankheit
contro	gegen
la pastiglia	Tablette
l'effetto collaterale	Nebenwirkung
la sonnolenza	Schläfrigkeit
lieve	leicht, *hier*: gut verträglich
Le serve altro?	Brauchen Sie sonst noch etwas?
la pomata	Salbe
la puntura di insetti	Insektenstich
pieno/-a	voll
la zanzara	Mücke
efficace	wirksam
il prurito	Juckreiz
prevenire, prevengo *pp* prevenuto	vorbeugen
lo spray	Spray
l'aspirina	Aspirin
il disturbo	Störung; gesundheitl. Beschwerde
soffrire *pp* sofferto	leiden

D2

il mal di testa	Kopfweh
il mal di denti	Zahnweh
la tosse	Husten
il mal di stomaco	Magenschmerzen
la febbre	Fieber
il raffreddore	Schnupfen

D4

porre, pongo *pp* posto	stellen, setzen, legen
fumare	rauchen
la sigaretta	Zigarette

D7

Riportate le frasi nelle righe sottostanti.	Schreiben Sie die Sätze in die nachfolgenden Zeilen.

sottostante	unterhalb von ... stehend
contenere, contengo	beinhalten

D8

darsi del tu	sich duzen
darsi del Lei	sich siezen

Ricapitoliamo

il foglietto	Zettel
il segno zodiacale	Tierkreiszeichen, Stern-zeichen
l'oroscopo	Horoskop
l'ariete *m*	Widder
il toro	Stier
i gemelli *m*	Zwillinge
il cancro	Krebs
il leone	Löwe
la vergine	Jungfrau
la bilancia	Waage
lo scorpione	Skorpion
il sagittario	Schütze
il capricorno	Steinbock
l'acquario	Wassermann
i pesci	Fische
a metà	zur Hälfte
sospirare	ersehnen
l'opportunità	Gelegenheit
gratificante	einträglich, dankbar
essere disposti a + *inf*	bereit sein zu

Si dice così

confidenziale	vertraulich

LEZIONE 11 *Quanto sei bella, Roma!*

Quanto sei bella, Roma!	Wie schön du bist, Rom!
rappresentare	darstellen, abbilden

A

Tutte le strade portano a Roma.	Alle Wege führen nach Rom.

A1

la pompa	*hier:* Zapfsäule
il self-service	Selbstbedienung
Mi fa il pieno per favore?	Einmal volltanken, bitte!
lo sterzo è un po' duro	die Lenkung ist ein wenig schwergängig
lo sterzo	Lenkrad, Lenkung
duro/-a	hart
Non saranno mica le gomme?	Das werden doch nicht die Reifen sein?
non ... mica	doch wohl nicht

la gomma	Reifen; Gummi
può darsi	(es) kann sein
la spia	Kontrolllampe
lampeggiare	blinken
Ecco fatto.	(Das wäre) erledigt./Das hätten wir geschafft.
sgonfio/-a	(luft)leer
a posto	in Ordnung
l'impianto elettrico	elektrische Anlage
il contatto	(Wackel-) Kontakt
l'officina	Autowerkstatt
il raccordo	Zubringerstraße
la tangenziale	Umgehungsstraße
perdersi *pp* perso	sich verfahren

A2

la portiera	Autotür
il motore	Motor
il finestrino	Autofenster
il tergicristallo	Scheibenwischer
il cofano	Motorhaube
la batteria	Batterie
la targa	(Nummern-) Schild
il faro	Scheinwerfer
la freccia	Blinker; Pfeil
il portabagagli	Kofferraum
il meccanico	Mechaniker
il carrozziere	Karosseriemechaniker
il gommista	Reifendienst
l'elettrauto	Autoelektriker

A3

il benzinaio	Tankwart
incerto/-a	unsicher

A4

aiutarsi con qc	sich mit etw behelfen
la macchina non parte	*hier:* das Auto springt nicht an
il blocco stradale	Straßensperre
fare sciopero	streiken
scarico/-a	entladen, leer
la benzina	Benzin

A6

la località	Ortschaft
il cerchietto	kleiner Kreis
il distributore	Tankstelle
fare benzina	tanken
risolvere un problema *pp* risolto	ein Problem lösen

B

lo straniero, la straniera	Ausländer/in

B1

lasciare	verlassen
lo studio	Studium
brasiliano/-a	Brasilianer/in; brasilianisch
filippino/-a	Philippiner/-in; philippinisch
coreano/-a	Koreaner/in; koreanisch
la testimonianza	*hier:* Zeugnis, Erfahrungsbericht
all'improvviso	plötzlich
ritrovarsi	sich wiederfinden
il Brasile	Brasilien
malato/-a	krank
il lusso	Luxus
la cultura	Kultur
la lingua	Sprache
il clima	Klima
abituarsi a qc	sich an etw gewöhnen
la cittadinanza	Staatsbürgerschaft
il bisnonno, la bisnonna	Urgroßvater, Urgroßmutter
la rettifica	Richtigstellung, Berichtigung
far piacere	Freude machen
ritornare	zurückkehren
il disegnatore, la disegnatrice civile	technische/r Zeichner/in
la Libia	Lybien
proibire, proibisco	verbieten
mentre	*hier:* wohingegen
curare	pflegen
cordiale	herzlich
il/la connazionale	Landsmann/-männin
peruviano/a	Peruaner/-in; peruanisch
battere	schlagen
il Perù	Peru
le nozze *pl*	Hochzeit
parecchi/-ie	etliche
il ricongiungimento familiare	Familienzusammenführung
felice	glücklich
il professore, la professoressa	Lehrer/in
insegnare	unterrichten
severo/-a	streng
la faccia	*hier:* Seite
la medaglia	Medaille
entrare in sintonia	in Einklang kommen
l'allievo/-a	Schüler/-in
caotico/-a	chaotisch

B4

l'ausiliare *m*	*hier:* Hilfsverb
il verbo modale	Modalverb

B5

in base a	auf der Grundlage von
l'Ucraina	Ukraine
esercitare	(aus)üben
la collaboratrice familiare	Haushaltshilfe
mantenere i contatti, mantengo	Kontakte halten

C1

residente	ansässig
ufficiale	offiziell
distribuire, distribuisco	verteilen
il continente	Kontinent
elencare	auflisten
l'Africa	Afrika
l'America	Amerika
l'Asia	Asien
l'Europa	Europa
l'Australia	Australien
percento	Prozent

C2

la cifra	Ziffer, Zahl, Betrag
conservare	*hier:* behalten
sfiorare	fast erreichen
aggiornare	aktualisieren, auf den neuesten Stand bringen
l'anagrafe consolare	Einwohnerregister des Konsulats
l'Argentina	Argentinien
la ripartizione per aree continentali	Verteilung auf die verschiedenen Kontinente
dalle vostre parti	in Ihrer Umgebung, in Ihrer Gegend
l'istituzione *f*	Einrichtung, Institution

C3

Stoccolma	Stockholm
in persona	höchstpersönlich
lassù al nord	dort oben im Norden
curioso/-a	neugierig
proprio	gerade, ausgerechnet
la realtà	Wirklichkeit
al massimo	höchstens
il laboratorio fotografico	Fotolabor
a poco a poco	nach und nach, allmählich
lo svedese	Schwede/-in; schwedisch
Treviso	*Stadt in Norditalien*
portare in giro	umher führen, fahren
girare	herumlaufen
Tu che ne dici?	Was meinst du dazu?
se vi va	wenn es euch recht ist
dall'alto	von oben, aus der Höhe
Castel Sant'Angelo	Engelsburg

il trapassato prossimo — Vorvergangenheit, Plusquamperfekt

stabilirsi — sich niederlassen

trascorrere *pp* trascorso — verbringen
i carciofi alla giudia — *römisches Gericht: Artischocken nach jüdischer Art*

a sufficienza — in ausreichendem Maß, genug

in eccesso — im Übermaß

Lettura 1

al contrario — im Gegenteil
considerare qc (come) — etw betrachten (als)
anziché — und nicht; (an)statt
prevalere, prevalgo — überwiegen, vorherrschen
  pp prevalso
concepito in epoche remote — in vergangenen Zeiten entworfen
angusto/-a — eng
inadeguato/-a — unangemessen
a causa — wegen, auf Grund von
insufficiente — ungenügend
la rete metropolitana — U-Bahn-Netz
carente — mangelnd
aumentare — zunehmen, sich vergrößern

il reperto archeologico — archeologisches Fundstück
il buco — Loch
il sottosuolo — (Unter-) Grund
comportare — *hier:* mit sich bringen
la sospensione — Unterbrechung; Aussetzung

a tempo indeterminato — auf unbestimmte Zeit
un rione antico, popolare — ein altes, von einfachen Leuten bewohntes Viertel

Testaccio — *Stadtviertel in Rom*
la radice — Wurzel
era frequente vedere — oft sah man
il cestino — kleiner Korb
la cordicella — Schnur, Seil
calare da — (herab)hängen
deporre, depongo — hineinlegen, ablegen
  pp deposto
la busta di carta — Papiertüte
in vestaglia e ciabatte — in Morgenrock und Pantoffeln

il fornaio — Bäcker
la vigilia di Natale — Heilig Abend

fuso/-a — *hier:* verschmolzen
l'anima — Seele
collocare — *hier:* gelegen sein, sich befinden

esporre, espongo — ausstellen
  pp esposto
la necropoli — Totenstadt, Gräberfeld
di età imperiale — aus der Kaiserzeit
in vista di — im Angesicht von
urna funeraria — Begräbnisurne
correre il rischio di — Gefahr laufen, zu
la convivenza — Zusammenleben
il fatto scontato — bekannte Tatsache
il dato quotidiano — tägliche Gegebenheit

Lettura 2
apprezzare qc — etw schätzen

Ascolto 1
apparire, appaio — erscheinen; auftauchen
  pp apparso *ess*

Ascolto 2
la leggenda — Legende
il soldino — kleines Geldstück

Ascolto 3
la carrozzella — Kutsche

Si dice così
chiedere un servizio a qu — eine Dienstleistung erbitten
la decisione — Entscheidung

LEZIONE 12 *Ripasso*

sbarrare la strada — die Straße sperren
il gradino — (Treppen-) Stufe
dare ordini — Anweisungen geben
la sfilata di moda — Modeschau
ammirare — bewundern
l'opera d'arte — Kunstwerk
originariamente — ursprünglich
squillare — klingeln *(Telefon)*
consolare qu — jdn trösten
il colonnato — Säulengang
costruire, costruisco — erbauen
fare dei buoni propositi — gute Vorsätze fassen
abbellire, abbellisco — verschönern
la sede — (Amts-) Sitz
la Camera dei deputati — Abgeordnetenkammer
gettare una monetina — eine Münze werfen

il desiderio	Wunsch
il monumento	Denkmal
guardarsi intorno	sich umschauen
camminare per le strade	durch die Straßen laufen
entusiasta *m/f*	begeistert
più che mai	mehr denn je

B

la guida turistica	Reiseführer

B1

il traguardo	Ziel
i Castelli Romani	*Gebiet in der Nähe von Rom*
i laghi di Albano e di Nemi	*Seen in der Nähe von Rom*
Ostia antica	*alte römische Stadt bei Rom*
sconosciuto/-a	unbekannt
il buongustaio	Feinschmecker
il tema in questione	das Thema, um das es geht
lo spostamento	*hier:* Fortbewegung
la visita guidata	geführte Besichtigung
l'itinerario	Strecke, Tour, Route

C2

scomparire, scompaio *pp* scomparso *ess*	verschwinden
scattare una foto	ein Foto schießen/machen
la scomparsa	Verschwinden
interrogare	befragen, vernehmen
la frequenza	Häufigkeit
immedesimarsi	sich hineinversetzen

Italia & italiani

E non se ne vogliono andare.	Und sie wollen (einfach) nicht gehen.
l'età media	Durchschnittsalter
il legame affettivo	emotionale Bindung
il mammone	Muttersöhnchen
dettare	diktieren
la questione economica	wirtschaftlicher Grund
la tassa universitaria	Studiengebühr
l'offerta	Angebot
l'alloggio	Unterkunft
l'affitto	Miete
convivere *pp* convissuto	zusammenleben
raro/-a	selten
il padrone	Herr, Besitzer, Chef
la chioccia	Gluckhenne
indipendente	unabhängig
trascurare	vernachlässigen
il venditore/la venditrice ambulante	fliegende/-r Händler/-in

l'agricoltura	Landwirtschaft
la ristorazione	Gaststättengewerbe
l'immigrato/-a	Einwanderer
costituire, costituisco	darstellen, bilden
redditizio/-a	einträglich, gut bezahlt
la formazione secondaria superiore	höhere Schulbildung
il titolo di studio	Schul-, Studienabschluss
provenire, provengo *pp* provenuto	herstammen, herkommen
riconosciuto/-a	anerkannt
la percentuale	Prozentsatz
in continua crescita	ständig wachsend
trasformare	verändern
derivare da	herrühren, herkommen
il Tevere	Tiber
sfociare	münden
il mar Tirreno	Tyrrhenisches Meer
il colle	Hügel
partire a raggio	strahlenförmig auseinandergehen
il millennio	Jahrtausend
il patrimonio	Gut, Schätze
enorme	enorm
il bene artistico	Kunstschatz
attrarre, attraggo *pp* attratto	anziehen
l'ambasciata	Botschaft *(eines Staates)*
che non sia già stato detto	was nicht schon gesagt worden wäre
lasciare la parola a	das Wort übergeben an
la mancanza	Fehlen, Mangel
la struttura moralistica	*etwa:* moralisches Gefüge
straordinario/-a	außergewöhnlich
materno/-a	mütterlich
il senso	Sinn
indifferente	gleichgültig
prendersi cura di	sich kümmern um

Alphabetisches Vokabular

Hier finden Sie die italienischen Wörter, die in *Allegro 2* vorkommen, in alphabetischer Aufführung. Ebenso wie im Vokabular nach Lektionen ist der Lernwortschatz **fett** hervorgehoben.

Die erste Zahl verweist jeweils auf die Lektion, in der ein Wort zum ersten Mal auftaucht, der Buchstabe auf den entsprechenden Abschnitt innerhalb einer Lektion und die zweite Zahl auf den genauen Unterrichtsschritt. Bei Wörtern, die in unterschiedlichen Bedeutungen bzw. Wendungen vorkommen, sind mehrere Verweise angegeben.

Abkürzungen

ascolto	asc
si dice così	sidice
Italia & italiani	ital
lettura	lett
Ricapitoliamo!	ric

A

a base di auf der Grundlage von 6 ital

a causa wegen, auf Grund von 11 lett1

a cento metri da casa 100 m vom Haus entfernt 2 C1

A che cosa fa bene? Wofür ist es gut? 4 D3

A che ti riferisci? Worauf beziehst du dich? 10 B1

a contatto con la natura in Kontakt mit der Natur 2 C4

a coppie paarweise 1 C3

a dopo bis nachher 1 D1

a metà zur Hälfte 10 ric

a partire da ab (einem Zeitpunkt) 5 B1

a piacere nach Belieben 9 A1

a pochi minuti dal centro wenige Minuten vom Zentrum entfernt 2 asc2

a pochi passi wenige Schritte entfernt 2 C1

a poco a poco nach und nach, allmählich 11 C3

a posto in Ordnung 11 A1

a presto bis bald 10 B1

a seconda della zona je nach Gegend 3 ital

a sufficienza zur Genüge, genug 11 C7

A te è piaciuto? Hat es/er dir (denn) gefallen? 8 B

a tema Themen- 4 E3

a tempo indeterminato auf unbestimmte Zeit 11 lett1

a tempo pieno Vollzeit 7 B1

a tutela di im Dienste von 7 B

a tutta altezza zimmerhoch 2 B1

a vicenda gegenseitig 8 B6

abbandonarsi sich hingeben 9 C1

abbellire verschönern 12 A1

Abbiamo cambiato casa. Wir sind umgezogen. 2 A

abbracciarsi sich umarmen 8 A1

abbreviazione Abkürzung 7 D2

abilità Fähigkeit; Geschicklichkeit 2 sidice

abitante Bewohner 3 A1

abitualmente (für) gewöhnlich, gewohnheitsgemäß 4

abituarsi sich gewöhnen 11 B1

abituato/-a gewohnt 2 C1

abitudine Gewohnheit 5 lett2

accadere geschehen, passieren 6 A1; 10 A1

accendere anschalten, anzünden 4 B1

accendersi angehen 7 C6

accesso Zugang 9 ital

accessorio Zubehör 5 D3

accettare annehmen, akzeptieren 1 D3

accogliere aufnehmen, empfangen 9 ital

accompagnare begleiten 1 D1

accompagnare a casa nach Hause bringen 1 D1

accompagnato/-a da begleitet von 4 E3

acquario Wassermann 10 ric

acquistare i biglietti Eintrittskarten kaufen 1 asc1

ad un certo punto an/ab einem gewissen Punkt 8 A3

adatto/-a geeignet, passend 1

Adda *Fluss in Norditalien* 5 B1

adorare lieben; anbeten 5 A3

Adriatico Adria 5 B1

adulto Erwachsener 3 ital

aerobica Aerobic 4 E3

affascinante faszinierend 1 C3

affidarsi sich anvertrauen 9 C1

affittare (ver)mieten 2 A9

affittasi zu (ver)mieten 2 A1

affitto Miete 12 ital

Africa Afrika 11 C1

agenzia Agentur 5 D7

aggettivo Adjektiv 1 lett2

aggiornare aktualisieren, auf den neuesten Stand bringen 11 C2

aggirarsi sich herumtreiben 6 C2

aggiungere hinzufügen, ergänzen 1 A2; 4 C2

agli inizi del 1900 Anfang des 20. Jahrhunderts 5 B3

agricoltura Landwirtschaft 12 ital

agrodolce süß-sauer 6 ital

Ah, che rabbia. Wie ärgerlich! 1 asc3

ai tempi dei Romani zu Zeiten der Römer 5 B4

aiutarsi sich (be)helfen 11 A4

aiuto Hilfe 2 sidice

al centro in der Mitte 2 B1

al contrario im Gegenteil 11 lett1

al massimo höchstens 11 C3

al posto di anstelle von 2 B1

al termine di am Ende von 9 ital

alcuni/-e einige 1 B1

alimentare Lebensmittel- 4

alimentazione Ernährung 4 E3

alimento Nahrungsmittel 4 A1

all'improvviso plötzlich 11 B1

all'interno di innerhalb von 7 D5

alla guida beim Autofahren/am Steuer 7 D2

alla mano umgänglich 1 C1

alla ricerca di auf der Suche nach 1 lett1; 10 A6

alla rinfusa durcheinander (gewürfelt) 10 C3

All'Alfieri danno ... Im Alfieri zeigen sie ... 1 D1

allargamento Erweiterung 5 B1

allenamento Training 4 asc3

allievo/-a Schüler/-in 11 B1

all'inizio am Anfang, zu Beginn 4 D2

all'insegna di im Zeichen von 4 ric

alloggio Unterkunft 12 ital

altamente in hohem Maße 4 A1

altezza Höhe 2 B1; 3 A1

altitudine Höhe 3 A1

alto/-a hoch, groß (bezogen auf Personen) 1 A3; 2 D1

altrimenti sonst, andernfalls 7 C2

amante Liebhaber/in 4 E3

amante della poesia Liebhaber/in der Dichtung 1 lett1

ambasciata Botschaft (eines Staates) 12 ital

ambientalista Umwelt- 7 A2

ambiente Zimmer, Raum; Umwelt 2 B1; 2 D1

America Amerika 11 C1

ammalarsi erkranken 1 lett1

amministrativo/-a Verwaltungs- 7 B1

ammirare bewundern 12 A1

anagrafe consolare Einwohner- register des Konsulats 11 C2

analizzare analysieren, untersuchen 2 D1

anch'io ich auch 5 A4

anche se auch wenn 10 C1

andare in giro (per la città) (in der Stadt) umherlaufen 1 C1

andare in scena aufgeführt werden 1 D5

andare storto schief gehen 10

andata e ritorno Hin- und Rückfahrt 8 C1

andatura Gang, Schritt 4 D2

Andrà tutto bene! Es wird schon alles gut gehen! 10

angolo cottura Kochnische 2 A1

angusto/-a eng 11 lett1

anima Seele 11 lett1

animazione Animation 4 E3

anni Trenta 30er Jahre 5 B1

annuale jährlich 2 D1

annunciare ankündigen, bekannt geben 8 D1

annuncio (Klein-) Anzeige; Ansage 2 A1; 7 C7

anonimato Anonymität 7 D2

Antenna Tre Lombardia priv. Fernsehsender 8 A2

antipatico/-a unsympatisch 1 C3

anzi im Gegenteil 8 B1

anziano/-a ältere/r Dame/Herr; Alte/r 8 asc3

anziché und nicht; (an)statt 11 lett1

apparecchiare (la tavola) (den Tisch) decken 4 B1

apparecchio Apparat 7 C6

apparire erscheinen; auftauchen 11 asc1

appartamento Wohnung 2 A1

appassionato/-a del fitness Fitness- Fan 4 E3

appassionato/-a begeistert, leiden- schaftlich 4 E3

appena gerade eben 1 D1

appendere aufhängen 2

applicarsi in sich mit etw Mühe geben 10 A1

apprendistato (kurze) Lehrzeit 9 ital

apprezzare schätzen 11 lett2

appropriato/-a passend, geeignet 5 D7

architettura Architektur 3 ital

area di valutazione Wertungs- bereich 2 D1

Argentina Argentinien 11 C2

argomento Thema; Argument 8 B3

aria Luft 2 D1

ariete Widder 10 ric

armadio Schrank, Kleiderschrank 2 B1

arredare einrichten 2 ric

arredato/-a möbliert 2 A1

arrogante arrogant 1 C3

arrosto di vitello Kalbsbraten 4 C4

articolato/-a gegliedert 1 D5

artigianale handwerklich 4 A1

artista Künstler/in 1 D5

ascella Achsel 6 C2

ascolto Hörtext 1 asc

Asia Asien 11 C1

aspettare warten auf 1 D1

aspettare il proprio turno darauf warten, dran zu kommen 8 D1

aspettarsi rechnen mit, erwarten 8 A4

aspetto Aussehen, Aspekt 1 A4; 2 D3

aspirare anstreben 9 ital

aspirina Aspirin 10 D1

assaggiare kosten (von), probieren 4 E3

assegnare zuordnen 2 D5

assicurazione Versicherung 9 C1

associare zuordnen 4

associazione Verein, Gesellschaft 7 B1

Assolutamente no. Ganz und gar nicht. 2 C1

assumere un ruolo in eine Rolle schlüpfen 7 A7

Atlantico Atlantik 10 C1

atteggiamento (Geistes-) Haltung 10

Attenda in linea. Bitte warten Sie. (am Telefon) 7 C

attore/-trice Schauspieler/in 8 B1

attrarre anziehen 12 ital

attraverso (quer) durch 9 ital

attrezzatura Ausrüstung 4 D5

attribuire zuordnen, zuschreiben 1 C3

attuale derzeitig; aktuell 9

auguri Glückwünsche 10 A1

aumentare erhöhen, zunehmen 4 D2; 11 lett1

ausiliare Hilfsverb 11 B4

Australia Australien 11 C1

auto Auto 5 D

automobile Auto 5 D7

autore/-trice Autor/in 1 D5

autoritratto Selbstporträt 1 lett1

avanguardia Avantgarde, Vorreiter 5 D1

avanzare voranschreiten 6 ital

avanzi della sera precedente Reste des Vorabends 5 lett2

aver luogo stattfinden 5 B4

avere bisogno brauchen 3 B1

avere difficoltà Schwierigkeiten haben 10 A6

avere in comune gemeinsam haben 1 C1

avere intenzione die Absicht haben 10 B1

avere l'impressione den Eindruck haben 2 C1

avere opinioni diverse unterschied- licher Meinung sein 5 A5

avere ragione recht haben 2 C1

avere un tetto sulla testa ein Dach über dem Kopf haben 5 lett2

avvenimento Ereignis 6 A1

avventura Abenteuer 8 D4

avversario/-a gegnerisch 9 A1

avvertire benachrichtigen 7 D5

avviare anleiten, einführen 9 ital

avvincente spannend 8 B3

azione Handlung 8 A5

B

baffi Schnurrbart 1 A1

bagnoschiuma Schaumbad 9 C1

balconata Rang *(im Theater)*
1 asc1

balcone Balkon 2 A1

balletto Ballett 1 asc2

bandiera Fahne 9 ital

barba Bart 1 A1

barcone Lastkahn 5 B1

barocco/-a barock 3 A1

barzelletta Witz 8

basarsi sich stützen auf 5 D5

base Basis; Grundlage 9 A1

basta es reicht 4 D2

battaglia Kampf 5 B4

battere schlagen 11 B1

batteria Batterie 11 A2

battuta Bemerkung; Antwort
10 B8

bed & breakfast *Zimmer mit
Frühstück* 10 C1

bel po' eine ganze Menge 2 A2

bellezza Schönheit 5 D1

ben retribuito/-a gut bezahlt 2 D1

bene artistico Kunstschatz 12 ital

bene culturale Kulturgut 7 B2

beneficio Nutzen; Gewinn 4 D2

benzina Benzin 11 A4

benzinaio Tankwart 11 A3

berretto Mütze 1 lett1

bevanda Getränk 1 D5

biblico/-a biblisch 1 D5

bicchiere da vino Weinglas 4 B4

bici da città Stadtfahrrad 5 D3

bidet Bidet 2 B1

biglietto d'auguri Glückwunsch-
karte 9 A

biglietto di seconda classe
Fahrkarte zweiter Klasse 8 C1

biglietto ferroviario Zugfahrkarte
8 C2

biglietto omaggio Freikarte 1 asc2

bilancia Waage 10 ric

bilingue zweisprachig 3 A1

binario Gleis; Bahnsteig 8 C6

bisnonno/-a Urgroßvater, Urgroß-
mutter 11 B1

bisogna man muss 4 D2

bisogno Bedürfnis, Notwendigkeit
3 B1

blocco stradale Straßensperre
11 A4

bocciare qu jdn durchfallen lassen
2 D1

body-building Bodybuilding 4 D3

Bolzano Bozen 4 E3

braccio Arm 4 D1

brano (Musik-) Stück 1 D5

Brasile Brasilien 11 B1

brasiliano/-a Brasilianer/in;
brasilianisch 11 B1

bresaola *Wurstsorte aus dem Veltlin*
6 ital

Brianza *Gebiet in der Lombardei*
3 A1

brodo Brühe 4 B4

bucato Wäsche 5 B1

bucato/-a löcherig 5 lett2

buco Loch 11 lett1

buffo/-a lustig 9 C3

buone maniere gute Manieren
7 D2

buongustaio Feinschmecker 12 B1

buono pasto Essensgutschein 8 D1

burro Butter 4 C2

busta di carta Papiertüte 11 lett1

buttare (per terra) (zu Boden)
werfen 8 A2

buttare giù ins kochende Wasser
werfen 6 ital

buttarsi sich (in eine Unter-
nehmung) stürzen 10 C1

C

C'è Tommaso? Ist Tommaso da?
10 B1

caccia Jagd 8

cadere (herab)fallen, (um)stürzen
8 A1

caffè Café 1 C1

caglio Lab 4 A1

CAI *ital. Alpenverein* 4 E3

calare da (herab)hängen 11 lett1

calcio Kalzium; Fußball 4 A1;
4 D3

calvo/-a kahl; glatzköpfig 1 A3

cambiare sich verändern 1

cambiare (ritmo di vita) (den
Lebensrhythmus) ändern 2 C4

cambiare casa umziehen 2 A

cambiare la moquette den
Teppichboden austauschen 2

cambiarsi (d'abito) sich umziehen
6 A1

Camera dei deputati Abgeordnetenkammer 12 A1

camera matrimoniale Schlafzimmer
2 B1

camminare gehen, laufen 4 D2

camminare per le strade durch die
Straßen laufen 12 A1

camminata Gang 4 D2

campagna di informazione
Aufklärungskampagne 7 B1

campanello (Tür-) Glocke, Klingel
8 A1

campionato del mondo Welt-
meisterschaft 6 ital

campione Gewinner; Stichprobe
2 D1; 10 C1

campo Feld, Gebiet 2 D1

campo sanitario Gesundheitsbereich
7 B1

canale Kanal 5 B1

cancellare (aus)streichen, löschen
3 C2; 7 A1

cancro Krebs 10 ric

Candoglia *Oberital. Ort, bekannt
für seinen Marmorbruch* 5 B1

cane Hund 2 C4

cantante Sänger 6 A1

cantare singen 8 A7

cantina Keller; Weinkeller 2 A1;
3 A1

caotico/-a chaotisch 11 B1

capacità Fähigkeit 2 sidice

capelli Haare 1

capitare vorkommen, wider-
fahren 5 A1

capocollo *ital. Wurstsorte* 6 ital

capolavoro Meisterwerk 1 D5

capoluogo Hauptstadt (einer
Region) 1 D5

cappello da cuoco Kochmütze
8 A2

capricorno Steinbock 10 ric

carattere Charakter 1 C2

caratteristica Merkmal 2 A2

carciofi Artischocken 11 C5

carente mangelnd 11 lett1

carrozzella Kutsche 11 asc3

carrozziere Karosseriemechaniker
11 A2

carta Bancomat Scheckkarte 1 asc2

carta da pacchi Packpapier 8 A2

carta da parati Tapete 2

carta di credito Kreditkarte 1 asc2

carta d'identità Personalausweis
1 A5

casa di ringhiera *Wohnhaus mit durchgehendem Balkon im Innenhof* 6 ital

casa di riposo Seniorenheim 7 B4

caseificio Käserei 4 A1

casella Kästchen 5 A2

casella opportuna passendes Kästchen 2 asc2

casolare abgelegenes Landhaus 2 C7

cassetto Schublade 10 C

Castel Sant'Angelo Engelsburg 11 C3

Castelli Romani *Gebiet in der Nähe von Rom* 12 B1

catapecchia Hütte 5 lett2

categoria Kategorie 2 D1

C'è da diventar matti! Es ist zum Verrücktwerden! 2 C1

cenone di Capodanno festliches Abendessen zu Sylvester 4 C5

centinaio etwa hundert 6 ital

centro di assistenza Servicecenter 7 C6

cercare versuchen 9 A1

Cerchia dei Navigli *Kreis der Kanäle (in Mailand)* 5 B1

cerchietto kleiner Kreis 11 A6

cestino kleiner Korb 11 lett1

Che bel fresco. Was für eine angenehme Frische. 2 C1

Che bella casa! Was für ein schönes Zuhause! 2

che fa per voi der/die/das etwas für Sie ist 4 E3

Che ne dici? Was meinst du (dazu)? 5 D3

Che piacere rivederti! Wie schön dich wiederzusehen! 1

check-in Check-in 8 D1

chiacchierare ein Schwätzchen halten 8 D3

chiamare (an)rufen 4 B1

chiarire klären 1 C5

chiedere a qu di fare qc jdn bitten, etw zu tun 1 C1

chiedere scusa um Entschuldigung bitten 1 C6

chilometro Kilometer 5 D1

chioccia Gluckhenne 12 ital

chiromante Wahrsager/in 10 A7

chiusura Schließung; Sperrung 3 C2

Ci conosciamo? Kennen wir uns (nicht)? 1

ci vogliono man braucht 4 C1

ci vuole man braucht 4 C1

ciascuno/-a jede/r 1 D5

cibo Essen 5 ric

ciclismo Radsport 4 D3

cielo Himmel 10 lett1

cifra Ziffer, Zahl, Betrag 11 C2

cima Gipfel 3 A1

Cinecittà *Areal der Filmstudios in Rom* 9 ital

cinquecentesco/-a des 16. Jahrhunderts 3 A1

Cinquecento 16. Jahrhundert; Fiat 500 1 lett1; 5

ciò che das, was 4 sidice

cioè das heißt 10 A1

circo Kampfbahn 5 B4

circolazione Kreislauf 4 D2

circondare umgeben; einkreisen 3 A1; 5 B4

citare zitieren 4 A1

cittadinanza Staatsbürgerschaft 11 B1

cittadino/-a städtisch 2 C1; 3 ital

cittadino/-a Bürger/in 7 B

civico/-a städtisch 3 A1; 7 B1

classifica Rangliste 2 D1

cliccare (an)klicken 7 A2

clima Klima 11 B1

coda Stau 7 D1

cofano Motorhaube 11 A2

coincidenza Anschluss(zug) 8 C1

col tempo mit der Zeit 5 ric

collaboratore/-trice Mitarbeiter/in 7 C4

collaboratrice familiare Haushaltshilfe 11 B5

collaborazione Zusammenarbeit 1 D5

colle Hügel 12 ital

collegamento ferroviario Zugverbindung 8 C5

collegarsi a un sito Internet eine Internetseite anwählen 7

collezione Sammlung 1 D5

collina Hügel 3 A1

collocare gelegen sein, sich befinden 11 lett1

colonnato Säulengang 12 A1

colorante Farbstoff 4 A1

coltellino Obstmesser, kleines Messer 4 B4

coltello Messer 4 B4

coltivare pflegen 10 A1

Come è andato il viaggio? Wie war die Reise? 8 D

come me wie ich 1 C1

Come passa il tempo! Wie die Zeit vergeht! 1 A1

Come si fa ...? Wie macht man ...? 4 A3

Come siete vestiti? Wie sind Sie gekleidet? 6 A1

Come sto bene! Was geht es mir gut! 4

comodino Nachttisch 2 B1

compagnia (per trasporto di ...) (Transport-) Gesellschaft 5 B1

compagnia aerea Fluggesellschaft 8 D1

compagnia di attori dilettanti Laientheatergruppe 1 C1

compiere 50 anni 50 Jahre alt werden 8 A7

compilare (Formular) ausfüllen 7 A2

compito Aufgabe 6 A1

complesso/-a komplex 4 D2

completo/-a vollständig; nahrhaft 4 A1

complimento Kompliment 1 A1

comporre zusammensetzen 6 A1

comportamento Verhalten, Benehmen 8 A3

comportare mit sich bringen 11 lett1

comportarsi sich verhalten, benehmen 10 B7

composto Teig, Masse 4 C3

comprendere umfassen 3 A1

computer Computer 1 asc2; 7

comune gemeinsam; Gemeinde (-verwaltung) 1 C1; 3 A1

comunicare kommunizieren; mitteilen 7 D1

comunicazione Kommunikation 7 B1

con piacere gern, mit Vergnügen 5 A1

concentrarsi sich konzentrieren 5 lett2

concepito in epoche remote in vergangenen Zeiten entworfen 11 lett1

concepito/-a aufgefasst 1 lett1

conchiglia Muschel 5 A1

concorso Wettbewerb 9 B1

condire anrichten 4 C2

condividere teilen 2 sidice

condizionale Konditional 2 C3

condizione generale allgemeine Verfassung/Kondition 4 D5

confezione Verpackung, Schachtel 8 A2

confidenziale vertraulich 10 sidice

confine Grenze 3 A1

confortevole komfortabel 3 A1

connazionale Landsmann/-männin 11 B1

conoscenza Kenntnis 7 asc3

conoscersi sich kennen 1

conquistare erobern 8

consentire erlauben, gestatten 7 B1

conservante Konservierungsmittel 4 A1

conservare aufheben; behalten 5 A1; 11 C2

conservarsi sich (er)halten 1 D5

considerare betrachten als, halten für 5 lett2; 11 lett1; 12 A1

consigliabile empfehlenswert 4 D2

consigliare (be)raten 7 D6

consiglio Rat, Empfehlung 5 sidice

consolare trösten 12 A1

consumare verzehren 1 D5; 4 A5

consumatore/-trice Verbraucher/in 7 B1

contabilità Abrechnungen; Buchführung 7 C4

contanti Bargeld 1 asc2

contare zählen 7 B1

contatto (Wackel-) Kontakt 1 C6; 11 A1

contemporaneo/-a zeitgenössisch; gleichzeitig 1 D5; 8 D2

contenere beinhalten 10 D7

Contento tu ... Wenn du damit zufrieden bist ... 2 C1

contenuto Inhalt 8

contesto Zusammenhang, Kontext 8 A5

continente Kontinent 11 C1

continuare weitergehen, weitermachen 1 B1

continuo/-a ständig 1 lett1; 12 ital

contrattempo Zwischenfall 8 D1

contratto Vertrag 7 C4

contro gegen 10 D1

controllare kontrollieren 4 A1

convegno Tagung, Kongress 7 B1

convenienza Entgegenkommen; Vorteil 9 C1

convenire passen, günstig sein 5 D3

convincere überzeugen 2 C1

convivenza Zusammenleben 11 lett1

convivere zusammenleben 12 ital

copertura Abdeckung 5 B1

copiare kopieren 7 A1

coppia (Ehe-) Paar 2 A7

coraggio Mut 10 A1

cordiale herzlich 11 B1

cordicella Schnur, Seil 11 lett1

coreano/-a Koreaner/in; koreanisch 11 B1

cornice (Bilder-) Rahmen 2 A7

corpo Körper 4 D1

correre dietro al pallone hinter dem Ball herlaufen 6 ital

correre il rischio Gefahr laufen 11 lett1

corretto/-a korrekt 4 D2

corrispondente entsprechend 2 B1

corrispondere entsprechen 5 B3

corsista Kursteilnehmer/in 7 D5

corsivo kursiv 4 C2

corso di formazione professionale Aus-, Weiterbildungskurs 7 asc3

corso di recitazione Theaterkurs 1 C1

cortese höflich 7 sidice

cortesia Höflichkeit 7 C2

cortile (Innen-) Hof 6 ital

cosa migliore das Beste 10 C1

cosiddetto/-a sogenannt 6 ital

costante beständig 4 D2

costiera Küste 4 E3

Costiera Amalfitana Amalfi-Küste 4 E3

costiero/-a Küsten- 9 ital

costituire darstellen, bilden 12 ital

costoso/-a kostspielig 4 D7

costruire erbauen 12 A1

costruzione Bau; Konstruktion 5 B1

creare un contatto Kontakt herstellen 1 C6

crepa Riss 9 C1

crescere (auf)wachsen 7 D6

crescita economica Wirtschaftswachstum 6 ital

criminalità Kriminalität 2 D1

crisi Krise 1 C1

criterio Kriterium 8 B3

crudo/-a roh 4 A1

cubo (di Rubik) (Rubik-) Würfel 5

cuccetta Liegewagen 8 C6

cucchiaino (da dolce) (Dessert-) Löffel 4 B4

cucchiaio Löffel 4 B4

cucina (abitabile) (Wohn-) Küche 2 A1

cucire nähen 2 A2

cugino/-a Cousin/e 5 C1

cultura Kultur 11 B1

cuore Herz 8

curare pflegen 11 B1

curiosità Nachfrage; Neugier 5 D3

curioso/-a neugierig 11 C3

curriculum vitae Lebenslauf 7 asc3

D

da allora seit damals 1 A5

da bambino/-a als Kind 5 C

da non perdere sehenswert 4 E5

da poco seit kurzem 1 B1

da qualche parte irgendwo 1 D1

da ragazzo/-a als junger Mann/ junges Mädchen 5 C1

da solo/-a selbst; allein 2

da un pezzo seit einer Weile 1 B1

dado Würfel 3 A1

dal punto di vista di aus der Sicht von 8 A6

dall'alto von oben, aus der Höhe 11 C3

dalla faccia segnata mit gezeichnetem Gesicht 1 lett1

dalle vostre parti in Ihrer Umgebung, in Ihrer Gegend 11 C2

dall'ultimo incontro ad oggi seit dem letzten Treffen bis heute 1 B3

danzare tanzen 1 D5

dare geben 1 C6

dare l'addio sich verabschieden 10 A1

dare le ultime notizie das Neueste berichten 1 C1

dare ordini Anweisungen geben 12 A1

dare una mano helfen 2 A2

Darsena *ehem. Binnenhafen in Mailand* 5 B1

darsi del Lei sich siezen 10 D8

darsi del tu sich duzen 10 D8

data di nascita Geburtsdatum 7 asc3

dati personali persönliche Daten/ Angaben 7 asc3

dato che da, weil 10 B9

dato quotidiano tägliche Gegebenheit **11** lett1

Decamerone *Werk von Boccaccio* **4** A1

decennio Jahrzehnt **6** A1

decidere di fare qc beschließen, etw zu tun **1** D1

decidersi sich entschließen **10** B1

decisione Entscheidung **11** sidice

dedicare widmen **5** D1

deludere enttäuschen **8** B1

denominazione di origine protetta geschützte Herkunftsbezeichnung **4** A1

dente Zahn **10** D2

dentro di sé in sich selbst **10** A1

deporre hineinlegen, ablegen **11** lett1

derivare herrühren, herkommen **12** ital

descrivere beschreiben **1** A4

descrizione Beschreibung **1** A3

deserto/-a verlassen, leer **9** ital

desiderare wünschen; herbeisehnen **10** A1

desiderio Wunsch **12** A1

destino Schicksal **3** ital

determinare bestimmen, prägen **3** ital

dettagliato/-a genau, detailliert **7** ric

dettaglio Detail **8** ric

dettare diktieren **12** ital

detto il Parmigianino genannt Parmigianino (wörtlich: der Kleine aus Parma) **1** lett1

di buon umore gut gelaunt **1** C1

Di che parla? Wovon handelt er/es? **8** B1

Di cosa si tratta (precisamente)? Worum handelt es sich (genau)? **4** D2

di età imperiale aus der Kaiserzeit **11** lett1

di niente gern geschehen, keine Ursache **7** C2

di recente vor Kurzem, kürzlich **8** B1

di seguito folgend; ohne Unterbrechung **5** lett3

di una vita eines (ganzen) Lebens **10** A1

dialogo registrato aufgezeichneter Dialog **1**

diametro Durchmesser **4** C2

diavolo Teufel **7** D2

dietro hinter **2** B1

difesa Schutz **7** B2

difettoso/-a defekt **7** C6

differenza Unterschied **1** A2

difficile schwierig **1** C6

difficoltà Schwierigkeit **10** A6

diffondere verbreiten **9** B1

diffondersi sich verbreiten **6** A1

diffusione Verbreitung **6** C2

digeribile bekömmlich **4** A1

digitare eintippen **7** C7

dignitoso/-a würdevoll **7** B1

dimagrire abnehmen **4** D2

dimenticare vergessen **5** lett2

Dimmi un po'… Sag mal … **10** B1

dimostrare zeigen **1** lett1; **9** ital

dipendere abhängen **10** A1

diploma di maturità Abitur (-zeugnis) **7** asc3

diretto/-a direkt **2** A4

diritto Recht **7** B1

disciplina sportiva sportliche Disziplin **4** D2

disco (a 45 giri) Schallplatte (45 Umdrehungen) **5**

disco usato gebrauchte Schallplatte **5** A3

discoteca Diskothek **4** E3

discreto/-a leidlich, ziemlich gut; diskret **7** asc 3

discussione Diskussion, Gespräch; Streit **1** C6

disdire absagen **8** D1

disegnatore/-trice civile technische/r Zeichner/in **11** B1

disoccupazione Arbeitslosigkeit **2** D1

disponibile hilfsbereit; verfügbar, zur Verfügung **1** C1; **5** lett2

disporre anordnen **2** B4

distaccamento della biblioteca comunale Zweigstelle der Gemeindebücherei **2** C1

distribuire verteilen **11** C1

distributore Tankstelle **11** A4

disturbare stören **7** A6

disturbo Störung; gesundheitl. Beschwerde **10** D1

dito Finger **4** D1

divano Sofa **2** B1

divano letto Schlafcouch **2** asc2

diventare werden **1** lett1; **2** D1

divertente unterhaltsam, vergnüglich **4** D7

dividere (auf-/unter-) teilen **7** ric

doccia Dusche **2** B1

docciaschiuma Duschgel **9** C1

documento (di riconoscimento) Ausweis **1** A5

dolcezza Süße **9** C1

domanda Frage; Bewerbung **7** A2

domattina morgen früh **7** C2

dopoguerra Nachkriegszeit **6** ital

dosaggio Dosierung **1** D5

dose Menge, Dosis **4** C2

Dove siete di preciso? Wo seid ihr genau? **1** D1

dovere verdanken **1** lett1

drammatico dramatisch, Dramen- **8**

droga Droge **8** B1

durare dauern **9** ital

durata Dauer **4** D2

duro/-a hart **11** A1

E

è quasi pronto es ist fast fertig **4** B1

è stato lui er war es **7** C2

è una vita che … es ist eine Ewigkeit her, dass … **4** B1

eccesso Übermaß **11** C7

eccitante auf-/erregend **4** E3

Ecco fatto. (Das wäre) erledigt. / Das hätten wir geschafft. **11** A1

ecologia Ökologie **7** B1

ecologico/-a ökologisch **5** D1

economico/-a preiswert; wirtschaftlich **2** D1; **5** D3

edificio Gebäude **5** B1

educativo/-a Erziehungs-, erzieherisch **7** B1

effetto Wirkung **8** B1

effetto collaterale Nebenwirkung **10** D1

efficace wirksam **10** D1

elemento Element, Bestandteil **8** asc3

elencare auflisten **11** C1

elenco Verzeichnis, Liste **2** C6

elettrauto Autoelektriker **11** A2

elettricista Elektriker/in **2**

elettrico/-a elektrisch **5** D3

elevato/-a erhöht **2** D3

elicottero Helikopter **8**

emergere hervorgehen aus; auftauchen **10** C1

emozionante aufregend **8** A7

energico/-a energisch 1 C3
enorme enorm 12 ital
entrare eintreten 9 ital
entrare in sintonia in Einklang
   kommen 11 B1
entusiasmare begeistern 5 A1
entusiasta begeistert 12 A1
eppure aber dennoch 5 B1
equilibrio Gleichgewicht 6 ital
era frequente vedere oft sah man
   11 lett1
erboristeria Bioladen; Kräuterladen
   5 C1
esatto/-a zutreffend 8 asc2; 8 C1
esaurito/-a ausverkauft 1 asc3
escludere ausschließen 2 D1
eseguire ausführen 4 D2
esercitare (aus)üben 11 B5
esibirsi auftreten 3 C2
esigenza Bedürfnis; Notwendigkeit
   3 B1
esilio Exil 8
esistere bestehen, existieren 1
esortare ermuntern 7 sidice
esperienza Erfahrung 5 lett4
esperienza lavorativa Berufs-
   erfahrung 7 B2
esperto/-a Experte 7 B1
esporre ausstellen 11 lett1
espressione Ausdruck 1 C2
espressione di tempo Zeitausdruck
   5 C3
esprimere ausdrücken 2 C2
esprimersi sich ausdrücken 4 B2;
   10 C4
essere capace di fähig sein zu
   10 A1
essere caro teuer sein; viel bedeuten
   5 C5
essere d'accordo einverstanden sein
   2 C4
essere d'aiuto hilfreich sein; behilf-
   lich sein 7 A7
essere della stessa opinione gleicher
   Meinung sein 5 A5
essere di pessimo umore äußerst
   schlecht gelaunt sein 7 D2
essere disposto bereit sein, geneigt
   sein 10 ric
essere fuori weg sein 10 B1
essere in coda im Stau stecken
   7 D1
essere in forma in Form sein 4 E3
essere molto amici eng befreundet
   sein 1 B4

essere presenti dabei sein; anwesend
   sein 9 C2
essere tagliato fuori abgeschnitten
   sein 2 C1
estivo/-a Sommer-, sommerlich
   4 C5
estremamente extrem 2 D3
estroverso/-a extrovertiert 1 C3
età della pensione Rentenalter
   10 A1
età imperiale Kaiserzeit 11 lett1
età media Durchschnittsalter
   12 ital
eternità Ewigkeit 7 D2
Europa Europa 11 C1
europeo/-a europäisch 5 D1
Eurostar italienischer Schnellzug
   8 C1
eventuale eventuell 2 A8
evidenziare hervorheben 2 D3
evitare vermeiden 7 D2
evoluzione Entwicklung, Evolution
   9 C1

F

fa bene es tut gut 4 D2
fa' pure mach ruhig/nur zu 7 A2
fabbricare produzieren, herstellen
   4 A
faccia Gesicht; Seite 1 lett1; 11 B1
faccia segnata gezeichnetes Gesicht
   1 lett1
facciata Fassade 3 A1
faccina Smiley; kleines Gesicht
   7 D2
falegname Schreiner 2
fama Ruf, Ruhm 3 ital
fame Hunger 4 B1
fammi sapere sag mir Bescheid
   10 B1
fantasioso/-a einfallsreich, phanta-
   sievoll 9 C3
far bollire zum Kochen bringen;
   kochen lassen 4 C2
far piacere Freude machen 11 B1
fare a mano von Hand machen
   4 A1
fare amicizia Freundschaft
   schließen 1 C
fare gli auguri Glück wünschen
   10 A1
fare benzina tanken 11 A4
fare dei buoni propositi gute Vorsätze fassen 12 A1

fare dei progetti Pläne machen
   2 B4
fare due passi eine Runde drehen
   2 C1
fare effetto Wirkung erzielen
   8 B1
fare il bucato Wäsche waschen
   5 B1
fare il pieno volltanken 11 A1
fare la doccia duschen 4 B3
fare parte di zählen zu, gehören zu
   3 ital
fare presente auf etw hinweisen
   7 C6
fare quello che ti pare das tun, was
   du magst 4 asc3
fare sciopero streiken 11 A4
fare un brindisi anstoßen, einen
   Toast sprechen 8 A7
fare un giro (per i negozi) eine
   Runde (durch die Geschäfte)
   drehen 8 D1
faro Scheinwerfer 11 A2
farsi coraggio Mut fassen 10 A1
farsi sentire von sich hören lassen
   2 A2
fatti della giornata Ereignisse des
   Tages 10 A1
fatto di cronaca Tagesereignis 8
fatto scontato bekannte Tatsache
   11 lett1
favola Märchen 8
fax Fax(gerät) 7 C6
febbre Fieber 10 D2
Federico II Friedrich II. 3 ital
felice glücklich 11 B1
felino wildes Tier 8
fertile fruchtbar 6 ital
Festa dello Speck Fest des Specks
   4 E3
festeggiare feiern 5 D1
feudo Lehen 3 ital
fiducia Vertrauen 9 C1
fiera Messe 8 asc2
fila Reihe; (Warte-) Schlange
   1 asc1; 8 D1
filippino/-a Philippiner/-in;
   philippinisch 11 B1
filtrare filtern 4 A4
finestra Fenster 3 A1
finestrino Autofenster 11 A2
finire in bellezza einen schönen
   Abschluss schaffen 5 D1
finire in prigione im Gefängnis
   landen 8 B1

finire male schlecht ausgehen
10 C3

finora bisher 10 A1

finta battaglia (Schau-) Kampf
5 B4

finto/-a fingiert, vorgetäuscht 5 B4

fiocco Schleife 8 A

fiscalista Steuerberater/in 7 B1

fisico bestiale Wahnsinns-Körper
4 asc1

fisioterapista Physiotherapeut/in
7 B1

fissare festlegen 1 D5

fitto/-a dicht 5 B1

fitwalking Fitwalking 4 D2

fiume Fluss 5 B1

Fiumicino *römischer Flughafen*
8 C1

flusso di migrazione Migrations-
strom 3 ital

foglietto Zettel 10 ric

fondare gründen 9 B1

fondare (un'impresa) (ein Unternehmen) gründen 2 A3

fondere schmelzen 4 C2

fontana Brunnen 5 B4

forchetta Gabel 4 B4

forchettina da frutta Obstgabel
4 B4

foresta di Tarvisio Wald von Tarvisio 3 A1

forma Form 2 C3

forma affermativa bejahte Form
7 A5

forma verbale appropriata passende
Verbform 2 C4

formale formell, förmlich 7 sidice

formazione Aus-, Weiterbildung
7 asc3

formazione secondaria superiore
höhere Schulbildung 12 ital

formulare formulieren 4 E5

fornaio Bäcker 11 lett1

fornello Herdplatte, *bei Gas:*
Flamme 2 B1

forno Backofen; Herd 2 B1

forno a microonde Mikrowellen-
herd 2 A7

fosforo Phosphor 4 A1

fotocopiatrice Fotokopierer 7 C6

frantoio Ölmühle 4 A4

frase più adatta der passendste/
treffendste Satz 1

freccia Blinker; Pfeil 11 A2

frequenza Häufigkeit 12 C2

fretta Eile 5 lett1

fronte Stirn 1 A3

frutto della collaborazione Frucht
der Zusammenarbeit 1 D5

fumare rauchen 4 asc3; 10 D4

fumatore/-trice Raucher/in
8 C1

fumetto Sprechblase 4 E6

funerario/-a Begräbnis- 11 lett1

funivia Seilbahn 3 A1

funzionale funktional 2 B1

fuoco Feuer 4 C2

fuori draußen 3 ital; 10 B1

fuso/-a verschmolzen 11 lett1

futuro Zukunft 10

G

galateo Benimmbuch 7 D2

galleria Rang *(im Theater)* 1 asc1

gamba Bein 6 C2

garage Garage 2 C1

garantito/-a garantiert 7 D2

gastronomico/-a gastronomisch
4 E5

gelido/-a eisig 5 lett2

gemelli Zwillinge 10 ric

gentile freundlich 5 D8

genuino/-a echt, unverfälscht,
natürlich 4 A1

gettare una monetina eine Münze
werfen 12 A1

gettare uno sguardo einen Blick
werfen 6 ital

Ghiacciaio (della Marmolada)
(Marmolada-) Gletscher 3 A1

gianduiotto *Nougatpraline* 1 C1

giocare a calcetto mit ein paar
Leuten Fußball spielen 10 B1

giocare a filetto Mühle spielen 9 A

giocare a nascondino Verstecken
spielen 5 C1

giocare a palla Ball spielen 5 C1

giocattolo Spielzeug 5 A1

gioco Spiel 4 E3

gioia Freude 3 C1

giornale Zeitung 8 B1

giornalista Journalist/in 10 A2

giornata Tag (in seinem Verlauf)
7 C2

giorno feriale Werktag 3 ital

giorno per giorno Tag für Tag 4 A1

girare wenden, umherlaufen
4 A1; 11 C3

giro del mondo Weltreise 10 C1

giro in bicicletta Fahrradtour 5 D2

giudizio Urteil 8 B2

giungere ad una conclusione zu
einem Schluß kommen 4 sidice

gnocchi alla romana Gnocchi nach
römischer Art 4 C

Goletta Verde *Auszeichnung für
saubere Strände* 9 ital

gomito Ellbogen 4 D1

gomma Reifen; Gummi 11 A1

gommista Reifendienst 11 A2

gondola Gondel 8 asc2

gradino (Treppen-) Stufe 12 A1

graduatoria Rangfolge 2 D1

gran groß *(Kurzform von grande)*
4 A1

grandi e piccini groß und klein
5 D1

grasso/-a dick; fett 1 A3

gratificante einträglich, dankbar
10 ric

gratificazione Anerkennung 7 B1

grattugiare (Käse) reiben 4 C2

gridare schreien 8 A2

gruppo sportivo Sportgruppe 4 D2

guadagnare (Geld) verdienen
10 C1

guanto Handschuh 5 D5

guardarsi intorno sich umschauen
12 A1

guardi sehen Sie 7 C2

guardia forestale Forstwart 8

guida turistica Reiseführer 12 B

guidare (la macchina) (Auto) fahren
3 B1

I

i miei meine Eltern 1 B1

identificare identifizieren 1 A3

idraulico Installateur/in 2

il proprio/la propria der/die eigene
1 D5

il/la solo/-a einzige/r 8 ric

illuminare be-/erleuchten 2 B1

illustrare illustrieren, bebildern
1 lett2

illustrazione Illustration;
Bebilderung 2

imbarco Einstieg 8 D1

imbiancare (an)streichen 2

imbianchino/-a Maler
(-meister)/in 2

imbottigliare abfüllen, in Flaschen
füllen 4 A4

immaginare sich vorstellen/aus-
denken 1 B4
immagine Bild 2
immedesimarsi sich hineinversetzen
12 C2
immediato/-a umgehend, unmittel-
bar 7 D2
immigrato/-a Einwanderer 12 ital
immobile Gebäude 2 A1
immortalare verewigen, unsterblich
machen 3 ital
impastare Teig zubereiten, kneten
8 A2
impasto Teig 4 C1
impegno (civico) (soziales/gesell-
schaftliches) Engagement 7 B1
imperativo Befehlsform, Imperativ
7 A5
impianto elettrico elektrische
Anlage 11 A1
impiegare verwenden 4 A1
impiegato/-a (amministrativo/-a)
(Verwaltungs-) Angestellte/r
7 B1
impiegato/-a statale Beamter/-tin
9 ital
importante wichtig 7 D2
importanza Wichtigkeit 8 B3
impressione Eindruck 2 C1
improvvisamente plötzlich 8 A7
in avanti nach vorn 4 D1
in base a auf der Grundlage von
9 A1; 11 B5
in casa zu Hause 2 A2
in combinazione con in Verbindung
mit 10 B5
in compagnia in Gesellschaft 4 E6
in contanti Barzahlung 1 asc2
in fondo im Grunde 1 D1
in fondo è tutto lì im Grunde ist
das alles 4 D2
in fretta in Eile, schnell 5 lett2
in giornata noch heute; im Laufe
des Tages 7 C2
in mezzo al mare mitten auf dem
Meer 4 asc3
in parte zum Teil 2 A2
in particolare im Besonderen 1 C1
in persona höchstpersönlich 11 C3
in piena notte mitten in der Nacht
8 D1
in più außerdem 4 E3
in relazione a in Bezug auf 2 D5
in ritardo verspätet 8 C6
in solitario allein 10 C1

in vista di im Angesicht von
11 lett1
inadeguato/-a unangemessen
11 lett1; 12 ital
incertezza Unsicherheit 10 lett2
incerto/-a unsicher 11 A3
incidente Unfall 3 C2
incolto/-a ungepflegt 1 lett1
incominciare anfangen 1 D1
incontrarsi sich treffen, sich
begegnen 1 B1
incontro Treffen 1 B3
incoraggiare ermutigen 10 A5
indagine Studie, Untersuchung
2 D1
indicazione Anweisung 9 A1
indietro zurück 7 D1
indifferente gleichgültig 12 ital
indimenticabile unvergesslich
9 ital; 10 C1
indipendente unabhängig 12 ital
indiretto/-a indirekt 1 C5
infanzia Kindheit 5 A1
infatti in der Tat 2 D1
infinito Infinitiv 5 B3
infinito/-a unendlich 8 A2
informare informieren 7 B1
informarsi sich informieren 7
informatica Informatik 7 B4
ingegneria Ingenieurwissenschaften,
Ingenieurwesen 7 asc3
ingrediente Zutat 2 D1
ingresso Eingang 2 B1
iniziare anfangen 8 A2
iniziativa Programmpunkt; Initia-
tive 5 D1
inizio Anfang, Beginn 4 D2
innamorarsi sich verlieben 10
inquilino/-a Mieter/in 2 A8
insegna Zeichen 4 ric
insegnare unterrichten 11 B1
insicuro/-a unsicher 10 C1
insomma also, alles in allem 5 C1
installare aufstellen; einrichten
7 C2
insufficiente ungenügend 11 lett1
intatto/-a intakt, unversehrt 3 A1
intensità Intensität, Stärke 4 D2
intenzione Absicht 8 A5
interesse Interesse 1 C1
intermezzo musicale musikalisches
Zwischenspiel 1 D5
interno Innere(s) 1 D5
interno/-a innere/r 5 B1
intero/-a ganze/r 1 D5

interprete Darsteller/in 8 B3
interrogare befragen, vernehmen
12 C2
interrompere unterbrechen 7 D5
intervista Interview 4 D2
intervistare befragen, interviewen
10 C1
introdurre einführen 4 D2
introverso/-a introvertiert 1 C3
inutile nutzlos 10 A1
invernale Winter- 9 B1
Io no. Ich nicht. 5 A4
Io sì. Ich schon. 5 A4
ispirarsi inspiriert sein; sich anleh-
nen an 1 D5
istante Augenblick 10 lett1
istituzione Einrichtung, Institution
11 C2
itinerario (Reise-) Route; Strecke,
Tour 4 E3; 12 B1

J

jogging Jogging 4 D3

L

laboratorio fotografico Fotolabor
11 C3
lacrima Träne 10 A1
lacuna Lücke 2 C4
laggiù dort drüben; dort unten
5 D3
Lago Maggiore *See in Oberitalien*
5 B1
Lambro *Fluss in der Lombardei*
5 B1
lampada Lampe 2
lampadario (Kron-) Leuchter 2 A5
lampeggiare blinken 11 A1
lasciare verlassen 11 B1
lasciare la parola a das Wort über-
geben an 12 ital
lasciarsi sich trennen 1 B1
lassù al nord dort oben im Norden
11 C3
laurea Hochschulabschluss 7 B1
laurea in lettere *etwa:* Magister in
Philologie 7 B1
lavandaia Wäscherin 5 B1
lavandino Waschbecken 2 B1
lavarsi (il viso) sich (das Gesicht)
waschen 5 lett2
lavatrice Waschmaschine 7 C6
lavello Spüle 2 B1

lavorato/-a secondo la tradizione traditionell hergestellt **4** E3

lavoratore/-trice Arbeiter/in **7** B1

Lega Ambiente *ital.* Umweltschutz- verband **7** A2

legale gesetzlich **7** B1

legame affettivo emotionale Bin- dung **12** ital

legare verbinden **3** ital

legge Gesetz **7** B1

leggenda Legende **11** asc2

legno Holz **2** B1

leone Löwe **10** ric

lettera Buchstabe; Brief **8** A2

liberarsi frei werden **10** B6

libertà Freiheit **9** C1

Libia Lybien **11** B1

libreria Bücherregal **2** B1

liceo Gymnasium (9. - 13. Schul- jahr) **1** B1

lieve leicht **10** D1

limitarsi sich beschränken **6** ital

limitato/-a a beschränkt auf **2** D1

limite Grenze **8** A5

limpido/-a klar, rein **9** ital

linea Telefonleitung **7** C

lingua (straniera) (Fremd-) Sprache **7** asc3; **11** B1

liscio/-a glatt **1** A3

lista Liste **7** C4

litigare streiten **10** A1

livello Ebene; Niveau **1** D5

lo/la stesso/-a der-/die-/dasselbe **1** B4

locale Lokal; Räumlichkeit **1** D5

locale örtlich; regional **4** E3

località Ortschaft **11** A6

logico/-a logisch **8** A1

lombardo/-a lombardisch **5** D1

luce Licht **2** A2

luminoso/-a hell, lichtdurchflutet **2** A1

lungo entlang **5** B1

luogo Ort, Stelle **1** D5; **5** B4

luogo dell'incontro Treffpunkt **1** D5

luogo di provenienza Herkunftsort **4** A2

lusso Luxus **11** B1

M

Ma chi si rivede! *etwa:* Dass wir uns mal wieder über den Weg laufen! **1**

Ma come? Wie denn das? **8** D1

Ma figurati! Keine Ursache! *(nur gegenüber Personen, die man duzt)* **10** B1

macchina del cinema *etwa:* Film- maschinerie **1** D5

macinare mahlen **4** A4

magari (meinetwegen) gerne; viel- leicht **1** D1

magazzino Lager **5** B1

maggior numero possibile größt- mögliche Anzahl **8** ric

maggior successo größter Erfolg **6** A1

magnifici set Die wunderbaren Drehorte des Kinos **9** ital

mago/-a Zauberer/in **10** A6

magro/-a mager; schlank **1** A1

mal di denti Zahnweh **10** D2

mal di mare Seekrankheit **10** D1

mal di stomaco Magenschmerzen **10** D2

mal di testa Kopfweh **10** D2

malato/-a krank **11** B1

mammone Muttersöhnchen **12** ital

mancante fehlend **1** A2

mancanza Fehlen, Mangel **12** ital

mancare fehlen **1** A2

mandare schicken **5** lett1

mandare al diavolo zum Teufel jagen **7** D2

mangiar sano sich gesund ernähren **4** E3

maniere Manieren **7** D2

manifestare bekunden, zeigen **8** D4

manifestazione Veranstaltung **4** E3

manifesto Plakat **1** D5

mano Hand **4** D1

mantenere i contatti Kontakte halten **11** B5

Mantova Mantua **4** A1

mar Tirreno Tyrrhenisches Meer **12** ital

marcia (sportl.) Gehen, Marsch; Gang **4** D2; **5** D3

marketing Marketing **7** B1

marmo Marmor **5** B1

Marocco Marokko **8** B1

materia Fach; Materie **7** B1

materno/-a mütterlich **12** ital

matinée Matinee **1** asc2

mattinata Vormittag (in seinem Verlauf) **1** D5

maturità Abitur **10** C1

meccanico Mechaniker **11** A2

medaglia Medaille **11** B1

media Durchschnitt **2** D1

medio/-a Durchschnitts-, mittlere/r **12** ital

medioevale mittelalterlich **3** A1

medioevo Mittelalter **5** B4

melanzana Aubergine **6** ital

memoria Gedächtnis **10**

meno ... di weniger ... als **4** D2

meno male Gott sei dank! **4** B1

mento Kinn **6** C2

mentre während; hingegen **11** B1

mercatino delle pulci Flohmarkt **5** A1

mercatino di antichità Antiquitä- tenmarkt **1** D5

merce Ware **5** B1

merenda Zwischenmahlzeit, Vesper(brot) **5** lett1

meridionale süditalienisch; südlich **6** ital

meritare verdienen, wert sein **9** C1

mescolare mischen, (ver)rühren **1** D5

Messaggio ricevuto Kurzmitteilung erhalten **7** D

metropolitana U-Bahn **8** asc2

mettere setzen, stellen, legen **2**

mettere a disposizione zur Ver- fügung stellen **8** C5

mettere alla prova auf die Probe stellen **6** A1

mettere il parquet Parkett verlegen **2** A2

mettere la carta da parati tapezie- ren **2**

mettere le piastrelle Fliesen legen **2** A2

mettere su casa sich (eine Woh- nung) einrichten **2** A7

mettere su un'attività in proprio sich selbständig machen **10** C1

mettersi d'accordo sich einigen **1** D5

mettersi in proprio sich selbständig machen **1** B1

mezzi pubblici öffentliche Verkehrs- mittel **2** A1

mezzo addormentato/-a im Halb- schlaf **5** lett2

mezzo di comunicazione Kommu- nikationsmittel **5** A1

mezz'ora halbe Stunde **4** D2

Mi basterà? Wird mir das reichen? **10** A

mi sembra di no scheint mir nicht; ich glaube nicht 8 B1

mi servirebbe/mi servirebbero ich bräuchte 8 C1

mietere mähen 5 lett1

migliorare (sich/etw) verbessern 1 C6

migliore besser; bester 2 D1; 10 C1

millenario/-a jahrtausendealt 3 ital

millennio Jahrtausend 12 ital

Ministero degli Esteri Außenministerium 7 B1

misero/-a ärmlich 5 lett2

missione Mission 7 B1

mobile Möbelstück 2

moderno/-a modern 2 B1

modo Art, Weise 4 A1

modo statico statisch 1 lett1

modulo Formular, Vordruck 7 A2

momento Moment 1 D5

mondo Welt 2 C1

monetina Münze 12 A1

monitor Monitor 7 C1

monopattino Roller 5 D3

montare un mobile ein Möbelstück zusammenbauen 2

monte Berg 4 E3

monumento Denkmal 12 A1

morire sterben 4 B1

mostrare zeigen 1 A5

motivare begründen; ermuntern 2 sidice

motivo Motiv; Grund 2 C1

motocicletta Motorrad 5 D7

motore Motor 11 A2

motore di ricerca Suchmaschine 7 A2

motorino Moped 5 D7

motto Motto 10 C3

mountain bike Mountainbike 5 D3

mouse Computermaus 7 C1

movimento Bewegung 1 lett1

mq m² 2 A1

muore er stirbt 1 lett1

Museo Egizio Ägyptisches Museum 3 ital

musiche Film-/Hintergrundmusik 8 B1

N

nascondere verstecken 2 B1

nascondino Versteckspiel 5 C1

nato/-a gegründet, entstanden 7 B1

navale Schiff- 5 B4

navigabile schiffbar 5 B1

navigazione Schifffahrt 5 B1

Navigli milanesi Die Kanäle von Mailand 5 B

né ... né ... weder ... noch ... 1 A3

neanche auch nicht 5 A3

Neanch'io. Ich auch nicht. 5 A4

necessario/-a notwendig 4 C4

necessità Notwendigkeit 4 sidice

necropoli Totenstadt, Gräberfeld 11 lett1

negativo/-a negativ 2 D3

nel complesso insgesamt 3 ital

nel dopoguerra in der Nachkriegszeit 6 ital

nel più breve tempo possibile schnellstmöglich 9 A

neoclassico/-a neoklassisch 1 D5

neolaureato/-a Hochschulabgänger/in 9 ital

nessuno/-a niemand 8 A7

niente da fare nichts zu machen 8 D1

niente di concreto nichts Konkretes 10 B1

no profit Sektor, in dem kein Profit gemacht wird 7 B1

noce moscata Muskatnuss 4 C2

noleggiare mieten (Auto, Rad usw.) 5 D3

non ... mica doch wohl nicht 11 A1

non ... neanche auch nicht 1 A1

non ... per niente überhaupt nicht 1 A1

non ... per tutto l'oro del mondo nicht für alles Geld der Welt, um nichts in der Welt 2 C1

non ... più nicht mehr 1 A1

Non c'è bisogno. Das ist nicht nötig. 1 D1

Non c'è motivo. Es gibt keinen Grund. 10 B1

Non so se (mi piacerebbe). Ich weiß nicht, ob (es mir gefallen würde). 2 C1

nonché sowie 7 B1

nonno/-a Opa, Oma 5 C1

normale normal 1 asc2

nostalgia Nostalgie; Sehnsucht 5 A2

nostalgico/-a nostalgisch 5 A

notare bemerken 1 A2

noto/-a bekannt 3 A1

nozze Hochzeit 11 B1

numeroso/-a zahlreich 4 D2

nuoto Schwimmen 4 D3

O

occasione Gelegenheit 4 C5

occasione mancata verpasste Gelegenheit 10

occhi *pl* Augen 1 A3

occhiali Brille 5 D5

occupare besetzen, einnehmen 2 D1

occuparsi sich beschäftigen; sich kümmern 7 B2

occupazione Beschäftigung 2 D1

odiare hassen 5 lett2

odierno/-a heutig 5 B4

offerta Angebot 12 ital

officina Autowerkstatt 11 A1

offrire (an)bieten 2 C6

oggetto Gegenstand 2 B1

oggetto ricordo Souvenir 5 A6

ogni jede/r 1

ogni tanto gelegentlich 7 D2

ogni volta jedes Mal 5 C5

ognuno jeder 1 C3

oliva Olive 4 A4

oltre a über hinaus; außer 4 E3; 9 ital

omonimo/-a gleichnamig 9 ital

opera Oper 1 asc2

opera d'arte Kunstwerk 12 A1

operatore/-trice Mitarbeiter/-in 7 C7

opinione Meinung 2 sidice; 5 A5

opportunità Gelegenheit 10 ric

opportuno/-a passend 2 asc2

ora che jetzt da/wo 1 B1

orario dei treni Zugfahrplan 8 C1

orchestra Orchester 1 D5

orecchio Ohr 6 C2

organetto kleine Orgel 5 lett2

organizzarsi planen, die eigenen Angelegenheiten regeln 10 B3

organizzazione Organisation 7 A2

originale original; originell 2 B1

origine Herkunft, Ursprung 3 A1

oroscopo Horoskop 10 ric

orto Gemüsegarten 5 lett1

ospite Gast 4 B4

ossessione Besessenheit 1 lett1

Ostia antica *alte römische Stadt bei Rom* 12 B1

ottenere erlangen; erhalten 2 D1
ottimamente bestens 2 A1
ottimo/-a beste/r 4 E3
Ottocento/'800 19. Jahrhundert
2 B1

P

padella Pfanne 2 A7
padre Vater 8 A2
padrone Herr; Besitzer; Chef
12 ital
paesaggio Landschaft 9 B1
paese Ort, Dorf; Land 5 B5
pagamento Zahlung, Zahlungs-
weise 1 asc2
paio paar 8 A7
palco Loge, Tribüne 1 asc1
palla Ball 5 C1
pallacanestro Basketball 4 D3
PAM italienische Supermarktkette
2 A1
panca Sitzbank 2 B1
panoramico/-a mit (schöner) Aus-
sicht 2 A1
pantaloni a zampa di elefante
Schlaghose(n) 5
paragonare vergleichen 3 ital
paragone Vergleich 4 D7
parco Park 5 D1
parecchi/-ie etliche 11 B1
parere Meinung 4 sidice
parete Wand 2
Parmigiano-Reggiano original
Parmesankäse aus der Region
Reggio Emilia 4 A1
parquet Parkett 2 A2
parte Teil 2 A2
partecipare teilnehmen 4 E3
partecipazione Teilnahme 9 B1
particolare besonders 1 C1
particolarità Besonderheit 10 B5
particolarmente besonders 4 D2
partire wegfahren, -gehen; an-
springen (Auto) 11 A4
partire a raggio strahlenförmig
auseinandergehen 12 ital
partire da ausgehen von 5 B1
partita di pallone Fußballspiel
6 ital
passaporto Reisepass 7 A4
passare vorübergehen, vorbeigehen
1 A1
passare da ... a von ... zu übergehen
2 D1

passatempo Hobby, Zeitvertreib
6 A1
passato Vergangenheit 5
passeggero/-a Passagier/in 5 B1
passione Leidenschaft 1 C1
passo Schritt 2 C1
pastiglia Tablette 10 D1
pasto Mahlzeit 4 A5
patente Führerschein 1 A5
patrimonio Gut, Schatz 12 ital
pattino a rotelle Rollschuh 5
paura Angst 10 lett2
pazienza Geduld 5 A3
pazzesco/-a verrückt 8 D1
pedalata Fahrt mit dem Rad 5 D1
pedina Spielfigur 3 A1
pedone Fußgänger 5 D1
pellicola Film(streifen) 9 ital
pelouche Stofftier 5 A1
Penisola Sorrentina Halbinsel von
Sorrent 4 E3
pensare con rimpianto mit Wehmut
denken an 5 A1
per cortesia bitte 7 C2
per eccellenza schlechthin, par
excellence 4 A1
per la prima volta zum ersten Mal
2 A7
Per quale motivo ...? Aus welchem
Grund ...? 10 B1
per un pelo um ein Haar 8 D1
percento Prozent 11 C1
percentuale Prozentsatz 12 ital
Xché non rispondi?! (X = per)
Warum antwortest du nicht?!
7 D1
percorso Strecke 4 D2
perdere verpassen; verlieren 4 E5
perdere punti Punkte verlieren
2 D1
perdersi sich verfahren 11 A1
perdersi di vista sich aus den Augen
verlieren 1 B
pericoloso/-a gefährlich 4 D7
periferia Stadtrand, Peripherie 2 C
periodo Zeit(raum) 1 B4; 4 A1
permesso Erlaubnis 7 sidice
personaggio Persönlichkeit; Figur
1 C3
personale persönlich 7 B1
Perù Peru 11 B1
peruviano/-a Peruaner/-in;
peruanisch 11 B1
pesci Fische 10 ric
peso Gewicht 4 D1

pessimista pessimistisch;
Pessimist/in 10
pezzetto di carta Stückchen Papier
9 A1
piacere Vergnügen 1
piangere weinen 8 A1
piano Stockwerk, Etage 2 A1
piano di marmo Marmorplatte
4 C2
pianoforte Klavier 3 B1
pianoterra Erdgeschoß 2 A1
piantina Grundriss; (Stadt-) Plan
2 B4
pianura Ebene 4 D2
piastrella Fliese, Kachel 2 A2
piattino Kuchenteller; Untertasse
4 B4
piatto Teller 4 B4
Piazza Navona berühmter Platz in
Rom 5 B4
piccante pikant, scharf 4
picchiare schlagen 8 A2
picnic Picknick 4 C5
piegare falten; anwinkeln 4 B4;
4 D1
piemontese Piemonteser/in;
aus dem Piemont 1 D5
pieno/-a voll 8 D1; 10 D1
piovere regnen 8 A7
piovra Krake 6 C2
pirofila feuerfeste Form 4 C2
pittore Maler 1 lett1
pittoresco/-a malerisch 3 A1
più ... di mehr ... als 4 D2
più che mai mehr denn je 12 A1
più o meno mehr oder weniger
2 A2
+ tardi (+ = più) später 7 D1
pizza Pizza 4 C4
pizzico Prise 4 C2
platea Parkett (im Theater) 1 asc1
poesia Poesie, Lyrik 8
polenta Maisgries(brei) 5 lett2
polipo Polyp, Krake 6 C2
poltroncina Stuhl mit Armlehnen;
kleiner Sessel 2 B1
pomata Salbe 10 D1
pomeridiano/-a nachmittäglich, am
Nachmittag 1 asc2
pompa Zapfsäule; Pumpe 11 A1
popolare Volks- 5 B4
popolazione Bevölkerung 2 D1
popolo Volk 5 B4
porre stellen, setzen, legen 10 D4

porre delle domande Fragen stellen
8 ric

porta Tür 8 A1

portabagagli Kofferraum 11 A2

portare (mit)bringen 1 C6

portare con sé bei sich tragen 5 A1

portare in giro umher führen,
fahren 11 C3

portare in tavola auftischen,
servieren 4 ric

portare rispetto mit Respekt
begegnen 5 lett2

portatile Laptop 7 C6

portiera Autotür 6 C2; 11 A1

posata Besteck 5 A3

positivo/-a positiv 10

posizione Position, Stellung; Stand-
punkt 2 B3; 2 sidice

possedere besitzen 5 lett2

possibile möglich 1

postino Postbote 8

posto non fumatori Platz im Nicht-
raucherabteil 8 C1

potere Macht 1 lett1

praticare ausüben 4 D1

pratico/-a praktisch 8 D1

precedente vorig 2 B3

precedere vorangehen 6 ital

preciso/-a genau 4 D2

preferenza Vorliebe 8 B3

premere drücken 7 D2

prendere l'aereo per un pelo das
Flugzeug gerade noch erwischen
8 D1

prendere spunto als Anregung
nehmen 2 A7

prendersi cura sich kümmern
12 ital

preoccuparsi sich Sorgen machen
7 C2

preoccupato/-a besorgt 10

preparazione Zubereitung 4 C1

preparazione atletica athletische
Vorbereitung 4 D2

presentare al pubblico dem Publikum vorstellen 5 D1

presente dabei; anwesend 9 C2

pressa Presse 4 A4

presso bei 7 asc3

prestigioso/-a angesehen 3 ital

prevalere überwiegen, vorherrschen
11 lett1

prevedere vorsehen; vorhersehen
4 E3

prevenire vorbeugen 10 D1

preventivo Kostenvoranschlag
9 C1

prigione Gefängnis 8 B1

prima del previsto früher als vor-
gesehen 8 A7

prima di tutto zunächst, zuerst
8 D1

primi anni del 1900 die ersten Jahre
des 20. Jahrhunderts 5 B1

probabile wahrscheinlich 6 A1

procurarsi sich ... beschaffen 7

produrre produzieren 4 A1

produzione Produktion 4 A1

professione Beruf 7 B1

professore/-essa Lehrer/in 11 B1

profumino Duft 4 B1

progetto Vorhaben 8 A5

programma delle manifestazioni
Veranstaltungsprogramm, -kalen-
der 1 D5

programmare planen, program-
mieren 10 A1

proibire verbieten 11 B1

pronome Pronomen 1 C4

proporre vorschlagen 1 C1

proposito Vorsatz 12 A1

proposta Vorschlag 1 D3

proprietario/-a Besitzer/in 2 A8

proprio gerade, ausgerechnet 1 B1;
11 C3

proprio/-a der/die eigene 1 D5

prossimamente in Kürze, dem-
nächst 10 B1

proteina Eiweiß 4 A1

protestare protestieren 8 D1

prova Probe 1 C1

prova scritta schriftliche Prüfung
9 ital

provare probieren; empfinden
10 A2

provenienza Herkunft 4 A2

provenire herstammen, herkommen
12 ital

provincia Provinz 2 D1

provocare hervorrufen 3 C2

provolone *ital.* Hartkäse 6 ital

prurito Juckreiz 10 D1

pseudonimo Pseudonym 1 lett1

psicologo Psychologe 8 asc3

pubblicare veröffentlichen 5 lett2

pubblicità Reklame 4 E5

pubblicitario/-a Werbe-, Reklame-
9 C1

pubblico Publikum 5 D1

pulce Floh 5 A1

pulito/-a sauber 9 ital

pullman Autobus 8 asc2

punteggiatura Interpunktion, Zei-
chensetzung 8 A2

punteggio Punktzahl, Wertung
2 D5

punto di vista Sichtweise 8 A6

puntura di insetti Insektenstich
10 D1

può darsi (es) kann sein 11 A1

Q

quadrilatero della moda Mode-
Viereck 6 ital

qualche einige; irgendein 1 C1

qualche volta manchmal, einige
Male 1 C1

qualcuno jemand 1 B1

qualità della vita Lebensqualität
2 D1

qualsiasi jede/r beliebige 10 B1

Quand'è che ... Wann (genau) ...
1 A1

Quando lo posso trovare? Wann
kann ich ihn erreichen? 10 B1

Quanto ci mette? Wie lange
braucht er/es? 8 C1

Quanto tempo ci vuole? Wie viel
Zeit braucht er/es? 4 B1

questione economica wirtschaft-
licher Grund 12 ital

Qui prima c'era ... Hier war
früher ... 5

quindicenne 15jährige/r 9 ital

quotidiano Tageszeitung 5 lett2

quotidiano/-a alltäglich 6 C2

R

raccogliere sammeln 1 C2

raccordo Zubringerstraße 11 A1

radice Wurzel 11 lett1

raffigurare darstellen 1 lett1

raffinato/-a fein(sinnig) 1 lett1

raffreddore Schnupfen 10 D2

ragione Recht; Vernunft 2 C1

Rai Tre *staatl. Fernsehsender* 8 B1

ramo Zweig; (Fluß-/Seen-) Arm
3 A1

rapire entführen, rauben 10 lett1

rapporto Beziehung, Verhältnis
1 C6

rapporto (sentimentale) stabile feste
Beziehung 10 A6

rappresentare darstellen, abbilden 11

rappresentazione Vorstellung 1 asc3

raro/-a selten 12 ital

reagire reagieren 8 A4

realizzare verwirklichen, realisieren 2 D1

realtà Wirklichkeit 11 C3

recarsi sich hinbegeben 5 lett1

recitare (Theater) spielen; vortragen 1 C1

redditizio/-a einträglich, gut bezahlt 12 ital

reddito pro capite Pro-Kopf-Einkommen 2 D1

regalo Geschenk 8 A4

reggere la borsetta die Handtasche halten 6 C2

regia Regie 8

regina Königin 3 A1; 10 lett1

regione Region 5 D2

regista Regisseur/in 8 B3

registrare aufzeichnen, aufnehmen 1

registrazione Aufnahme 7 C7

Regno d'Italia italienisches Königreich 3 ital

regola Regel 4 A1

regolare einstellen 5 D3

relazione Beziehung 1

rendere possibile ermöglichen 5 B1

reparto Abteilung 7 asc3

reperto archeologico archeologisches Fundstück 11 lett1

residente ansässig 11 C1

resistere agli urti della vita die Schläge des Lebens aushalten 4 asc3

respirare a fondo tief durchatmen 9 C1

responsabile verantwortlich 4 D2

rete Netz 5 B1

rete metropolitana U-Bahn-Netz 11 lett1

rettifica Richtigstellung, Berichtigung 11 B1

riccio/-a lockig; kraus 1 A3

ricco/-a reich 2 D3

ricerca Suche 1 lett1; 10 A6

ricercare qc etw suchen 1 C4

ricevere erhalten 1 D4

richiamare verursachen; zurückrufen 3 ital; 7 C2

richiedere begehren, (nach)fragen 7 B1

richiedere il programma um das Programm bitten 1 asc1

richiesta Anfrage; Nachfrage 5 D3

ricongiungimento familiare Familienzusammenführung 11 B1

riconosciuto/-a anerkannt 12 ital

ricordare erinnern; sich erinnern an 2 B3

ricordarsi sich erinnern 1 B1

ricordo Erinnerung 5 C5

ridotto/-a ermäßigt; reduziert 1 asc2

riduzione Ermäßigung 1 asc3

riempire satt machen; füllen 4 B1

riferirsi sich beziehen 1 lett2; 10 B1

rifiutare ablehnen 1 D3

riflettere nachdenken 4 sidice

riformulare unformulieren, neu formulieren 2 D3

rifugio (Berg-) Hütte 3 A1

riga Zeile; Linie 9 A1

rigoroso/-a streng 4 A1

riguardare noch einmal ansehen; betreffen 2 B3; 6 B1

rilassare entspannen 4 D1

rileggere noch einmal lesen 1 A2

rimanere bleiben 8 A2

rimanere fermi un giro eine Runde aussetzen 3 A1

rimescolare erneut/weiter umrühren 4 C2

rimpianto Wehmut; Bedauern 5 A1

rimuovere entfernen, beseitigen 5 lett2

rinascimentale Renaissance- 3 A1

rinfrescarsi sich erfrischen 5 B4

ringraziare danken 7 C2

rintracciare erreichen; ausfindig machen 7 C2

rione Viertel 11 lett1

ripartire wieder fortgehen, -fahren 10 C1

ripartizione per aree continentali Verteilung auf die verschiedenen Kontinente 11 C2

ripiano Regalbrett 2 B1

riportare alla memoria in Erinnerung rufen 5 lett2

riportare le frasi Sätze abschreiben 10 D7

riprendere wieder aufnehmen 1 C6

risalire zurückgehen (auf) 5 B4

risarcimento Entschädigung 8 D1

riscaldamento (centralizzato) (Zentral-) Heizung 2 A1

riscoprire wiederentdecken 9 B1

riserva marina Meeresschutzgebiet, Naturschutzgebiet an der Küste 9 ital

risolvere un problema ein Problem lösen 11 A6

risotto ai funghi Risotto mit Pilzen 4 C4

risparmiare sparen 2 A2

rispettare respektieren 7 D5

rispetto a in Bezug auf; im Vergleich zu; hinsichtlich, bezüglich 1 A2; 5 ric

risposta Antwort 1

ristorazione Gaststättengewerbe 12 ital

ristrutturare umbauen; renovieren 2 C7

risultato Ergebnis 2 D6

ritardo Verspätung 8 C6

ritmo Rhythmus 2 C1

ritornare zurückkehren 11 B1

ritornello Refrain 6 ital

ritrarre wiedergeben, darstellen 9 ital

ritratto Porträt 1 lett1

ritrovarsi sich wiederfinden 11 B1

riunione Besprechung, Versammlung 7 C4

riuscito/-a gelungen 6 ital

riutilizzare wieder verwenden 10 lett3

rivedere wiedersehen 1

roba (vecchia) (altes) Zeug 5 A3

rosso fiamma feuerrot 10 C1

rotto/-a kaputt 7 C6

rovinare ruinieren 1 lett1

rumore Lärm; Geräusch 2 C4

ruota Rad 2 B1

S

sacco da fare *fam* viel zu tun 2 A2

sagittario Schütze 10 ric

sala Saal 1 D5

sala cinematografica Kinosaal 8 B6

salato/-a gesalzen, salzig 4

saltare alla corda Seil hüpfen 5 C1

salvaguardia Schutz (einer Sache) 9 ital

salvare retten; speichern 7 A1

sano/-a gesund 4 A1

saper fare können 2 A2

sapiente weise, klug 1 D5

Savoia Savoyen/-r 3 ital

sbarrare la strada die Straße sperren
12 A1

sbattere la porta die Tür schlagen
8 A1

scacchiera Schachbrett 3 ital

scalata Klettertour 3 A1

scambiare (aus)tauschen 2 A9

scambiare casa die Wohnung
tauschen 2 A9

scambio Austausch 9 B1

scamorza ital. Käse 6 ital

scaricare entlasten; entladen;
verlagern 4 D1

scarico/-a entladen, leer 11 A4

Scatena la tua passione … Lass
deiner Leidenschaft freien Lauf …
7 ric

scatenare entfesseln 7 ric

scattare una foto ein Foto schießen/
machen 12 C2

scegliere (aus)wählen 1

scelta (Aus-) Wahl 3 B1; 4 D5

scena Bühne; Szene 1 D5

scenografia Bühnenbild 9 ital

schermata Bildschirmoberfläche 7

schiacciante erdrückend 10 A1

sci Schifahren 4 D3

sciogliere auflösen, aufbinden
8 A1

scomparire verschwinden 12 C2

scomparsa Verschwinden 12 C2

sconosciuto/-a unbekannt 12 B1

scopo Absicht, Ziel 7

scoprire entdecken 1 C1

scorpacciata Völlerei 1 C1

scorpione Skorpion 10 ric

scotch Tesa(film) 8 A2

scrittore/-trice Verfasser/in 8 A6

scrivere schreiben 1 C1

scuola dell'obbligo Pflichtschule
9 ital

scuro/-a dunkel 1 A3

scusa entschuldige 2 A2

scusarsi sich entschuldigen 2 sidice

se n'è andato/-a er/sie ist wegge-
gangen 8 A2

se vi va wenn es euch recht ist
11 C3

secco/-a trocken 4

secolo Jahrhundert 4 A1

sede (Amts-) Sitz 12 A1

sedersi sich setzen 8 D3

sedia Stuhl 2 B1

segnalare Zeichen geben 6 C2

segnaposto Platzhalter 9 A1

segno (zodiacale) (Tierkreis-/Stern-)
Zeichen 10 ric

segretario (generale) (General-)
Sekretär/in 7 B1

segreteria telefonica
Anrufbeantworter 7 C7

segreto Geheimnis 1 D5

seguente folgend 1 C3

seguire folgen 1 C3

6 un mito! (6 = sei) Du bist wunder-
voll! 7 D1

self-service Selbstbedienung 11 A1

sellino Sattel 5 D3

sembrare scheinen; aussehen 1 A1

semichiuso/-a halb geschlossen
4 D1

seminario Seminar 7 B1

semolino (Hartweizen-) Gries 4 C1

sempre immer (noch) 1 A1

sensazione Gefühl, Eindruck
2 sidice

sensibile sensibel 1 C3

senso Sinn 12 ital

sentirsi sich fühlen 1 C1

sentirsi a proprio agio sich wohl
fühlen 1 C1

senza ohne 2 B1

senza impegno unverbindlich 9 C1

senza tante storie ohne großes
Aufheben 8 A7

senz'altro ohne weiteres, bestimmt
5 D3

sepolto/-a begraben 12 A1

serale abendlich, Abend- 1 asc2

serata Abend (in seinem Verlauf)
1 D1

serio/-a ernst 8 B1

servire per dienen zu 5 B1

servito da mezzi pubblici an öffentliche Verkehrsmittel angebunden
2 A1

servizi öffentl. Einrichtungen 2 A1

servizi commerciali Geschäfte 2 A1

servizio Dienst(leistung) 11 sidice

servizio civile Zivildienst 7 A

servizio di bicchieri Satz Gläser
2 A7

servizio militare Wehrdienst 9 ital

set di pentole Topf-Set 2 A7

settore Sektor 2 D1

severo/-a streng 11 B1

sfilata di moda Modeschau 12 A1

sfiorare fast erreichen 11 C2

sfociare münden 12 ital

sfondo Hintergrund 9 ital

sfumatura Unterton, Abtönung
9 ital

sgonfio/-a (luft)leer 11 A1

sgranare le pannocchie Mais
auskörnen 5 lett2

sguardo Blick 6 ital

Si faccia coraggio! Nur Mut!
10 A1

si produce man stellt her 4 A1

sia gentile seien Sie so nett 7 C2

sia pure sei es (auch) 5 lett2

siccome da, weil (am Satzanfang)
4 B1

sicuramente sicherlich 4 E3

sicurezza Sicherheit 2 D1

sicuro/-a sicher 2 D1

siero Molke 4 A1

sigaretta Zigarette 10 D4

significato Bedeutung 8 asc3

signorile herrschaftlich 6 ital

silenzio Schweigen; Ruhe 2 sidice

sistema System 7 C2

situato/-a gelegen 2 A1

situazione Situation 1

slogan Slogan 9 C1

smettere di aufhören 8 A2

smontare (il palco) (die Bühne) ab-
bauen 3 C2

SMS SMS, Kurzmitteilung 7 D1

sociale sozial 7 B1

società Gesellschaft 7 B5

soffitto Zimmerdecke 2 B1

soffocare ersticken 6 ital

soffrire leiden 10 D1

soggiorno Wohnzimmer 2 A1

sognare träumen 5 A6

sogno Traum 8

sogno nel cassetto der noch uner-
füllte/unverwirklichte Traum
10 C

solaio Dachboden 8 A1

soldino kleines Geldstück 11 asc2

Sole-24 Ore ital. Tageszeitung
2 D1

sollievo Erleichterung 4 sidice

soltanto nur 8 A7

sommare zusammenzählen 5 A2

sondaggio Umfrage 10 C1

sonnolenza Schläfrigkeit 10 D1

Sono contento per lei! Ich freue
mich für sie! 1 B1

Sono Emilio. Hier ist Emilio.
10 B1

Sono Gianluca Ferri della Picam. Hier spricht Gianluca Ferri von der Firma Picam. 7 C2

sopportare ertragen 5 A3

sopra über *(räumlich)* 2 B1

soprattutto vor allem 1 C1

sopravvivere überleben 10 A1

sorpresa Überraschung 1 A

sorridere lächeln 8 A2

sospensione Unterbrechung; Aussetzung 11 lett1

sospirare ersehnen 10 ric

sostenere annehmen 9 B1

sostituire ersetzen 2 D3

sottopiatto Platzteller 4 B4

sottostante unterhalb von ... stehend 10 D7

sottosuolo Untergrund 11 lett1

spalla Schulter 4 D1

sparire verschwinden 10 lett1

spazio (freier) Platz; Weltall 2 B1; 5 A1

spazioso/-a geräumig 2 A2

specchietto Strukturkästchen 2 B3

specchio Spiegel 1 lett1; 2 A6

specie di eine Art 4 A4

spedire senden 7 A5

spegnere ausschalten 7 D2

sperimentare ausprobieren 1 lett1

spessore Dicke; Dichte 4 C2

spettacolo Schauspiel; Vorstellung, Aufführung 1 asc1; 1 D5

spia Kontrolllampe 11 A1

splendido/-a prachtvoll 10 A1

sporcizia Verschmutzung 9 ital

sposarsi heiraten 1 B1

spostamento Fortbewegung 12 B1

spostare verrücken, umstellen 8 A7

spostarsi sich fortbewegen 2 C6

spray Spray 10 D1

spremere auspressen 4 A4

squillare klingeln *(Telefon)* 12 A1

Sta'zitto. Hör auf. *(wörtlich:* Sei still.) 2 C1

stabile (di buon livello) Gebäude (in gehobener Ausstattung); beständig 2 A1; 10 A6

stabilirsi sich niederlassen 11 C4

stagionare reifen 4 A1

Stammi bene. Mach's gut. 10 B1

stampante Drucker 7 C1

stampare drucken 1 asc2; 7 A1

stampo Ausstechform 4 C2

stanza Zimmer 2 B6

stare all'aria aperta sich im Freien aufhalten 2 C4

stare attenti acht geben 7 D2

stare dietro hinter etw her sein 6 ital

stare dritti controvento aufrecht gegen den Wind stehen 4 asc3

stare lì a cercare da herumzusuchen 5 A3

stato civile Familienstand 7 asc3

stendere ausrollen 4 C2

sterzo Lenkrad, Lenkung 11 A1

stesso trotzdem 8 A7

stesso/-a der-/die-/dasselbe 1 B4

stile der Stil 1 D5

stipendio Gehalt 7 B2

Sto morendo dalla fame. Ich komme um vor Hunger. 4 B1

Stoccolma Stockholm 11 C3

stomaco Magen 10 D2

storia Geschichte 1 B4

strabiliante erstaunlich, verblüffend 1 D5

strane figure seltsame Gestalten 6 C2

straniero/-a Ausländer/in 11 B

strano/-a seltsam 7 C6

straordinario/-a außergewöhnlich 12 ital

stravincere hoch gewinnen 2 D1

stringere umklammern, drücken 6 C2

strofa Strophe 10 lett2

struttura moralistica *etwa:* moralisches Gefüge 12 ital

studi compiuti abgeschlossene Studien 7 asc3

studio Arbeitszimmer; Studium 2 A2; 11 B1

studio di progettazione Planungsbüro 7 asc3

stufa a legna Holzofen 5

su cinque livelli auf fünf Ebenen 1 D5

su e giù auf und ab 3 A

su Milano über Mailand 2 D3

succedere geschehen 2 A4

successivo/-a nachfolgend 9 A

successo Erfolg 1 D5

Sud Süden 2 D1

sufficienza Genüge 11 C7

sulla bocca di tutti in aller Munde 6 ital

suocero/-a Schwiegervater, -mutter 10 C1

suonare klingeln 8 A1

suonare il pianoforte Klavier spielen 4 B3

superiore Vorgesetzte/r 7 D2

superiori weiterführende Schulen 9 ital

superlativo assoluto absoluter Superlativ 2 D3

superlativo relativo relativer Superlativ 4 E4

supposizione Annahme 2 sidice

svedese Schwede/-in; schwedisch 11 C3

sviluppo Entwicklung 3 ital

svolgersi sich abspielen; stattfinden 5 B4

svolgimento Entwicklung, Ablauf 8 A5

T

tabellone Anzeigetafel 8 D3

tagliare schneiden 4 C1

tagliare in tondini kleine Kreise ausstechen 4 C2

talento Talent 2 A3

tangenziale Umgehungsstraße 11 A1

Tanti auguri a te ... Zum Geburtstag viel Glück ... 8 A7

tappa Etappe 3 A1

tappe d'obbligo *etwa:* Pflichtprogramm 6 ital

tappeto Teppich 2 A7

targa (Nummern-) Schild 11 A2

tassa universitaria Studiengebühr 12 ital

tasso d'inquinamento Grad der Umweltverschmutzung 2 D3

tastiera Tastatur 7 C1

tasto Taste 7 D2

tavolino Tischchen 2 B1

tavolo da pranzo Esstisch 2 B4

te stesso du/dich selbst 5 A1

teatro Theater 1 C1

tecnicamente aus technischer Sicht 4 D2

tecnico/-a technisch 4 D2

teenager Teenager 7 D2

telefonare telefonieren, anrufen 1 C6

telefono a disco Telefon mit Wählscheibe 5

telegramma Telegramm 5

televisione Fernsehen 8 B1

televisore Fernsehgerät 2 A7

tema in questione das Thema, um das es geht 12 B1

temperatura Temperatur 4 C2

tenda Vorhang 2 A2

tenere abhalten, veranstalten; halten 1 D5; 4 D1

tenere presente sich vor Augen halten 7 D2

tenere vivo/-a am Leben erhalten 10 A1

tenore di vita Lebensstandard 2 D1

tergicristallo Scheibenwischer 11 A2

Terme di Caracalla *hist. Stätte in Rom* 5 D1

Termini *Name des Hauptbahnhofs von Rom* 8 C1

terra Erde; Boden 8 A1

terrazzo Terrasse 2 A1

terre d'Italia *etwa:* Landstriche Italiens 4

testa Kopf 5 lett2; 10 D2

Testaccio *Stadtviertel in Rom* 11 lett1

testimonianza Zeugnis, Erfahrungsbericht 11 B1

Tevere Tiber 12 ital

Ti dispiace se ... Stört es dich, wenn ... 7 A2

Ticino *Fluss in Norditalien* 5 B1

tigre Tiger 8

timido/-a schüchtern 1 C1

tiramisù *ital. Nachspeise* 4 C4

tirare fuori herausziehen 6 ital

titolo Titel, Überschrift 4 asc1

titolo di studio Schul-, Studienabschluss 12 ital

togliere wegnehmen 4 C2

torinese Turiner/in; turiner, aus Turin 1 D5

toro Stier 10 ric

tosse Husten 10 D2

totale Gesamtsumme 5 A2

tovagliolo Serviette 4 B4

tra (la roba vecchia) zwischen (dem ganzen alten Zeug) 5 A3

tracciare (una linea) (eine Linie) ziehen 1 asc3

tradizionale traditionell 2 B1

traduzione Übersetzung 7 C4

traguardo Ziel 12 B1

trama (di un film) (Film-) Handlung 8

tranquillo/-a ruhig 2 A1

trapassato prossimo Vorvergangenheit, Plusquamperfekt 11 C4

trascorrere verbringen 11 C5

trascrivere schriftlich übertragen 6 B1

trascurare vernachlässigen 3 ital; 12 ital

trasferirsi umziehen; übersiedeln 1 B1

trasformare verändern 12 ital

trasloco Umzug 2 A2

trasportare transportieren 5 B1

trasporto (delle merci) (Waren-) Transport 5 B1

trattarsi di sich handeln um 4 D2

tratto di mare e costa Meeres- und Küstenabschnitt 9 ital

traversata Durchquerung 4 E3

trekking Trekking 4 E3

tremare zittern 8 A2

triangolo industriale Industrie-Dreieck 6 ital

tristezza Traurigkeit 10 A1

trovarsi sich befinden; sich fühlen 1 C1

Tu che ne dici? Was meinst du dazu? 11 C3

tuffarsi (ein)tauchen 9 C1

tunnel Tunnel 8 asc3

tuorlo (d'uovo) Eigelb 4 C2

tutela Schutz, Interessenswahrnehmung 7 B

tuttavia dennoch, trotzdem 6 ital

Tutte le strade portano a Roma. Alle Wege führen nach Rom. 11 A

Tutti i gusti son gusti ... *etwa:* Geschmäcker sind verschieden ... 5 ric

tutto a posto alles in Ordnung 2 A2

tutto compreso alles inbegriffen 2 asc2

tutto il periodo gesamter Zeitraum 2 asc2

tutto/-a bianco/-a ganz in weiß 2 B1

TV (tivù) Fernseher 2 B1

U

Ucraina Ukraine 11 B5

ufficiale offiziell 11 C1

ultima volta das letzte Mal 1 A1

ultimo/-a letze/-r 1 A1

umano/-a menschlich 10 A1

umore Stimmung 4 D2

unicamente einzig und allein 10 A1

uovo *pl* uova Ei, Eier 4 C1

urna funeraria Begräbnisurne 11 lett1

usare verwenden, benutzen 4

uscire fuori al freddo hinaus in die Kälte gehen 5 lett2

utile nützlich 1 C6

utilizzare (be)nutzen 2 C6

V

Vado a vivere con Carla. Ich ziehe mit Carla zusammen. 10 B

vagone letto Schlafwagen 8 C6

valigia Koffer 7 A4

Valle dei Templi Tal der Tempel (*in Sizilien*) 4 E3

valore Wert 1 D5

Valtellina *Gegend in der nördl. Lombardei* 6 ital

valutare (be)werten 2 D1

Vangelo Evangelium 9 ital

vano Raum 2 A1

vantaggio Vorteil 2 C1

varcare überschreiten, passieren 3 ital

varietà Vielfalt 6 B1

vasca da bagno Badewanne 2 B1

vecchio amore verflossene Liebe 5 A1

vecchio/-a alt 1 A5

vedersi sich sehen 1 A1

veicolo ecologico umweltschonendes Fahrzeug 5 D1

veloce schnell 4 D2

vendere verkaufen 2 C7

vendita Verkauf 3 A1

venditore/-trice ambulante fliegende/-r Händler/-in 12 ital

venire a prendere abholen (kommen) 1 D

venire a trovare zu Besuch kommen 1 B1

venire in mente in den Sinn kommen 4 E1

venire usato benutzt werden 2 A4

verbo modale Modalverb 11 B4

verbo riflessivo reflexives Verb 1 B2

vergine Jungfrau 10 ric

verità Wahrheit 8 B1

vero /-a e proprio /-a wirklich und wahrhaftig 10 C1

versare gießen 4 C2

verso il futuro mit Blick auf die Zukunft 10

vestaglia Morgenrock 11 lett1

Vi va di ... Habt ihr Lust ... 1 D1

viaggio premio gewonnene Reise 5 A1

vicenda biblica biblische Szene 1 D5

vicentino Umgebung von Vicenza 8

vicinato Nachbarschaft 8

vicino /-a nahe 2 A1

videocamera Videokamera 5

videoinstallazione Videoinstallation 1 D5

vigilia di Natale Heilig Abend 11 lett1

vigneto Weinberg 3 A1

vignetta Karikatur 10

viottolo (Feld-) Weg 5 lett2

Virgilio *ital. Suchmaschine* 7 A2

visita guidata geführte Besichtigung 12 B1

viso Gesicht 1 A3

vita in comune Zusammenleben 10 A4

vitamina Vitamin 4 A1

vivacità Lebendigkeit; Lebhaftigkeit 3 ital

vivere qc (insieme) (gemeinsam) etw erleben 3 C1

voce Stimme 8 A2

voglia Lust 2 C1

volo Flug 3 C2

volontariato Ehrenamt, freiwilliger Dienst; Volontariat 7 A2

volta Mal 1 A1

Vuol lasciar detto qualcosa? Soll ich etwas ausrichten? 7 C2

vuoto /-a leer 7 A6

zitto /-a ruhig, still *(bezogen auf Personen)* 2 C1

zona Gegend 2 A1

zona turistica Fremdenverkehrsgebiet 4 E5

X

Xché non rispondi?! (X = per) Warum antwortest du nicht?! 7 D1

Z

zaino Rucksack 5 D7

zanzara Mücke 10 D1

zappare hacken 5 lett1

zio /-a Onkel, Tante 5 C1

Lösungen zum Übungsteil

ESERCIZI 1 *Che piacere rivederti!*

1

Ma guarda che sorpresa!
Ma chi si rivede!
No, *non è* possibile!
Che bello rivederti!

2

● Scusi, ma Lei non è la professoressa Grimaldi?
○ Sì, sono io. Ci conosciamo?
● Sono Maurizio Frattini. Si ricorda di me?
○ Ah, sì. Frattini, della quinta C. Ma guarda che sorpresa! Con i capelli corti adesso, eh?
● Eh, sì. I tempi cambiano. Lei invece non è cambiata per niente.
○ Oh, grazie per il complimento Frattini. Sei diventato un gentiluomo.

3

Lösungsvorschlag:
Però non sei cambiata per niente!
Che bello rivederti! Finalmente!
Scusi, ma Lei non è il signor Spagnesi?

4

Lösungsvorschlag:
Adriana è una bella ragazza. È magra e non molto alta.
Ha i capelli castani lisci e un sorriso molto simpatico.

5

Franco
È ancora *magro*.
Ha sempre i *capelli corti*.
Non ha più i capelli *neri*.
Adesso ha i capelli *grigi*./Adesso li ha *grigi*.
Ha sempre *un viso giovane*.

6

Io mi – Noi ci – loro si – lui si – lei si – Voi vi – tu ti

7

si è trasferita – **si è** innamorata – **si sono** sposati
si è iscritto – **si sono** lasciati – **ci siamo** persi
si è iscritta – **si è** trasferita – **Ci siamo** viste
ci siamo incontrati – **si è** messo

8

1. si è trasferito – si trasferiscono
2. mi sono alzato/-a – ti alzi
3. si sposano/si sono sposati – si sono sposati
4. ti sei informata – mi informo
5. vi vedete – ci siamo visti

9

aperto   noioso
introverso   sensibile
simpatico   intelligente

10

aperto – introverso – estroversa – brava – attiva – disponibile

11

chiamare ⎫   telefonare ⎫
incontrare ⎪   chiedere ⎪
guardare ⎬ *qualcuno*   domandare ⎬ *a qualcuno*
invitare ⎪   scrivere ⎪
cercare ⎪   dire ⎪
salutare ⎭   rispondere ⎭

12

1c – 2a – 3d – 4b

13

Gli – le – Gli – Gli – le

14

Vi va
vi vengo a prendere
Noi veramente
Perché non vieni
Sì, buona idea
Magari dopo andiamo
Perfetto

15

1. **Vi** posso accompagnare io!
2. Certo, **mi** può chiamare verso le sette!
3. Sì, **ti** chiamo stasera.
4. Tra quanto tempo **ci** vieni a prendere?

16

la – gli – Gli – lo – li – Gli

17

Lösungsvorschlag:
- Pronto?
- Ciao Luca, sono Angelo.
- Ah, ciao Angelo. Come va?
- Bene. Senti, ti va di uscire stasera?
- Sì, volentieri. E dove andiamo?
- Hai voglia di andare al «Barrumba»?
- Ah lì, la sera tardi ci fanno musica dal vivo, vero?
- Sì. Magari prima andiamo a mangiare qualcosa ...
- Buona idea.
- Ti vengo a prendere da qualche parte?
- No, non c'è bisogno. Passo io da te. Verso le otto va bene?
- Perfetto. Allora a più tardi.

ESERCIZI 2 *Che bella casa!*

1

Affittasi – Ultimo – Soggiorno – abitabile – bagni – riscaldamento – tranquilla – mezzi – commerciali

2

Lösungsvorschlag:

appendere	i lampadari/le lampade – i quadri – uno specchio
mettere	la moquette – il parquet – le piastrelle – la carta da parati
montare	la cucina – i mobili
imbiancare	le pareti – le camere/il soggiorno

3

Le pareti le hanno già imbiancate.
Lo specchio l'hanno appeso.
I quadri non li hanno ancora appesi.
I mobili li hanno già montati.
Le tende non le hanno ancora comprate/appese.

4

bell' – begli – bel – bei – bella – bel – bei – belle – bello – bella – bel – belle

5

tappeto – cornice (/specchio) – divano – quadro – padella – lampada

6

sul – destra – nell'angolo – sinistra – di fronte – Accanto – a sinistra del – tra

7

- Agenzia Tecnocasa, buongiorno.
- Buongiorno, sono Anna Medina. Ho visto il vostro cartello per l'appartamento in vendita in via Vannucci.
- Che numero?
- 37.
- Ah sì, mi dica.
- Senta, quante stanze ha?
- Sono due camere e un soggiorno, cucina e bagno.
- Sono grandi le stanze?
- Il soggiorno è molto grande, le camere sono una un po' più grande e una più piccola.
- Il pavimento come'è?
- Dunque, in soggiorno c'è il parquet, nelle altre stanze ci sono le piastrelle.
- C'è un balcone?
- Purtroppo no, però c'è una grande veranda.
- Il garage non c'è, vero?
- No, però si può affittare un posto macchina nel garage di via Sicilia.
- Ho capito. Senta, l'appartamento mi interessa. Quando lo posso vedere?
- Va bene martedì prossimo nel pomeriggio?
- Sì, va bene. Verso le quattro?
- Sì, facciamo alle quattro davanti al palazzo.
- A martedì allora. ArrivederLa.
- ArrivederLa.

8

potrei	vorrei	abiterei
prenderei	tornerei	capirei
avrei	sarei	scriverei
cambierei	dormirei	metterei

9

parlerei	metterei	sentirei
parleresti	metteresti	sentiresti
parlerebbe	metterebbe	sentirebbe
parleremmo	metteremmo	sentiremmo
parlereste	mettereste	sentireste
parlerebbero	metterebbero	sentirebbero

10

tornerebbero – cambierebbero – andrei – potrei – piacerebbe – potrebbe – si sentirebbe – sarebbe – potrebbe

11

Con 5000 euro **comprerei** un violino a mia figlia e le **pagherei** le lezioni.

Con 5000 euro **passerei** due mesi di vacanza in Umbria e **farei** un corso d'italiano all'Università per Stranieri di Perugia.

Io con 5000 euro **andrei** in vacanza ed il resto lo **metterei in banca**.

Io quest'anno mi sposo quindi questi soldi li **spenderei** per un bel vestito da sposa.

12

1. ci va
2. ci resta
3. ci vado
4. ci siamo *mai* stati – ci andiamo
5. ci andiamo
6. Ci andiamo
7. ci rimangono

13

A Trento la qualità della vita è altissima.
A Milano le case sono carissime.
A Roma molti monumenti sono antichissimi.
A Sondrio la disoccupazione è bassissima.
In alcune città trovare lavoro è difficilissimo.
Ad Aosta c'è pochissima criminalità.

14

Nella categoria «popolazione»...
... *Roma* è al primo posto.
... *Bari* è al nono posto.
... *Napoli* è al terzo posto.
... *Palermo* è al quinto posto.

Nella categoria «reddito disponibile per abitante» ...
... *Padova* è al quarto posto.
... *Messina* è al quattordicesimo posto.
... *Trieste* è al decimo posto.
... *Firenze* è al sesto posto.
... *Venezia* è all'undicesimo posto.

Nella categoria «ambiente» ...
... *Ferrara* è all'ottavo posto.
... *Mantova* è al secondo posto.
... *Varese* è al quindicesimo posto.
... *Bolzano* è al settimo posto.
... *Lecco* è al tredicesimo posto.

15

Venezia – Roma – Imola – Napoli – Aosta – Taormina – Torino – Bolzano – Genova – Verona

ESERCIZI 4 *Come sto bene!*

1

sani – genuini – fresche – magri – piccante – grassi – secchi – dolci

2

si mangiano – si conosce – Si sa – si mangia – si usano – si usa – si usano – si preparano – si consumano – si trova – si cucina

3

1. fabbricare
2. la produzione
3. usare
4. impiegare
5. la conservazione/il conservante
6. stagionare

4

1. leggendo
2. guardando
3. cercando
4. cucinando
5. venendo

5

1. *Claudio* sta mangiando un panino.
2. *Luisa* sta bevendo il caffè.
3. *Paolo e Enzo* stanno parlando/discutendo.
4. *Lo zio* sta dormendo.
5. *I bambini* stanno giocando a palla.
6. *La zia* sta facendo una fotografia/sta fotografando.
7. *Gabriella* sta leggendo.

6

1. ha fatto
2. stanno *già* chiudendo
3. parte
4. stiamo facendo
5. sta dormendo
6. deve
7. sto leggendo
8. sta lavorando

7

il cucchiaio
il tovagliolo
il coltello
la forchetta
il bicchiere
il cucchiaino

8

tagliare
far bollire
stendere
versare
mescolare

senkrecht: aggiungere

9

bollire – tagliare – Versare – aggiungere – mescolare – mettere – condire

10

Per fare la caprese ci vogliono i pomodori e la mozzarella.
Per produrre un chilo di parmigiano ci vogliono 16 litri di latte.
Per il tiramisù ci vuole il mascarpone.
Per fare gli gnocchi alla romana ci vuole il semolino.
Per il minestrone ci vogliono diversi tipi di verdure.
Per fare gli spaghetti aglio e olio ci vuole il peperoncino.

11

Lösungsvorschlag:
1. passeggiare nei boschi, fare escursioni in montagna
2. andare a sciare, andare in palestra
3. giocare a pallone, a pallavolo, a pallacanestro o a tennis
4. fare fitwalking, andare in bicicletta, fare ginnastica, andare a nuotare in piscina

12

● Allora Signor Carapelli, cosa si sente?
○ Mah, da un po' di tempo mi sento sempre stanco e affaticato.
● Ma lavora molto?
○ Sì, purtroppo in questo periodo ho tanto da fare.
● Allora, probabilmente è solo un po' di stress.
○ E cosa posso fare, dottore?
● Beh, innanzi tutto dovrebbe cercare di rilassarsi, e magari fare un po' di sport.
○ Oh, io non sono proprio un tipo sportivo.
● Almeno potrebbe fare delle passeggiate, stare un po' all'aria aperta. E inoltre dovrebbe perdere anche un po' di peso.
○ Ma come posso fare … io non so resistere al cibo.
● Basterebbe evitare i dolci e i cibi grassi e moderarsi nel consumo degli alcolici.

13

1. basta – bisogna
2. bisogna – bisogna – basta

14

1. Il gorgonzola è più grasso della mozzarella.
2. Una passeggiata è meno impegnativa di una marcia.
3. Una serata con gente noiosa è meno (/più) divertente di una serata davanti alla TV.
4. L'olio d'oliva è più sano del burro.
5. Il jogging è più faticoso del fitwalking.
6. Un fine settimana in campagna è più rilassante di un breve viaggio in una città.

15

Il Po è *il fiume* più lungo d'Italia.
Sofia Loren è *l'attrice* più famosa d'Italia.
La Ferrari è la macchina più veloce d'Italia.
La Valle d'Aosta è la regione più piccola d'Italia.
Gli spaghetti e la pizza sono i piatti più conosciuti d'Italia.

16

1b – 2c – 3a – 4d – 5e – 6f – 7g

ESERCIZI 5 *Qui prima c'era …*

1

1. giocattoli
2. comunicazione
3. secolo
4. rimpianto
5. telegramma
6. infanzia
7. conchiglia
8. disco
9. videocamera

Lösung: mercato delle pulci

2

1. Ho una passione per la musica jazz.
2. Non sopporto l'inverno.
3. Mi entusiasmano le canzoni di Paolo Conte.
4. Ho nostalgia dei tempi passati.
5. Conservo tutte le foto dei miei nonni.

3

1. A me sì. Le amo.
2. A me no. Le trovo terribili./Non le sopporto.
3. Neanche a me. Preferisco la musica degli anni ottanta.

4

1. A me – a te – a me – a voi
2. A me – A me – A lui
3. a lei – a noi

5

1. ti – mi – A me
2. ci – A noi
3. ci/mi – A noi/A me
4. A loro

era – avevano – trascorrevano – partivano
– trasportavano – era – andavano – si chiamava
– Esistevano

7

andavi   veniva
esistevano   avevano
prendevo   dicevo
partivamo   parlavamo
dovevi   finivi
facevate   chiamavate

8

1. non sopportava
2. eravate
3. mi addormentavo
4. preparavi/facevi
5. leggevi

9

1. la navigazione
2. il collegamento
3. il trasporto
4. la copertura
5. l'allargamento
6. la costruzione

10

ero – passavo – Partivo – doveva – veniva – prendeva
– andavamo – abitava – andavamo – incontravamo – ci
divertivamo – ero – preferivo – facevo – erano

11

Lösungsvorschlag:
Da bambino giocava ogni giorno/spesso con il suo
pelouche.
Da ragazzino dopo scuola leggeva sempre Topolino.
A 16 anni ascoltava spesso/sempre i dischi di Gianna
Nannini.
A 18 anni era innamorato di Luisa.

12

quelle – Quella – quella – quegli – Quelli – quello
– quel – Quello – Quello – quell' – quella

13

● *Quali stivali preferisci?* Questi (qui) neri/eleganti o
   quelli (lì) gialli/sportivi?
○ Questi (qui) neri/eleganti./Quelli (lì) gialli/sportivi.

● *Qual è la tua borsa?* Questa (qui) nera o quella (lì)
   gialla?
○ Questa (qui) nera./Quella (lì) gialla.

● *Quale formaggio vogliamo comprare?* Questo (qui)
   italiano o quello (lì) francese?
○ Questo (qui) italiano./Quello (lì) francese.

14

1. Lì   4. lì
2. qui   5. qui
3. qui   6. qui

15

1. Puoi chiamarmi/mi puoi chiamare alle nove.
2. La puoi parcheggiare/puoi parcheggiarla fuori dal
   centro.
3. Mi devo alzare/devo alzarmi alle sei.
4. Gli potremmo regalare/potremmo regalargli un CD.

16

Lösungsvorschlag:
● Buongiorno!
○ Buongiorno, vorrei noleggiare una macchina.
● Ha già pensato a che tipo di macchina vorrebbe
   noleggiare?
○ Vorrei una macchina piuttosto piccola e non troppo
   cara. Che cosa mi può consigliare?
● Beh, allora Le consiglierei una Fiat Punto. Con l'aria
   condizionata per esempio costa 50 euro al giorno,
   assicurazione compresa.
○ Sì, una Fiat Punto potrebbe andar bene. Fate uno
   sconto per una settimana?
● Sì, per una settimana intera costa 280 euro.
   Un attimo però che guardo cosa è rimasto. D'estate
   abbiamo sempre tante richieste. La viene a prendere
   oggi stesso?
○ No, la vengo a prendere domani.
● Vediamo … Allora sì, ma dovrebbe ritirarla solo
   dopo mezzogiorno.
○ Va bene. Grazie. ArrivederLa.
● ArrivederLa.

ESERCIZI 7 *Perché non ti informi?*

1

eccolo – Eccole – eccoli – Eccola

2

Prenota – risparmia – stampa – Non viaggiare – Scarica
– scopri – Realizza

3

1. Apri un nuovo documento.
2. Bene, adesso scrivi un breve testo.
3. Salva il documento.
4. Ora cancella la prima frase …

5. ... e copia il testo in un altro documento.
6. Adesso stampa la pagina ...
7. ... e chiudi il programma.

4

1. Prepara
2. va'
3. Vieni
4. chiudi
5. fa'

5

Lösungsvorschlag:
Non mangiare nel duomo, finisci il gelato prima di
entrare! E poi non correre, cammina piano. E non fare
foto. Non ascoltare la musica ...

6

libero professionista
esperienza lavorativa
laurea in lettere
esperto di marketing
difesa dell'ambiente
impegno civico

7

fisioterapista – pieno – libero – volontariato
– organizzazione – tutela – culturali – campagna
– gratificazione

8

qualche	volta – giorno – anno – regalo – cosa
alcuni	problemi – studenti – viaggi – libri – esempi
alcune	donne – persone – parole – macchine – amiche

9

qualche – alcuni – qualche – alcune – qualche – qualche

10

1. Qualche studente si è iscritto all'esame.
2. Al mercatino ci sono alcuni libri usati molto interessanti.
3. In italiano c'è qualche verbo irregolare veramente difficile.
4. Ieri Laura ha conosciuto alcune ragazze simpatiche al centro giovanile.
5. Se andate a Roma vi posso dare alcuni indirizzi di alberghi.
6. Ho preso qualche giorno libero perché sento il bisogno di riposare.

11

1. mi dedico alla
2. mi occupo delle
3. dedicarmi ... alla
4. si occupa del
5. si occupa del – si dedica ... alla
6. occuparmi del
7. si dedica alla

12

1. Per piacere, guardi quanto costa l'autobiografia di Roman Polanski.
2. Per favore, dica alla sua collega che il nuovo libro di Laura Pariani mi è piaciuto tanto.
3. Mandi la fattura al mio ufficio in via XX Settembre, per cortesia.

13

Lösungsvorschlag:
● Buonasera, sono il signor Cadelli. Vorrei parlare con il signor Bruni.
○ Il signor Bruni? Sì un attimo, attenda in linea. Pronto, mi sente?
● Sì.
○ Purtroppo il signor Bruni è in riunione. Vuol lasciar detto qualcosa?
● Sì, per cortesia, gli dica di richiamarmi più tardi.
○ Mah, probabilmente la riunione finisce tardi. Adesso sono già le cinque. Se vuole Le passo la dottoressa Franchi.
● No, veramente preferirei parlare con il signor Bruni.
○ Allora, se per Lei va bene, La faccio richiamare lunedì mattina, quando torna in ufficio.
● Sì, però per piacere non prima delle nove.
○ Senz'altro, non si preoccupi. La faccio chiamare alle 9.30. Va bene?
● D'accordo. La ringrazio.
○ Di niente. Buonasera.
● Buonasera.

14

la fotocopiatrice – la lavatrice – la stampante
– il televisore – lo stereo/l'impianto stereo

15

tu	ascolta – di' – va' – non fare – non dormire
Lei	abbia – aspetti – sia – non faccia – non vada
voi	prendete – state – uscite – non partite – non credete

16

Contate – Usate – Evitate – Imparate – Dite – Fate
– Ascoltate

1

diario
trama di un libro
libretto d'opera
articolo di cronaca
racconto

1 = r	3 = c	5 = n
2 = a	4 = o	6 = t

2

1c – 2a – 3d – 4b

3

1. Volevamo – ha telefonato
2. ha guardato – è andata
3. ho passato – era
4. aveva – si sentiva – è rimasta – ha letto
5. sono andati – hanno incontrato

4

Avevo – era – volevo – ha incominciato – si è fermata
– c'era – sembrava – Ho lasciato – ho preso – è stata
– C'era – ho trovato

5

Lösungsvorschlag:
Che cosa danno stasera al cinema?
(Sai) di che cosa parla?
Tu l'hai già visto?
E le è piaciuto?

6

Roberto Benigni – La vita è bella
Marcello Mastroianni – La dolce vita
Massimo Troisi – Il postino
Claudia Cardinale – Il gattopardo

7

1. (Il film) *Caro diario* a me è piaciuto molto. Gli attori erano proprio bravi.
2. Ho già sentito parlare di *Nuovo Cinema Paradiso.*/ *Nuovo Cinema Paradiso* è un film di cui ho sentito parlare.
3. Di recente ho rivisto *La strada.*
4. La settimana scorsa ho visto *Il ciclone* alla televisione, ma mi ha un po' deluso.

8

Lösungsvorschlag:
Caro Silvio, eccomi di ritorno dalla Sardegna. È stata proprio una bella vacanza, sai. La spiaggia dell'albergo era bellissima. Mi è piaciuta molto. E poi mi è piaciuto il centro storico di Cagliari. Mi sono piaciuti anche i ristoranti dei piccoli paesi. Purtroppo la camera non mi è piaciuta per niente e non mi è piaciuto neanche il ristorante dell'albergo.

9

La cartolina che mi ha scritto mia zia da Roma è arrivata ieri.
Il computer che mi hai consigliato funziona benissimo.
La ragazza che ho conosciuto al corso di yoga mi è molto simpatica.

10

Patrizia è la ragazza di cui ti ho parlato al telefono.
Bruno è il ragazzo che ho conosciuto in biblioteca.
Simonetta e Raffaele sono i compagni con cui mi sono preparato agli esami.
Raffaele è il ragazzo che si è innamorato di Francesca.
Tommaso è il ragazzo che mi ha consigliato tanti buoni libri.
Giuliano e Tiziano sono gli amici con cui vado in vacanza fra un mese.

11

1 – 6 – 10 – 5 – 15 – 9 – 8 – 11 – 2 – 4 – 13 – 7 – 12 – 14 – 3

Rosalba è una donna di circa 40 anni – che partecipa con la famiglia ad un breve viaggio organizzato. Quando il pullman – si ferma ad un autogrill Rosalba va alla toilette e il pullman riparte – senza di lei. Rosalba decide di non tornare subito a casa e va a Venezia, una città – dove non è mai stata e che da tempo – voleva visitare. A Venezia conosce alcune persone – che a poco a poco cambiano la sua vita, in particolare il cameriere di una trattoria in – cui lei va spesso a mangiare. A Rosalba Venezia – piace molto, trova lavoro da un fioraio e resta lì – per un po' di tempo. Poi un giorno un detective – la rintraccia e Rosalba decide di tornare – dalla sua famiglia. Un giorno, mentre esce dal supermercato con il – figlio più giovane, vede i suoi amici di Venezia – che sono venuti a prenderla. Torna a Venezia con loro e il figlio – e lì comincia una nuova vita.

12

Lösungsvorschlag:

○ Dica.
● Un biglietto per Pescara Centrale, per martedì.
○ Solo andata?
● No, andata e ritorno. Senta, bisogna cambiare ad Ancona?
○ Sì esatto, bisogna cambiare ad Ancona.
● Vorrei prendere un treno dopo le otto.
○ Vediamo … c'è un treno alle otto e ventinove, va bene?
● Sì, va bene. Quando ho la coincidenza?
○ La coincidenza … parte alle dieci e cinquantasette.
● E quanto ci mette?
○ Ci mette 3 ore e tre quarti.
● Mi serve la prenotazione, vero?
○ Sì, perché è un *Eurostar*. Fumatori o non fumatori?
● Non fumatori.

13

Allora mi servono le uova, il caffè, …
Ho proprio bisogno di riposarmi.
Mi serve veramente un maglione nuovo.
Adesso avrei proprio bisogno di aiuto.

14

1. prendeva – leggeva
2. ha avuto – andava
3. fumava – leggeva
4. sono andata – ero – mi sono addormentata – guardavo
5. andavo – ho incontrato – vedevo
6. facevo – ascoltavo – ho sentito

15

1. abbiamo bisogno
2. Ha bisogno
3. serve
4. serve
5. Hai bisogno
6. servono

16

1. compagnia
2. volo
3. aeroporto
4. risarcimento
5. imbarco

ESERCIZI 10 *Andrà tutto bene!*

1

1. faremo	10. ricorderà
2. uscirete	11. vedrete
3. dirò	12. litigherete
4. sarai	13. avrai
5. discuteranno	14. rimarrai
6. metteranno	15. andrò
7. andrà	16. darà
8. riusciremo	17. potrò
9. saremo	

Lösung: futuro

2

Chissà come sarà l'ostello
dove dormirò stanotte.
E chissà se conoscerò gente simpatica
e fino a quando (mi) basteranno i soldi.

3

1. il bacio	5. il coraggio
2. la passione	6. l'abbraccio
3. la tristezza	7. il piacere
4. l'arrivo	8. l'interesse

4

1. Vedrà che
2. andrà tutto bene
3. ti faccio tanti auguri
4. Si faccia

5

Non ti *preoccupare!*
Vedrai che andrà tutto bene.

6

1. *chiedigli*	5. telefonagli
2. dammi	6. fallo
3. ascoltami	7. aspettaci
4. dille	8. chiamami

7

1. dimmi
2. vacci
3. Dalle
4. dillo

8

1b – 2d – 3a – 4f – 5c – 6e

Lösungsvorschlag:

● Pronto?

○ Ciao. Sono Lino. C'è Federica?

● Ah ciao, Lino. No, non c'è. Perché? Avevi bisogno di qualcosa?

○ Volevo/vorrei chiederle una cosa. Quando la posso trovare?

● Eh, è andata al mare con un'amica. Ma torna domenica sera.

○ Va bene, allora la richiamo lunedì.

● Va bene, ma chiamala il pomeriggio, perché lunedì ha il turno di mattina.

○ Sì, lo so. Grazie e ciao.

● Ciao Lino, stammi bene.

vivrete – avrete – cercheranno – riuscirà – sarà – Avrete – sentirete – potrete – faranno – aiuterà

I Bianchi stanno per partire per le vacanze/stanno per andare in vacanza.

Emilia sta per rispondere al telefono.

Il treno sta per partire.

I negozi stanno per aprire/chiudere.

La signora Cherubini sta per aprire la porta.

1. bene
2. miglior(e) – meglio
3. buone – bene
4. bene – migliore
5. bene – meglio

● Buongiorno, signora. Mi dica.

○ Buongiorno. Senta, mio figlio ha un po' di febbre. Mi potrebbe dare qualcosa per farla scendere?

● Certo, signora, quando gli è venuta la febbre?

○ L'altra sera. Probabilmente perché ha giocato tutto il giorno in riva al mare sotto il sole.

● Eh, ma signora, con il sole dovrebbe fare più attenzione. Soprattutto con i bambini. Ha anche scottature?

○ No, quelle no. Gli metto sempre il latte ad alta protezione.

● Va bene. Allora per la febbre Le posso dare qualcosa. Quanti anni ha suo figlio?

○ Ha sei anni.

● Allora le do queste gocce. Ne deve prendere 10 con un po' d'acqua, un'ora prima dei pasti. Le serve altro?

○ No, va bene così. La ringrazio.

14

1. Però non ne bevo tanto altrimenti la notte non dormo.
2. Ne vorrei assaggiare anch'io (un po')./Vorrei assaggiarne anch'io (un pezzetto).
3. Ma in genere ne mangio troppo poca.
4. Oggi ne prendo ancora mezzo chilo.

1. tu	4. voi
2. noi	5. Lei
3. tu	6. Lei

un sogno nel cassetto – Sognavo di – guadagnavo bene – ho realizzato il mio sogno – un'esperienza indimenticabile – Adesso sto per

ESERCIZI 11 *Quanto sei bella, Roma!*

Cinecittà – il Colosseo – il Vaticano – Piazza Navona – la RAI – il Castel Sant'Angelo

non … più – non … più – non … niente – non … nessuno – Non … mai

1. (Faccia) il pieno, per favore.
2. Può/potrebbe controllare l'olio e le gomme?
3. Mi può dire quale uscita devo prendere per piazza della Libertà?

1. gomme
2. pompa
3. faro
4. portiera
5. benzinaio

1. saranno
2. Avrà
3. ci vorranno
4. sarà
5. Saranno
6. verrà
7. mangeranno

6

avrà – sarà – ci sarà – telefonerà – tornerà

7

1. tutto il giorno
2. tutto il tempo
3. tutti i giorni
4. tutti i documenti
5. tutti i bambini
6. tutto il film

8

ogni – ogni – tutta la – tutti i – tutte le – ogni

9

1. far sviluppare
2. far riparare
3. far lavare
4. farsi tagliare

10

1b – 2d – 3a – 4c

11

1. vengono
2. andiamo – vengono
3. vai – vieni
4. vieni
5. venire
6. vieni
7. andato/-a
8. venuta

12

1. siamo dovuti
2. è voluta
3. abbiamo voluto
4. ho potuto
5. è potuta – ha dovuto
6. Ha voluto – ha voluto/potuto – ha potuto

13

1. erano stati
2. si erano conosciuti
3. era stato
4. aveva comprata

14

Lösungsvorschlag:
il giorno prima ero stata dal parrucchiere,
mercoledì ero andata al cinema
e il fine settimana precedente ero stata in palestra

15

1. ho incontrato – avevo conosciuto
2. abbiamo ricominciato – Avevamo smesso
3. ha lasciato – aveva frequentato
4. ho letto – avevo *mai* letto
5. è andata – avevo consigliato
6. c'erano – avevo invitato
7. è tornata – era venuta
8. sono andati – c'erano stati

16

1. molti/tanti – poco
2. poca – poco – molta
3. molto/tanto – tante/molte
4. molto – tante/molte
5. molti – molto
6. molto – tanta
7. pochi – molti/tanti

17

Piazza – Monti – Verità – Foro – Pietro – Navona
– Fontana

Bild- und Quellennachweis

S. 8: R. Degli Innocenti, Pistoia (oben links; unten); J. Maier, Stuttgart (oben rechts); S. 9: R. Degli Innocenti, Pistoia; S. 10: R. Degli Innocenti, Pistoia; S. 11: J. Maier, Stuttgart (oben); Galleria Nazionale di Parma su concessione del Ministero per i Beni e le Attività Culturali (Mitte links); Artothek, Weilheim (Mitte rechts: Photobusiness); Text aus: Oggi, RCS Media Group, Milano; S. 12: Mauritius, Mittenwald (Ricatto); S. 14: E. Nöldeke, Backnang; S. 15: Corbis, Düsseldorf (oben links: J. Lemberger; oben rechts: H. A. Jahn, Viennaslide Ph.); Caffè Al Bicerin, Torino (unten); S. 16: C. De Haas, Leonberg (links); A. Amoroso, Mühlacker (Mitte); R. Fäßler, Frankfurt am Main (rechts oben; rechts unten); S. 18: R. Degli Innocenti, Pistoia; R. Merklinghaus, Vaterstetten (unten Mitte); S. 21: C. Fiorentini, Milano; Text aus: Brava Casa, RCS Media Group, Milano; S. 23: R. Degli Innocenti, Pistoia; S. 24: J. Maier, Stuttgart (oben); APT Valtellina, Sondrio (Mitte); B. Huter, Stuttgart (unten links); ENIT, Frankfurt am Main (unten rechts: Zotta); S. 26: B. Peters, Stuttgart (links); R. Fäßler, Frankfurt am Main (rechts oben); E. Nöldeke, Backnang (rechts unten); S. 29: B. Peters, Stuttgart (Lago di Como); MEV, Augsburg (Steinbock, Weinkeller); B. Huter, Stuttgart (Merano); Corbis, Düsseldorf (Cortina: R. Ergenbright; Bergamo: S. Maze); Mauritius, Mittenwald (Aosta); J. Maier, Stuttgart (Marmolada); S. 30: J. Maier, Stuttgart; S. 31: R. Degli Innocenti, Pistoia (oben links); Klett-Archiv, Stuttgart (oben Mitte); Caffarel, Torino (oben rechts); Corbis, Düsseldorf (M. Nicholson); S. 32: GDO, Carrefour Italia, Milano; S. 33: Consorzio del formaggio Parmigiano-Reggiano, Reggio Emilia; S. 34: Digital Vision, Maintal-Dörnigheim; S. 35: Digital Vision, Maintal-Dörnigheim; S. 37: C. Aumann, Stuttgart; S. 38: J. Maier, Stuttgart (links); B. Peters, Stuttgart; S. 40: Digital Vision, Maintal-Dörnigheim; S. 42: Archivio Storico Telecom Italia, Torino (Telefon); R. Merklinghaus, Vaterstetten (Schallplatte); Corbis, Düsseldorf (Rollschuhe: W. Gottlieb; Holzofen: E. Whiting; Schlaghose: J. Abogast); ullstein bild, Berlin (Autos: Rufenach; Videokamera); Use of the Rubik's Cube is used by permission of Seven Towns Ltd; S. 43: R. Degli Innocenti, Pistoia; S. 44: Das Fotoarchiv, Essen (E. Zippel); S 45: E. Nöldeke, Backnang; S. 46: R. Degli Innocenti, Pistoia; S. 47: J. Maier, Stuttgart (oben links); R. Fäßler, Frankfurt am Main (oben rechts); Text und Foto aus: la Repubblica, Gruppo Editoriale L'Espresso, Roma; S. 49: J. Maier, Stuttgart; S. 50: Stockfood Photo Stock Agency, München (Gemüse: S. Amos; Steak: B. A. Schieren); MEV, Augsburg (Obst; Pralinen); Klett-Archiv, Stuttgart (Glas Milch); S. 52–53: Klett-Archiv, Stuttgart (Mann mit Handy: O. Lanzetta, Napoli); MEV, Augsburg (Symbol Jahr 2000); Corbis Digital Stock, London (Kind mit Ball); S. 54: Edizioni del Riccio, Firenze; Marotta Editore, Napoli; Editrice La Giuntina, Firenze; S. 54: B. Severgnini, Manuale dell'uomo domestico, Rizzoli, Milano 2002; S. 55: Stockfood Photo Stock Agency, München (L'immaginario; W. Pfisterer); Getty Images, München; Corbis, Düsseldorf (unten: A. Fevzer); S. 56: Legambiente, Roma; S. 57: J. Maier, Stuttgart; S. 59: Gruner + Jahr, Hamburg (Vera Magazine/ Franco Origlia); Text aus: Vera Magazine, Mondadori, Milano; S. 61: R. Fäßler, Frankfurt am Main; S. 63: Getty Images RF, München (oben: PhotoDisc); R. Degli Innocenti, Pistoia (unten links; Mitte); R. Fäßler, Frankfurt am Main (unten rechts); S. 64: Società Dante Alighieri, Siena; S. 66: R. Fäßler, Frankfurt am Main (oben); R. Degli Innocenti, Pistoia (unten); S. 68: Text aus: A. Nove, Amore mio infinito, Einaudi, Torino 2000; S. 69: Creativ Collection Verlag GmbH, Freiburg; S. 70: R. Fäßler, Frankfurt am Main; S. 73: Corbis, Düsseldorf (T. A. Gipstein); S. 74: R. Fäßler, Frankfurt am Main; S. 78: J. Maier, Stuttgart (oben); Digital Vision, Maintal-Dörnigheim (Mitte); L. Toffolo, Regensburg (unten); S. 79: Klett-Archiv, Stuttgart (oben: M. D'Angelo); L. Toffolo, Regensburg (Mitte); Klett-Archiv, Stuttgart; S. 80: Pat Carra, Milano; S. 81: Edizioni Scolastiche Bruno Mondadori, Milano (oben); R. Degli Innocenti, Pistoia (unten links; rechts); R. Fäßler, Frankfurt am Main (unten Mitte); Text aus: Grazia, Mondadori, Milano; S 83: R. Degli Innocenti, Pistoia; S. 84: MEV, Augsburg; Text von A. Amoroso, Mühlacker; S. 85: R. Fäßler, Frankfurt am Main (links); J. Maier, Stuttgart (rechts); S. 86: Pat Carra, Milano; R. Fäßler, Frankfurt am Main; S. 88: Text aus: Donna Moderna, Mondadori, Milano; S. 90: Corbis, Düsseldorf (oben links: K. Tweedy-Holmes; oben rechts: Rastelli; unten links: M. T. Sedam); ullstein bild, Berlin (Mitte; unten rechts); S. 91: R. Fäßler, Frankfurt am Main; S. 93: Corbis, Düsseldorf (links: Kaehler; Mitte links: P. A. Souders); Getty Images RF, München (Mitte rechts: PhotoDisc); A. Schmid, Kernen (rechts); Text aus: Gioia, Hachette Rusconi, Milano; S. 95: E. Nöldeke, Backnang; S. 96: L. Toffolo, Regensburg; S. 97: Corbis, Düsseldorf (V. Streano; T. Spiegel); S. 102: Klett-Archiv, Stuttgart; L. Toffolo, Regensburg; S. 103: Klett-Archiv, Stuttgart (links: S. Kassler); B. Peters, Stuttgart (Mitte); Corbis, Düsseldorf (Sygma/Cevallos); S. 105: B. Peters, Stuttgart (oben); J. Maier, Stuttgart (Mitte links; Mitte rechts); S. 106: J. Maier, Stuttgart; S. 113: B. Peters, Stuttgart; S. 118: B. Peters, Stuttgart; S. 123: Klett-Archiv, Stuttgart; S. 124: R. Fäßler, Stuttgart; S. 125: B. Peters, Stuttgart (oben links); Klett-Archiv,

Stuttgart; **S. 131**: B. Peters, Stuttgart; **S. 133**: Digital Vision, Maintal-Dörnigheim; **S. 134**: Klett-Archiv, Stuttgart; **S. 137**: Klett-Archiv, Stuttgart; **S. 145**: MEV, Augsburg; **S. 148**: Klett-Archiv, Stuttgart (A. Perathoner); **S. 151**: E. Nöldeke, Backnang.

2. Umschlagseite: Cartografia del Touring Club Italiano – autorizzazione del 18 settembre 2003.

Trotz intensiver Bemühung ist es uns in einigen Fällen nicht gelungen, die Rechte-Inhaber zu ermitteln. Wir bitten diese, sich mit dem Verlag in Verbindung zu setzen.

CD-Inhalt

Die CD enthält alle mit dem Symbol 🎧
gekennzeichneten Texte und Hörübungen.

Lieder:
Ci vuole un fisico bestiale © & ℗ 1992 BMG Ariola
S.p.A.
Arrivederci Roma © & ℗ 1997 Disky Communications
Europe B.V.

Produktion: Klett-Tonstudio, Stuttgart
Tontechnik: Ton in Ton Medienhaus

Sprecher: Alberto Amoroso, Laura De Bortoli-Schuster,
Marta Gasperini, Cesare Ghilardelli, Federica Loreggian,
Francesca Maier, Franco Mattoni, Ilaria Meloni,
Ferdinando Menga, Marco Montemarano,
Giovanna Mungai-Maier, Isabella Pignagnoli,
Roberta Robustelli, Stefan Scheib, Gloria Tommasini,
Mariangela Toso.

Gesamtlaufzeit: 63:35 Minuten.

LEZIONE 1

1 Ascoltate
2 A1
3 B1
4 Ascolto
5 D1
6 D4

LEZIONE 2

7 A2
8 B4
9 C1
10 Ascolto

LEZIONE 4

11 B1
12 B3
13 C1
14 Ascolto
15 D2

LEZIONE 5

16 A3
17 A5
18 C1
19 D3

LEZIONE 7

20 A2
21 Ascolto
22 C2
23 C7

LEZIONE 8

24 B1
25 Ascolto
26 C1
27 C6
28 D1

LEZIONE 10

29 B1
30 4 Ascoltate
31 D1
32 D8

LEZIONE 11

33 A1
34 C3
35 Ascolto